中国人民公安大学基本科研业务费学术著作出版专项项目
“战略视域下我国社会安全治理现代化研究”（项目编号：2022XXZZ01）

# 战略视域下我国社会安全治理现代化建设创新研究

王　龙　著

中国人民公安大学出版社
·北　京·

**图书在版编目（CIP）数据**

战略视域下我国社会安全治理现代化建设创新研究 / 王龙著 .—北京：中国人民公安大学出版社，2023. 12

ISBN 978-7-5653-4771-9

Ⅰ. ①战… Ⅱ. ①王… Ⅲ. ①社会治安综合治理—现代化—研究—中国 Ⅳ. ①D631. 4

中国国家版本馆 CIP 数据核字（2023）第 233227 号

**战略视域下我国社会安全治理现代化建设创新研究**

王 龙 著

出版发行：中国人民公安大学出版社
地 址：北京市西城区木樨地南里
邮政编码：100038
经 销：新华书店
印 刷：北京市科星印刷有限责任公司

版 次：2023 年 12 月第 1 版
印 次：2023 年 12 月第 1 次
印 张：16. 75
开 本：787 毫米×1092 毫米 1/16
字 数：282 千字

书 号：ISBN 978-7-5653-4771-9
定 价：66. 00 元

网 址：www. cppsup. com. cn www. porclub. com. cn
电子邮箱：zbs@ cppsup. com zbs@ cppsu. edu. cn

营销中心电话：010-83903991
读者服务部电话（门市）：010-83903257
警官读者俱乐部电话（网购、邮购）：010-83901775
教材分社电话：010-83903084

# 前言

2022年10月，党的二十大报告系统阐述了中国式现代化，描绘了中国式现代化的发展战略蓝图，明确指出："从现在起，中国共产党的中心任务就是团结带领全国各族人民全面建成社会主义现代化强国、实现第二个百年奋斗目标，以中国式现代化全面推进中华民族伟大复兴。"同时，党的二十大报告设置专章，就推进国家安全体系和能力现代化，坚决维护国家安全和社会稳定进行战略部署。社会安全治理现代化建设是国家安全体系和能力现代化建设的重要内容，承担着服务支撑中国式现代化建设的重大战略使命。开展社会安全治理现代化相关的战略性、前瞻性、理论性研究，是理论学界主动服务国家战略需求的内在要求。

"社会治理"在党的十八届三中全会上正式进入官方政策文件和话语体系，成为政策实践的重要领域，也成为理论研究的重要课题。当前社会安全治理正在从应对社会转型带来的不确定性与脆弱性的挑战中转型，在从应对社会信息化整合应用不断深入的挑战中转型，在从应对社会流动性快速增加的挑战中转型，需要愈加关注引发社会安全问题的内生性、根源性影响因素及其相互作用机理。2023年1月召开的全国公安厅局长会议明确提出，全国公安机关要紧紧围绕贯彻落实党的二十大精神、奋力推进公安工作现代化这一主题主线，聚焦聚力平安中国建设、法治中国建设两大战略部署，健全完善同国家安全体系和能力现代化要求相适应的捍卫政治安全体系、维护社会稳定体系、公共安全治理体系三大职能体系，大力加强法治公安建设、智慧公安建设、基层基础建设、过硬队伍建设四个基本建设，努力以新安全格局保障新发展格局、以高水平安全保障高质量发展。服务公安工作现代化建设和公安事业高质量发展，成为社会安全治理现代化研究的重要时代课题。

由此，笔者以社会安全治理现代化的理论研究为切入点，以战略性研究为视角，以建设“共建共治共享”的安全共同体、治理共同体、利益共同体、责任共同体为主要内容，以社会安全治理现代化的体系和能力建设为核心主线，基于广阔的总体国家安全观理论视野、宏大的国家治理现代化创新实践，聚焦研究社会安全治理领域的思想理论和实践创新问题。在研究过程中，着眼实现社会安全的源头治理、系统治理、依法治理、综合治理，对社会安全治理及其现代化的核心理念、内涵本质、本源因素、作用机理、情景条件、对策路径等进行理论的本源分析、过程的机理分析、创新的对策分析，构建了社会安全治理现代化的整体性理论解释框架，阐释了社会安全的本源影响因素、社会安全治理的核心要素作用机理、社会现代化典型情景条件的综合应对策略，形成“社会安全（安全逻辑）—社会安全治理（治理逻辑）—社会安全治理现代化（现代化逻辑）”的一体化链条，以期为相关部门的政策制定、社会安全治理实践和现代化社会安全治理体系建设等提供参考借鉴。

本书是笔者在博士学位论文的基础上，根据形势任务和实践发展变化，进一步丰富完善后形成的，得到了中国人民公安大学基本科研业务费学术著作出版专项项目支持。笔者希望通过对社会安全治理现代化建设领域的理论探索和实践分析，产出具有原创性、战略性的理论观点，丰富相关领域的学科建设和知识生产，充实我国公安学科领域自主知识体系，为建设具有中国特色、公安特质的世界一流公安学科，构建公安特色“大安全”学科体系的宏大学术目标，做出应有的学术贡献。

王　龙<br>2023 年 10 月<br>于北京中国人民公安大学木樨地校区

目 录

# 第一章
# 绪　论

## 一、社会安全治理现代化建设的研究缘起

笔者关注并致力于开展社会安全治理现代化建设的理论建构和实践创新研究，源于对社会安全治理领域贯彻落实总体国家安全战略、服务国家治理现代化实践、创新推进社会安全领域的“中国之治”、经济社会发展“两大奇迹”背后的“治理密码”等战略性问题的深入思考，也源于探索社会安全治理本源性影响因素及其作用机理、寻求实现源头治理、提升安全治理现代化水平、服务更高水平的平安中国建设的研究旨趣。

### （一）研究缘起之一：努力推进高质量发展和高水平安全的战略互动

安全与发展是人类社会进步的两大基本动力，两者相互依赖、相互促进又相互交织、相互影响，并随着时代进步不断丰富内涵和创新演进。我国关于安全和发展的关系，也经历了从改革开放初期“把发展置于安全之前”，中期“把发展与安全看作一个硬币的两面”，到当前全面深化改革阶段“把安全作为发展的前提”的变迁，“安全是发展的核心要义”正在成为广泛共识。2019年，党的十九届四中全会指出，新中国成立70年来，我们党领导人民创造了世所罕见的经济快速发展奇迹和社会长期稳定奇迹（亦称“两大奇迹”），深刻揭示了安全和发展作为社会发展进步的根本动力，也揭示了安全和发展两者之间的辩证关系。

社会安全是社会发展的基本保障，是社会建设发展水平和运行健康程度的重要体现。实现社会安全有序、提升社会治理现代化水平、达到长治久安，是

社会治理追求的重要价值目标，也是贯彻落实“总体国家安全观”和“大安全”时代国家安全战略的重要内容。推进国家治理体系和治理能力现代化建设是党的十八大以来治国理政、深化改革的重要实践，实现社会安全治理及其现代化，是国家治理能力现代化建设在社会安全领域的重要体现。破解我国经济社会发展“两大奇迹”背后的“治理密码”，准确把握社会主要矛盾新变化，推进新时代的社会安全治理实践创新，科学应对我国经济和社会的双重深度转型对社会安全治理提出的新挑战，夯实国家经济社会发展和民众生活幸福的安全基石，不断提高人民群众的获得感、幸福感、安全感，成为社会安全治理现代化建设研究的重要课题。

国家的重大战略规划、政策调适和制度机制完善等，对新时代加强和创新社会安全治理提出了新要求。近十多年来，我国贯彻总体国家安全观，在重要会议、重大决议、重要规划、重大战略等方面全方位发力，不断完善国家安全领导体制和法治体系、战略体系、政策体系。2013 年，党的十八届三中全会首次用“社会治理”替代了“社会管理”。2014 年 3 月，习近平总书记在参加十二届全国人大二次会议上海代表团审议时指出，“治理和管理一字之差，体现的是系统治理、依法治理、源头治理、综合施策”。2017 年，党的十九大报告提出，打造共建共治共享的社会治理格局。加强社会治理制度建设，完善党委领导、政府负责、社会协同、公众参与、法治保障的社会治理体制，提高社会治理社会化、法治化、智能化、专业化水平。① 2019 年，党的十九届四中全会审议通过《中共中央关于坚持和完善中国特色社会主义制度　推进国家治理体系和治理能力现代化若干重大问题的决定》，提出必须加强和创新社会治理，完善党委领导、政府负责、民主协商、社会协同、公众参与、法治保障、科技支撑的社会治理体系，明确国家治理现代化建设的整体目标和“三步走”战略，强调将制度优势更好转化为国家治理效能，为实现中华民族伟大复兴提供制度保证。

2020 年，党的十九届五中全会进一步指出，要牢牢把握高质量发展的总体要求，加强和创新社会治理，完善社会治理体系，统筹发展和安全，建设更高水平的平安中国，推动实现高质量发展，确定了社会安全治理实践的新价值坐

① 习近平：《决胜全面建成小康社会 夺取新时代中国特色社会主义伟大胜利：在中国共产党第十九次全国代表大会上的报告》，载《习近平著作选读（第二卷）》，人民出版社 2023 年版，第 40~41 页。

标，为社会安全治理现代化建设指明了发展方向。特别是 2020 年突如其来的新冠疫情发生以后，我国迅速应对、综合施策，在党中央的坚强领导下，全国上下齐心协力，取得了疫情防控重大战略成果。在疫情防控常态条件下统筹推进经济社会运行和深化改革，进一步深化了对新形势下安全和发展关系规律的认识。

2021 年 3 月，十三届全国人大四次会议通过的《中华人民共和国国民经济和社会发展第十四个五年规划和 2035 年远景目标纲要》提出，“把新发展理念完整、准确、全面贯穿发展全过程和各领域，实现更高质量、更有效率、更加公平、更可持续、更为安全的发展”“坚持系统观念，办好发展安全两件大事，实现发展质量、结构、规模、速度、效益、安全相统一”，并设置“统筹发展和安全 建设更高水平的平安中国”的专门篇章，明确要坚持总体国家安全观，实施国家安全战略，把安全发展贯穿国家发展各领域和全过程，防范和化解影响我国现代化进程的各种风险，筑牢国家安全屏障。

2022 年 10 月，党的二十大报告首次提出：“从现在起，中国共产党的中心任务就是团结带领全国各族人民全面建成社会主义现代化强国、实现第二个百年奋斗目标，以中国式现代化全面推进中华民族伟大复兴。”报告用专章对推进国家安全体系和能力现代化、坚决维护国家安全和社会稳定进行全面部署，对全面推进依法治国、建设社会主义法治国家、实施科教兴国战略、强化现代化建设人才支撑进行战略布局。

国家在治国理政、深化改革等方面出台的事关全局和发展战略的政策文件、顶层设计等，对社会安全治理现代化建设提出了一系列新要求，也为深化该领域的实践创新提供了重要的研究课题。

### （二）研究缘起之二：对破解社会安全治理供给侧困局的反思

对社会安全本质以及影响社会安全因素的准确认识和把握，是做好社会安全治理整体性工作的前提。例如，认识社会安全的主观性特征，认识社会信任对于社会安全治理的巨大价值；对治理参与情况、利益达成情况、秩序包容性等社会安全治理运行机理的运用和转化的把握，等等，这些因素综合起来决定了社会安全治理现代化建设的成效。无论是在社会安全治理的理论研究探索方面，还是在实践创新应对方面，都迫切需要研究建立一个包括社会安全、社会安全治理、社会现代化情景应对机制在内的整体性理论框架。以下几个案例故事及其蕴含的治理启示，为研究社会安全治理现代化建设这一综合性课题提供了重要借鉴。

**案例故事 1：从扁鹊三兄弟医术高下之辩看社会安全治理之道。**

治国理政是一个历久弥新的话题，是先贤关注的重要论题。庄子说，“治大国若烹小鲜”，意在告诫当政者不要盲目折腾，遵循规律、掌握火候、循道而治。同理，社会治理（主要对象是社会事务）和治病救人（主要对象是病人）也需要把握主要影响因素、主要矛盾、主要机理和规律，遵循规律而治才可以取得好的效果。《鹖冠子·卷下·世贤第十六》卓襄王与庞暖的问答，引用了魏文王问扁鹊兄弟医术孰高孰低的经典故事。扁鹊用“名不出于家”（长兄于病视神，未有形而除之，故名不出于家）、“名不出于闾”（中兄治病，其在毫毛，故名不出于闾）、“名出闻于诸侯”（镵血脉，投毒药，副肌肤，闲而名出闻于诸侯），形象又深刻地说明了医术精要之道和外部影响力的差异。辩证和联系地看，以历史名医扁鹊三兄弟医术高下之辩为例来看社会安全治理的治本战略之道，治身体疾病之理和治社会安全的为政之道具有相通之处，都讲究事后控制不如事中控制、事中控制不如事前控制，特别重视源头治理、防隐患于未然。

这一案例故事对社会安全治理实践的重要启示是，要遵循社会安全的内在基本规律，把握社会安全治理的安全本质，善于从发现和控制源头性因素入手，进而进行源头治理、治本式治理、主动治理。近年来，北京市积极探索超大城市社会治理模式创新，推进了具有首都特点的“街乡吹哨、部门报到”改革，从“接诉即办”到“未诉先办”，汇聚了基层治理强大合力。2021 年 9 月 24 日，国内首部规范“接诉即办”工作的地方条例《北京市接诉即办工作条例》通过并实施，正是这一治理思想在京华大地的生动实践和创新应用。

**案例故事 2：从“塔西佗陷阱”看社会安全治理的社会信任建设之困。**

“塔西佗陷阱”与“中等收入陷阱”“修昔底德陷阱”，是习近平总书记强调我国要高度重视研究和应对的三个“陷阱定律”，并称其为当代社会转型期需要重点避免的“三大陷阱”。其中，“塔西佗陷阱”重点说的是国家内部治理问题，政府和人民的信任关系是一个国家迈向发达国家的社会基础，最初来源于古罗马执政官塔西佗所著历史书《塔西佗历史》，“一旦皇帝成了人们憎恨的对象，他做的好事和坏事同样会引起人们对他的厌恶”。“陷阱”一词为中国当代学者引申所加。后来“塔西佗陷阱”发展成为描述社会现象的专用词汇，指公权力一旦失去人们的信任，无论它说什么、做什么或事情结果无论好坏，社会民众都会给予负面评价，认为是在说假话、做坏事。这一特定术语揭示了社会信任、社会认同等社会隐形资本，以及社会价值观、社会道德规范、法治理念等对于社会安全治理的柔性价值，对于社会安全治理现代化建设具有重要启发和警示意义。

社会安全治理的最终目的是提高社会民众的获得感、幸福感和安全感。社会民众是安全治理的重要参与者、建构者，而积极参与和建构的前提，在于具有良好的社会信任基础和社会治理资本。需要强调的是，信任在任何社会都是一种非常宝贵的社会资源，在社会交往关系大大拓展与深化的现代社会更是如此。

在各种信任关系中，社会民众对政府公权力的信任尤其重要，是社会公信力建立的基础。政府部门的公信力建设是国家治理能力的重要支撑，是经济社会持续健康发展的重要条件，既影响社会民众之间信任关系的生成，也影响社会治理的过程和效果。① 近年来，各类网络舆情事件突发多发，且往往能够迅速引爆网络、掀起舆情风暴、引起高度关注，凸显了网络时代网络空间社会综合治理的复杂性、多变性，其背后的重要影响因素之一就在于信任和权威不同程度受到破坏。破解治理困局的根本之法，就是要建立并维护良好社会信任关系和基于公开、公平、公正的政府公信力，这对于现实社会的安全治理和网络社会的舆情处置均具有根本性支撑作用。

这一案例故事对社会安全治理实践的重要启示是，推进社会安全治理现代化建设，既要重视制度体系、运行机制、治理技术和执行能力等显性因素和显性能力建设，也要重视社会信任、社会认同、社会安全心理基础等隐性因素和软性能力基础建设。

**案例故事 3：从建立公安医疗支队、校园警务室等看社会安全治理的应对之困。**

近年来，为适应社会快速转型和治理突出社会问题的需要，以公安机关为主的社会安全治理部门探索建立了校园警务、医疗警务、食品药品环境卫生警务、旅游生态警务等涉教、涉医、涉旅的专门机构和力量，以应对日益增长的社会安全治理挑战。客观地说，这些应对举措阶段性地达到了稳控应对的目

① 范勇鹏：《用中国话语解释公信力问题》，载《人民日报》2017 年 12 月 17 日，第 5 版。

的，提高了特定领域的安全治理效果。但这种“头痛医头，脚痛医脚”的被动式、应急式治理应对举措，则从另一个侧面反映出在社会安全治理矛盾压力下的“窘态”，社会安全治理的供给模式面临新挑战。真正实现源头治理、系统治理、参与式治理，提高治理现代化水平，成为社会安全治理改革升级的内生需求。

近年来，一些地方在社会治理、平安建设方面进行治本式探索，取得了一定成效和经验。如广东省中山市 2012 年以来实施“全民治安”工程，以共建共治共享理念为引领，以人民群众平安需求为导向，跳出公安创平安，构建“全民参与、协同共治”的社会安全治理模式，实现党政领导、公安主力、社会协同、公众参与，为新时期社会治安协同共治的体制建设进行了有益探索。①

这一案例故事对社会安全治理实践的重要启示是，应对社会主要矛盾新变化对社会安全治理提出的新要求，克服社会安全领域“政府失灵”“市场失灵”甚至是“治理失灵”等挑战，要注重源头治理、治本治理和系统治理，优化社会公共安全产品的供应模式，夯实国家经济社会发展和民众生活幸福的“安全”基石，提升社会安全治理的现代化水平，更好地满足人民对美好生活的向往，不断提高人民群众的“获得感、幸福感、安全感”。

## 二、社会安全治理现代化建设面临的现实挑战

社会安全治理现代化建设是国家治理现代化的重要组成部分，是贯彻国家总体安全观的大安全战略、推进社会主义现代化强国和“平安中国”“法治中国”建设的重点领域。2013 年，党的十八届三中全会首次正式提出“社会治理”的命题，这也标志着我国社会管理创新实践发生了质的变化。中国特色社会主义进入新时代，社会主要矛盾发生新变化，全面深化改革将实现完善中国特色社会主义制度、实现国家治理体系和治理能力现代化确定为重要战略目标，经济和社会的双重深度转型对社会安全治理提出新挑战，总体国家安全观为社会安全治理提供大安全战略的根本遵循等，这些因素交织在一起，凸显了社会安全治理在国家社会事业发展全局中的战略地位，揭示了社会安全治理现代化建设在国家治理体系和治理能力现代化建设全局中的特殊作用。

---

① 段林萍：《社会治安协同共治的中山经验》，载《人民论坛（国家治理）》2016 年 11 月（第 44 期）刊，第 43~48 页。

基于战略视角对社会安全治理现代化建设进行系统研究，探究社会安全、社会治理的本质及现代化实践模式，是社会安全治理现代化的关键所在和应有之义。最为根本的就是要打造共建共治共享的社会安全治理格局，提高社会安全治理的社会化、法治化、智能化、专业化水平，提升社会安全治理的治理体系和治理能力现代化建设水平。

同时我们也要看到，在社会安全治理实践中不同程度存在的被动治理、应急治理、表层治理等弊端，以及治理实践中战略思维运用不足、柔性治理不足、治理合力不足、治本式应对不足、社会民众参与协同不足等突出问题，这些成为社会安全治理现代化建设的突出短板。虽然在长期社会安全治理实践中形成了新时代"枫桥经验"的群众路线、社会治安综合治理和立体化社会治安防控体系建设等特色实践，但经济社会双重深度转型条件下社会要素的快速流动、社会利益结构的调整重构、现代网络信息技术深度应用及现实社会和虚拟社会交织叠加、社会安全与总体国家安全联动互动不断强化，需要社会安全治理实践在治理理念、治理战略、治理技术、治理机制、治理策略等方面进行综合性战略转型和创新。

实践的快速发展推动理论研究的繁荣，社会安全治理成为理论界研究热点。在当前已知研究中，仍然缺少基于战略视角的建构性讨论，缺少对社会安全治理影响因素和机理要素作用的深入探究，缺少对中国特色社会安全治理现代化实践的总结深化等，凸显了基于战略宏观视域和治理现代化独特视角进行社会安全治理现代化建设研究的特殊意义。因此，开展基于战略视域的社会安全治理现代化建设研究，需要在实践层面和理论层面深刻把握我国当前的时代背景、社会背景、实践背景和国际环境等变化趋势和创新要求。

### （一）社会安全治理现代化建设的现实背景

#### 1. 基于战略视域是新时代治国理政实践的主要特点

第一，当前我国治国理政实践更加重视战略思维运用。战略思维强调高瞻远瞩、统揽全局、联系辩证，从全局出发认识分析问题，把握事物发展的总体趋势和方向。党的十八大以来，我国治国理政实践中出现了一系列新理念、新战略和新举措，以民族复兴中国梦重构"时间逻辑"，以"五位一体""四个全面"重构"战略逻辑"，以经济新常态重构"增长逻辑"，以新发展理念和高质量发展重构"发展逻辑"，以全面深化改革重构"治理逻辑"，以社会主义核心价值观重构“精神逻辑”，以美丽中国建设重构“生态逻辑”，以全面从严治党重构“政党逻辑”，以构建人类命运共同体重构“世界逻辑”①，形成对国家治理现代化建设的崭新布局。

2013年，党的十八届三中全会确定了我国全面深化改革的目标，即“完善和发展中国特色社会主义制度，推进国家治理体系和治理能力现代化”。这是我国20世纪60年代将“四个现代化”（工业、农业、国防、科学技术现代化）正式确定为国家发展的总体战略目标、2012年党的十八大提出“新四化”（中国特色新型工业化、信息化、城镇化、农业现代化同步发展）之后的“第五个现代化”，代表着中国式现代化建设在新时代的又一个重大跃迁，即推进现代化的方法从局部到系统、从管理到治理的转变。社会安全治理现代化既要服务该目标的实现，又要为国家治理现代化建设提供安全保障，其治理理念、治理体系、治理机制、治理技术等要适应全面建成社会主义现代化强国的整体战略和根本需要。

2017年，党的十九大报告进一步指出，全党要增强领导干部学习、政治领导、改革创新、科学发展、依法执政、群众工作、狠抓落实、驾驭风险八个方面执政本领，坚持战略思维、创新思维、辩证思维、法治思维、底线思维，科学制定和坚决执行党的路线方针政策。2020年，党的十九届五中全会通过的《中共中央关于制定国民经济和社会发展第十四个五年规划和二〇三五年远景目标的建议》，阐明了“十四五”时期经济社会发展必须遵循的原则，其中第五条“坚持系统观念”是首次提出。系统观念强调，要加强前瞻性思考、全局性谋划、战略性布局、整体性推进，统筹国内国际两个大局，办好发展安全两件大事，坚持全国一盘棋，更好发挥中央、地方和各方面积极性，着力固根基、扬优势、补短板、强弱项，注重防范化解重大风险挑战，实现发展质量、结构、规模、速度、效益、安全相统一。2022年，党的二十大报告将“坚持系统观念”作为新时代中国特色社会主义思想的世界观和方法论的重要内容，提出要善于通过历史看现实、透过现象看本质，把握好全局和局部、当前和长远、宏观和微观、主要矛盾和次要矛盾、特殊和一般的关系，不断提高战略思维、历史思维、辩证思维、系统思维、创新思维、法治思维、底线思维能力，

① ［美］罗斯·特里尔（Ross Terrill）：《三大治理，中国领导人的历史任务——〈习近平复兴中国〉连载》，载《学习时报》2016年9月8日，第3版。

为前瞻性思考、全局性谋划、整体性推进党和国家各项事业提供科学思想方法。

这些生动的治理思想和重大的治理实践，均强调以国家整体战略重大需求为基础和导向，在把握系统性、整体性、协同性规律的基础上统筹推进实施。由此，基于战略视域进行社会安全治理现代化建设研究，成为治国理政新实践所倡导的重要领域，也是落实治国理政战略实践的直接体现。

第二，中国特色社会主义新时代和社会主要矛盾新变化提供“时代坐标”和“全局坐标”。党的十九大做出了“中国特色社会主义进入了新时代”“我国社会主要矛盾已经转化为人民日益增长的美好生活需要和不平衡不充分的发展之间的矛盾”的重要战略判断，把“需要”和“生产”的矛盾改为“需要”和“发展”的矛盾，表明社会主义现代化建设的内容进一步丰富、充实、升华。这是新时代开展社会安全治理现代化建设研究的时代坐标、方位和根本遵循。其中，社会主要矛盾的新变化是关系全局的历史性变化，集中反映了我国社会发展阶段的新特征，是制定党和国家大政方针、政策路线、长远战略的重要依据①。社会主要矛盾以一种集中、凝练、典型的形式反映了社会发展的基本关系、核心要素、关键问题，是社会发展的一面镜子。社会主要矛盾存在于社会历史全过程，但矛盾的内容会随着社会的发展而变化。从求温饱到求环保，从求生存到求生态，从先富带后富到共建共享，从高速增长阶段转向高质量发展阶段，均是新的社会主要矛盾的具体表现。由此来看，我国社会安全治理现代化建设及其实践创新，直接关乎国家重大战略推进与实施，直接关乎如何通过高水平安全服务保障高质量发展战略全局。

社会矛盾和社会安全，两个领域既紧密联系又可以相互转化。社会矛盾是社会系统的一种客观存在，是容易影响社会安全的诱发因素，但从积极意义方面来看，社会矛盾同时也可以成为促进社会发展的动力。对于社会主要矛盾的研判、应对和化解，是社会安全治理现代化建设的重要作用变量，将直接影响我国社会主义现代化的整体进程。关于社会主要矛盾的新变化的战略判断，就国家整体战略在社会安全治理领域落地实施而言，对于社会安全治理实践创新具有全局性影响。相应地，则需要善于分析应对新时代和社会主要矛盾新变化

① 李君如：《深入理解我国社会主要矛盾转化的重大意义》，载《人民日报》2017 年 11 月 16 日，第 7 版。

的内在要求，不断推进中国特色社会安全治理创新升级，提高社会安全治理体系和治理机制的整体应对能力。当前我国的社会安全面临很多新的问题和挑战，安全和发展的重要性、协调性前所未有，两者之间的内在矛盾张力前所未有，建立适应新的发展形势、发展需求的社会安全治理新体系的迫切性也前所未有，这既对社会安全治理提出了新的要求和挑战，也为开展社会安全治理研究提供了丰富、深刻、历史性的时代背景和重要课题。

第三，总体国家安全观提供了大安全战略的根本遵循。“总体国家安全观”是具有中国特色和大安全时代特征的国家安全战略，是我国国家安全理论的重大创新。2014 年 4 月 15 日，习近平总书记在中央国家安全委员会第一次全体会议上首次提出总体国家安全观重大战略思想，强调当前我国国家安全内涵和外延比历史上任何时候都要丰富，时空领域比历史上任何时候都要宽广，内外因素比历史上任何时候都要复杂，必须坚持总体国家安全观，走中国特色国家安全道路。

党的十八大以来，我们把安全发展贯穿国家发展各领域全过程，注重防范化解影响我国现代化进程的重大风险，坚定维护国家政权安全、制度安全、意识形态安全，着力推进国家安全体系和能力建设，为党和国家兴旺发达、长治久安提供了有力保证。坚持总体国家安全观是习近平新时代中国特色社会主义思想的重要组成部分，成为新时代坚持和发展中国特色社会主义的基本方略。

2015 年颁行的《中华人民共和国国家安全法》第二条指出，国家安全是指国家政权、主权、统一和领土完整、人民福祉、经济社会可持续发展和国家其他重大利益相对处于没有危险和不受内外威胁的状态，以及保障持续安全状态的能力。总体国家安全观勾画出维护国家安全的整体布局，提出以人民安全为宗旨，以政治安全为根本，以经济安全为基础，以军事、文化、社会安全为保障，以促进国际安全为依托，构建集政治安全、国土安全、军事安全、经济安全、文化安全、社会安全、科技安全、信息安全、生态安全、资源安全、核安全等于一体的国家安全体系，[①] 维护各领域国家安全，深化拓展了我们党国家安全事业的理论视野和实践领域。

① 总体国家安全观强调大安全理念，目前已拓展为包括海外利益安全、生物安全、太空安全、极地安全、深海安全、金融安全等在内的诸多领域，而且将随着社会发展不断动态调整。

在中国特色国家安全体系中，各领域安全构成一个有机整体，其中政治安全是根本，经济安全是基础，军事、文化、社会安全是保障，国土、科技、信息、生态、资源、核安全也是不可忽视的重要领域。此外，网络、海洋、太空、极地、生物逐渐成为各国关注的新型安全领域。基于总体国家安全观的视域，新时代和新发展阶段的安全内涵和外延具有更大的拓展空间。[①] 安全的内涵发展主要归因于新一轮技术革命和产业革命带来的新问题，主要是非传统安全威胁的持续蔓延。例如，快速发展的互联网给国家安全带来了诸多新挑战，有的国家针对中兴、华为等信息科技公司发难，以互联网技术为代表的核心技术领域成为国家安全斗争的前沿阵地。安全的外延发展则主要归因于我国海外利益的延伸，尤其随着“一带一路”倡议的推进，我国海外利益安全迅速扩大，综合施策保障境外公民和机构安全成为我国国家安全的重要方面。

总体国家安全观从“体系”出发，强调“总体性”，是对安全整体性的准确阐述，也是从“统筹好国内国际两个大局，利用好国内国际两个资源”的现实需要出发所做出的理论创新，体现了防范化解重大风险的纲领性思想。坚持总体国家安全观还需要我们重视各种安全之间的统筹。总体国家安全观提出了维护国家安全的基本原则，强调既重视发展问题又重视安全问题，既重视外部安全又重视内部安全，既重视国土安全又重视国民安全，既重视传统安全又重视非传统安全，既重视自身安全又重视共同安全，准确反映了辩证、全面、系统的国家安全理念。

总体国家安全观思想为社会安全治理现代化建设研究提供了安全战略遵循。以总体国家安全观的提出为标志，我国确立了国家安全总体战略，并成立了国家安全委员会，深化国家安全治理领域的深度改革。2017 年，党的十九大把“坚持总体国家安全观”作为新时代坚持和发展中国特色社会主义的 14 条基本方略之一进行明确。2021 年 3 月，《中华人民共和国国民经济和社会发展第十四个五年规划和 2035 年远景目标纲要》首次将“统筹发展与安全”列为指导思想的重要内容，提出“以推动高质量发展为主题，统筹发展和安全，推进国家治理体系和治理能力现代化”“坚持新发展理念，把新发展理念完整、准确、全面贯穿发展全过程和各领域，实现更高质量、更有效率、更加公平、更可持续、更为安全的发展”。设置专门篇章对“统筹发展和安全　建设更高

① 陈维：《总体国家安全观：全球安全治理的中国智慧》，载《党建》2019 年第 6 期，第 21~22 页。

水平的平安中国”加以部署，明确要坚持总体国家安全观，实施国家安全战略，把安全发展贯穿国家发展各领域和全过程，防范和化解影响我国现代化进程的各种风险，筑牢国家安全屏障。

2021 年 11 月 18 日，中共中央政治局审议通过《国家安全战略（2021—2025 年）》[①]，提出必须坚持安全发展，推动高质量发展和高水平安全动态平衡；必须坚持总体战，统筹传统安全和非传统安全；必须牢固树立总体国家安全观，加快构建新安全格局。这是继 2015 年 1 月 23 日审议通过《国家安全战略纲要》之后，对未来五年国家安全工作的战略性布局部署。2021 年 11 月 11 日，党的第十九届中央委员会第六次全体会议审议通过《中共中央关于党的百年奋斗重大成就和历史经验的决议》，将“推动高质量发展，统筹发展和安全”作为习近平新时代中国特色社会主义思想中“十个明确”的重要内容。2022 年，党的二十大报告首次以专章形式，对推进国家安全体系和能力现代化、坚决维护国家安全和社会稳定进行全面部署。

总体国家安全观下的中国特色国家安全体系强调“总体性”，就是要将各领域的安全统合到一起，形成一个体系。从体系的高度来审视国家安全，就要求统筹兼顾各种安全，从而克服“单打一”的弊端，避免不同领域的安全相互矛盾、冲突、干扰、制约。传统安全威胁和非传统安全威胁相互交织，以国家安全为核心的“高政治性”安全考量，以人的安全与社会安全为基点的“低政治性”安全考量开始更加紧密和复杂地相互作用，不同类型、不同领域的安全边界逐渐模糊、相互转化、联动作用，需要更加重视做好安全的关联性管理，优化基于源头治理的安全治理体系。

社会安全是总体国家安全的有机组成部分。推进社会安全治理现代化的战略性研究，置于总体国家安全观的整体安全战略框架，遵循总体国家安全战略的发展要求，提升社会安全治理的战略思维和管理应用水平，是适应大安全战略要求的社会安全治理现代化建设研究的基本前提。

2. 我国社会安全治理实践进入系统化治理新阶段

第一，国家高度重视社会治理创新并将其作为治国理政和全面深化改革的重点领域。随着改革开放进入深水区和攻坚阶段，我国社会治理领域改革也随

① 中共中央政治局会议审议《国家安全战略（2021—2025 年）》，http：//www.gov.cn/xinwen/2021-11/18/content_5651753.htm，访问日期：2021 年 11 月 19 日。

之不断深化，为全面深化改革和对外开放提供安全保障，这也成为改革开放取得成功的重要经验。2012 年，党的十八大首次提出加强网络社会管理，在社会管理体制方面增加“法治保障”，强调社会管理不仅是行政性管理，要以法治作为基础性保障。2013 年，党的十八届三中全会首次以“社会治理”替代“社会管理”，推进“系统治理、依法治理、综合治理和源头治理”。[①] 从“管理”到“治理”一字之差，体现了治国理政总模式包括权力配置和行为方式的深刻转变，标志着社会治理的理念和战略发生了重大变化。2014 年，党的十八届四中全会作出《中共中央关于全面推进依法治国若干重大问题的决定》，提出将社会治理纳入法治化建设轨道，建立健全社会矛盾预警机制、利益表达机制、协商沟通机制、救济救助机制。2015 年，党的十八届五中全会审议通过《中共中央关于制定国民经济和社会发展第十三个五年规划的建议》，提出“创新、协调、绿色、开放、共享”的发展理念，推进社会治理精细化，为社会治理体系现代化建设提供了方法和理念指引。[②]

2017 年，党的十九大报告进一步提出，“打造全民共建共治共享的社会治理格局”，新增“共治”的关键词充分体现了治理的核心思想。2019 年，党的十九届四中全会作出的《中共中央关于坚持和完善中国特色社会主义制度　推进国家治理体系和治理能力现代化若干重大问题的决定》，系统总结了“中国之治”在国家制度和国家治理体系 13 个方面的显著优势，明确治理现代化建设的总体目标和战略步骤，并提出坚持和完善共建共治共享的社会治理制度，完善党委领导、政府负责、民主协商、社会协同、公众参与、法治保障、科技支撑的社会治理体系，建设人人有责、人人尽责、人人享有的社会治理共同体。

2021 年，党的十九届六中全会作出的《中共中央关于党的百年奋斗重大成就和历史经验的决议》提出，党着眼于国家长治久安、人民安居乐业，建设更高水平的平安中国，完善社会治理体系，健全党组织领导的自治、法治、德治相结合的城乡基层治理体系，推动社会治理重心向基层下移，建设共建共治共享的社会治理制度，建设人人有责、人人尽责、人人享有的社会治理共同体。

---

① 《〈中共中央关于全面深化改革若干重大问题的决定〉辅导读本》，人民出版社 2013 年版，第 1~60 页。

② 程小白、章剑：《习近平新时代维护国家安全和社会稳定思想述要》，载《江西警察学院学报》2018 年第 3 期。

坚持和发展新时代“枫桥经验”，坚持系统治理、依法治理、综合治理、源头治理，加强社会治安综合治理，开展扫黑除恶专项斗争，防范和打击暴力恐怖、新型网络犯罪、跨国犯罪，社会治理社会化、法治化、智能化、专业化水平大幅度提升，续写了社会长期稳定奇迹。

2022 年，党的二十大报告设置专章，就“推进国家安全体系和能力现代化，坚决维护国家安全和社会稳定”作出部署，完善社会治理体系，健全共建共治共享的社会治理制度，提升社会治理效能。加快推进市域社会治理现代化，提高市域社会治理能力。在社会基层坚持和发展新时代“枫桥经验”，建设人人有责、人人尽责、人人享有的社会治理共同体。

通过梳理近十多年历次党的重大会议、重要决议可以看出，从 2013 年党的十八届三中全会提出全面深化改革的目标，到 2018 年党的十九届三中全会决策全面深化党和国家机构改革，再到 2019 年党的十九届四中全会作出《中共中央关于坚持和完善中国特色社会主义制度　推进国家治理体系和治理能力现代化若干重大问题的决定》，其中一脉相承的是要不断提高治理现代化水平，巩固构建“中国之制”，不断迈向“中国之治”。2021 年，党的十九届六中全会作出《中共中央关于党的百年奋斗重大成就和历史经验的决议》，将“明确全面深化改革总目标是完善和发展中国特色社会主义制度、推进国家治理体系和治理能力现代化”作为“十个明确”之一，这是党对中国特色社会主义建设规律深化认识和理论创新的重要成果。我国始终坚持不断更新理念、深化改革，实现从社会管理到社会治理再到社会治理现代化的创新，政策设计从宏观的制度建设、体制机制改革等，拓展至方法理念、推进路径、应对策略，更加符合社会治理创新实践。

第二，社会安全治理实践发展与典型事实交互因应。改革开放 40 多年来，我国经济高速发展，在经历了市场化、工业化、信息化、城镇化的历史性变革的同时，社会大局保持长期总体稳定，成为世界上最安全的国家之一，这被誉为“现代化的两大奇迹”①。究其根本，重要经验之一就在于我国坚持党的领导、坚持以人民为中心的发展思想，推进社会安全治理的法治化、现代化建设，从计划经济的社会管理向市场经济的社会治理深度转型，为改革开放的成

① 俞可平：《中国的治理改革：1978—2018》，载《武汉大学学报（哲学社会科学版）》2018 年第 3 期。

功提供了社会安全的“红利”保障。

这一成就和经验表明，只有在社会持续安全稳定的大环境中，才能快速推进国家现代化进程。[①] 实践中，我国利用独特的群众和组织优势，探索建立了党委领导、政府负责、社会协同、群众参与的共建共治共享的社会治理体制机制[②]，涌现了“新时代枫桥经验”、社会治安综合治理和立体化社会治安防控体系、基于大数据的基层治理创新等经验典型。

例如，发源于浙江省诸暨市枫桥镇的“枫桥经验”一直是基层开展社会安全治理的特色典型。“枫桥经验”在创造之初可概述为“基于以人为本的价值准则，通过注重实效的综合管理，有效达成矛盾化解与社会稳定的枫桥式样板”。毛泽东同志曾亲笔指示，“要各地仿效，经过试点，推广去做”。在实践中探索出的“枫桥式”社区警务模式，形成了集“打、防、教、管”于一体的社会治安综合治理网络，做到“小事不出村，大事不出镇，矛盾不上交”，政府管理服务“横向到边、纵向到底，不留‘真空’与‘盲区’”，进而为预防化解矛盾、维护农村稳定树立了富有创新与实效的样板，实现了适应当代特点和需求的社会安全治理的新经验。时任浙江省委书记的习近平同志曾针对这一有效实践，把“枫桥经验”的实质概括为“抓源头、建制度、求长效”[③]。这些特色实践为探索具有中国特色社会安全治理现代化之路提供了重要支撑。从理论层面对这些特色实践进行总结提炼和深化提升，强化其理论理念内涵、实践创新和中国特色，是促进实践升级的重要着力点。

第三，我国社会安全治理随实践发展而不断深化。我国社会安全治理实践顺应社会发展而不断升级。当前，我国已经全面进入互联网、大数据、数字化新时代，“网络”与“现实”互相交融、互相镶嵌，现实社会“虚拟化”和虚拟社会“实在化”的趋势不断加强。从本质上来说，互联网所建立的虚拟社会其实是现实社会的进一步延伸，两者之间存在密切的关联性。相较于现实社会，虚拟社会更容易产生、衍化和放大风险，虚拟社会治理的难点、热点、痛点问题更加突出，网络虚拟社会治理的重要性日益凸显。由此，以非接触式为特征的虚拟社会安全治理成为影响国家安全利益、关乎社会稳定的重要领域，

① 陈敏：《推进社会治理体系和治理能力现代化》，载《厦门特区党校学报》2014 年第 8 期。

② 岳金柱：《加快推进社会治理创新若干问题的思考》，载《行政管理改革》2014 年第 3 期。

③ 余潇枫：《安全治理：从消极安全到积极安全——“枫桥经验”五十周年之际的反思》，载《探索与争鸣》2013 年第 6 期。

成为影响我国治理体系和治理能力现代化建设的重要变量。

党的十九大提出“建立网络综合治理体系”，党的十九届四中全会要求“建立健全网络综合治理体系”。党的二十大报告明确要求“健全网络综合治理体系，推动形成良好网络生态”。运用云计算、大数据、人工智能等信息技术助推社会治理提质增效，是实现治理体系和治理能力现代化的重要内容，也是提高网络治理系统化、科学化、社会化、法治化水平的关键路径。在实践中大力推进立体化社会治安防控体系建设，发挥信息化手段的综合优势，通过大数据进行预测、数据碰撞和关联研判，对各类风险进行识别和预警，在时间上的全时段防控，在空间上的活动地域全覆盖，在观念上的社会民众自我防范意识提升，在社会关系上的社区居民协同防控及邻里守望，实现中央和地方、政府和社会、城市和乡村等安全治理协同，提升了社会安全治理的精细化、智能化、专业化和协同化水平，让互联网这个最大变量成为事业发展的最大增量。

3. 当前社会安全形势对治理现代化建设提出严峻挑战

当前我国社会安全治理实践已经进入社会化、法治化、智能化、专业化治理的新阶段，面临着社会深度转型带来的不确定性挑战，面临着应对社会信息化整合应用（如大数据和人工智能技术在社会治理实践中的创新应用）不断深入的挑战，也面临着有效治理快速增加的社会流动性的挑战等，共同构成了社会安全治理现代化建设的时代背景和实践基础。

第一，我国经济社会双重深度转型对社会安全治理提出新挑战。当代中国承受着快速工业化与城市化的双重压力，以及信息化、全球化乃至逆全球化的巨大冲击与挑战，社会治理的艰巨性愈加凸显。① 从社会发展转型来看，其影响人口规模之大、变化速度之快、覆盖范围之广、影响程度之深、社会矛盾之复杂，在中国历史乃至世界历史上都是前所未有的。②

从历史经验可知，从传统社会向现代社会过渡的时期，往往也是治理问题普遍发生的时期。③ 我国经济体制从计划经济向市场经济深度转型、社会结构从传统社会向现代社会深度转型，进入了与传统社会有巨大差异的风险社会时代，改革也进入了利益全面调整的深水区，具有经济体制和社会结构双重叠

---

① 李友梅：《中国社会治理的新内涵与新作为》，载《社会学研究》2017 年第 6 期。

② 胡鞍钢：《中国转型期的社会不稳定与社会治理》，党建读物出版社 2012 年版，第 735~767 页。

③ 王丽：《全球风险社会下的公共危机治理：一种文化视阈的阐释》，社会科学文献出版社 2014 年版，第 287~290 页。

加、时空高度压缩、转型幅度和范围大、多重效应叠加的特点，对整个社会的结构、形态、秩序产生巨大冲击，诱发社会矛盾增多、矛盾尖锐、矛盾冲突具有“体制性基础”“利益性基础”“心理性基础”。[①] 这些对社会安全治理现代化建设提出了严峻挑战。具体表现为：一是因缺乏有效的利益分配与整合机制以及社会共识的形成机制，导致当代社会出现了各种结构性冲突，社会矛盾呈现错综复杂、相互交织、彼此强化的新型特征，行业矛盾、城乡矛盾、区域发展矛盾以及环境经济矛盾等呈现出总量增加、范围扩散、冲突程度加剧、权利意识不对等、化解难度大等趋势。二是“后单位”时代社会结构分化基础上的社会多元化发展趋势日益明显，表现为价值多元、社会主体多元、需求多元、社会结构多元、社会矛盾多元等复合进程，社会结构、组织结构、人口流动、收入分配、消费方式、社会意识等诸多方面也发生前所未有的深刻变革。这既是商品经济发展和社会利益多元化发展的直接结果，又是全球化的发展趋势、市民社会兴起、多元利益集团壮大、普通民众个体权利意识觉醒等因素共同发挥作用的结果。三是由于我国的社会发展和改革具有鲜明的“时空压缩”特征，几十年走完了西方社会数百年走过的进程，加速转型、加速深化、全面深入以及庞大的人口结构和基数、不平衡的发展结构等，导致多元化中的差异化、不平衡性特点异常突出，社会安全治理的难度和复杂度进一步提升。社会多元与社会矛盾既有“共生性”，也有“共解性”，这是社会安全治理中应值得注意和坚持的观点。[②]

从社会结构变迁看，城乡二元结构和基于单位的社会管理制度逐渐走向消解，基于血缘地缘基础构建“亲密共同体式”的“熟人社会”关系模式被打破，“后单位”时代社会群体的流动性提速，个人与社会组织的依存关系减弱，社会利益主体日渐多元化，社会原子化特征日趋明显。[③] 从社会发展的平衡性来看，当前我国经济结构已经达到工业化中期水平，但社会事业基础薄弱、投入不足、配套改革相对滞后，社会结构严重滞后于经济结构，成为突出的社会

---

① 唐亚林、李瑞昌、朱春：《社会多元化、社会矛盾与公共治理》，上海人民出版社 2015 年版，第 3~14 页。

② 唐亚林、李瑞昌、朱春：《社会多元化、社会矛盾与公共治理》，上海人民出版社 2015 年版，第 3~14 页。

③ 田毅鹏、吕方：《社会原子化与转型期中国城市社会管理之痛》，载《信访与社会矛盾问题研究》2013 年第 3 期。

结构性矛盾，构成了产生诸多社会矛盾问题的重要原因。① 进入新发展阶段，完整、准确、全面地贯彻新发展理念，实现高质量发展成为改革发展的重大目标牵引。因此，持续深化社会安全治理现代化建设，推动质量变革、效率变革、动力变革，实现更高质量、更有效率、更加公平、更可持续、更为安全的发展，成为高质量发展的重要内在要素，也是经济社会发展大势所趋。

第二，我国面临的社会安全治理环境呈现常态化、复合化、建构性特征。自然灾害、事故灾难、公共卫生事件、社会安全事件等频发，危机常态化特征凸显，“在危机中”成为当前安全态势的典型特征。② 从社会矛盾呈现特点来看，我国已经进入风险社会，意味着现代社会的不确定性、挑战和威胁更多，各类风险跨界性、关联性增强，行业矛盾、城乡矛盾、区域发展矛盾、环境经济矛盾等呈现总量增加、相互交织、联动强化、边界模糊、影响对象和范围广泛、传播迅速等特征。例如，从公共卫生角度看，在近年来突发的新冠疫情迅速大规模扩散及抗击疫情过程中，引发和潜藏着多种复合型社会风险和问题，威胁着人们的身心健康和社会的正常生活、融洽关系、有序运转。这一过程生动具体地呈现出风险扩散跨界性、区域风险与内部风险并存、单一风险向综合风险转化累积、自然风险与人为风险交织叠加、风险的建构性越来越明显、普通群众受到风险的影响更大、潜在的风险可能是长期巨大的、风险有望成为社会发展进步的机会等特征。③

随着科技在社会各个领域的融合应用，危机过程中叠加着技术、管理等人为因素而呈现“复合化”特征，传统社会组织形式趋于消解，而新的社会组织形式正在加速形成，不同类型的社会安全问题被压缩在狭小的时空范围内，各种安全的边界愈加模糊、安全的领域切换更加迅速，积聚与扩大了这种“复合化危机”造成的危害，增加了安全维护的复杂性与难度。有学者认为，我国当前社会转型特定阶段面临着治理带来的制度化风险和技术性风险等新类型风险，出现风险共生现象。④ 而根源治理、系统治理、依法治理、参与型治理等

---

① 陆学艺：《当代中国社会结构》，社会科学文献出版社 2010 年版，第 15~16 页。

② 余潇枫、廖丹子：《现代民防：安全治理新建构》，载《浙江大学学报（人文社会科学版）》2012 年第 3 期。

③ 龚维斌：《当代中国社会风险的产生、演变及其特点——以抗击新冠肺炎疫情为例》，载《中国特色社会主义研究》2020 年第 1 期。

④ 郑杭生、洪大用：《中国转型期的社会安全隐患与对策》，载《中国人民大学学报》2004 年第 2 期。

新型治理实践则方兴未艾，尚未形成现代化的社会安全治理能力和治理体系。全球化时代“安全问题的跨国性、联动性、多样性特征更加突出”①，不同国家之间的安全利益相互交织、国际间安全要素传导渗入国内而产生联动影响，也是影响新时代社会安全治理实践的重要挑战变量。

当代社会风险在相当程度上是人们感知并相互作用的结果，具有很强的主观构建性。社会风险的主观建构性增强，表现在社会舆论、社会心理对社会风险的影响越来越大。根据风险的社会放大理论，建构性风险的大小取决于受到客观性风险影响的感受性，这种感受性又与人们自身的知识水平、价值观念以及所处环境有关。在社会从封闭走向开放、从乡村走向城市、从传统走向现代的过程中，各类社会风险的建构性一定会越来越强，影响着传统意义上的客观风险。

第三，社会安全治理实践中存在被动治理、应急治理的治理困局。社会安全治理领域存在治理“失灵”和治理“赤字”，用来代指问题上升而治理能力下降的欠缺状态，如现有治理规则不适应形势变化、治理不充分、措施不管用、结果不公平②，主要表现之一就是各类群体性事件频发。群体性事件因人民内部矛盾而引发，由部分社会公众参与并形成有一定组织和目的的集体上访、集会、阻碍交通、围攻党政机关、静坐请愿、聚众闹事等群体行为，并对政府管理和社会秩序造成影响。③ 从根本上说，群体性事件反映了社会安全治理无法有效协调不同利益群体的利益诉求。

从我国社会治理的具体实践来看，不少部门和管理工作者还习惯于用计划的手段进行指令式、调配式管理，表层治理、被动治理、单向度治理、应急式治理尚未得到根本性扭转，社会群体因利益受损、利益诉求博弈引发的各种群体性事件、网络舆情事件等多发。近年来，为适应社会快速转型和治理突出问题需要，以公安机关为主体的社会安全治理部门探索建立校园警务、医疗警务、食品药品环境卫生警务、旅游生态警务等涉校、涉医、涉旅等专门机构和力量，应对日益增长的社会安全治理新挑战新要求。从客观成效来看，这些应

---

① 习近平：《坚持合作创新法治共赢　携手开展全球安全治理》，http：//www. xinhuanet. com/politics/2017-09/26/c_1121726066. htm，访问日期：2017 年 10 月 1 日。

② 张程：《治理赤字的思想根源及化解之道》，载《红旗文稿》2017 年第 9 期。

③ 中国行政管理学会课题组：《我国转型期群体性突发事件主要特点原因及政府对策研究》，载《中国行政管理》2002 年第 5 期。

对举措阶段性地达到稳控应对的目标，提高了特定领域的安全治理效果。但这种“头痛医头，脚痛医脚”的治理应对模式，反映了政府部门在社会安全治理矛盾压力下的“窘态”，暴露出传统社会安全治理供给模式和能力的弊端。

不过，我们也要看到近年来一些地方社会安全治理创新探索，如上海市以公安大数据战略为引领，大力推进智慧公安建设，发挥技术手段的整合、重构和变革驱动功能，优化警务工作流程，提升社会安全治理的信息化、精细化和智能化水平，实现警力无增长改善，较大幅度扭转被动应对的困局。再如，广东省中山市 2012 年以来实施“全民治安”工程，构建“全民参与、协同共治”的社会安全治理模式，实现了党政领导、公安主力、社会协同、民众参与。

4. 西方国家社会安全治理困境警示中国探索特色治理路径模式

治理理论发源于西方发达国家对公共部门管理改革的实践。20 世纪 90 年代以来，“治理”成为公共管理的基本范式，反映了西方社会的政治理念和价值，西方发达国家的社会治理模式成为样板和“模式定义者”。近年来，一些西方国家特别是发达国家出现了不同程度的社会紊乱甚至社会失序现象，由文化多元滑向文明冲突。① 这一现象被称为社会治理危机，表现在民主政治体制失范，民主选举混乱和所谓的“黑天鹅事件”频发，市场经济持续低迷，金融危机阴影长期无法走出，经济增长停滞，出现了反全球化浪潮，多元文化矛盾激化，民粹主义思潮兴起，右翼极端主义暗潮涌动，种族歧视引发社会骚乱，民族分离主义兴盛，难民危机爆发，暴力恐怖事件频发，社会共识度下降，社会安全感降低，地方和中央关系陷入困境等。② 这些现象从本质上反映了西方社会制度的危机，其治理理念和制度模式的权威性和吸引力日渐下降，根源在于未能回应经济和社会结构发生的巨大变化。

这一系列安全“赤字”和治理“赤字”现象警示我们，全球化时代已经在“发展共同体”的过程中形成了“安全共同体”，任何国家都不能置身事外而独善其身，也没有哪一个国家可以包打天下、实现绝对安全。社会安全治理现代化建设既要借鉴西方社会治理的成功经验、注意其具体适用条件，又不能迷信西方社会的治理理论，不能盲目照搬其实践模式，更要对其暴露出来的缺点保持警惕，加强经验和教训的研究，分析问题产生的原因，并结合我国特定

---

① 冯仲平:《关于西方困境的思考》，载《现代国际关系》2017 年第 10 期。

② 张国清、何怡:《西方社会的治理危机》，载《国家治理》2017 年第 3 期。

国情、发展阶段和社会安全治理实际，探索具有中国特色、适合我国实际的社会安全治理现代化道路。

党的十八大以来，我国积极参与全球安全治理，提出构建“人类命运共同体”并写入联合国发展委员会和联合国人权理事会决议，为全球安全治理提供了中国方案，贡献了中国智慧①，成为不确定的世界洋流中稳定的灯塔②。从这个意义上来理解，社会安全治理现代化建设研究也是探索创新具有中国特色的社会安全治理实践模式，提升我国在社会治理领域的软实力和话语权，促进国际间社会安全治理合作，服务“人类命运共同体”建设的重要实践。

5. “中国式现代化”对社会安全治理现代化建设和实践创新提出新要求

2020 年 10 月，习近平总书记在党的十九届五中全会第二次全体会议上指出：“我国要坚定不移推进中国式现代化，以中国式现代化推进中华民族伟大复兴，不断为人类作出新的更大贡献。”在此后的庆祝中国共产党成立 100 周年大会上，以及党的十九届六中全会通过的《中共中央关于党的百年奋斗重大成就和历史经验的决议》中，“中国式现代化”均被反复提及，并被赋予“创造了人类文明新形态”“拓展了发展中国家走向现代化的途径”等更高的世界历史意义。党的二十大报告对中国式现代化的特征、本质要求、原则进行集中阐释，既凸显了其对中国现代化百年探索历程的主线意义，更指明了未来开辟中国现代化新境界、新高度的方向与路径。

中国式现代化的理论观点、实践要求，为从战略视角研究新时代社会安全治理现代化建设及其实践创新提供了宏观指导和战略遵循。服务和支撑中国式现代化，推进国家安全体系和能力现代化，提高公共安全治理水平，以新安全格局保障新发展格局，成为社会安全治理现代化建设的应有之义和根本要求。

世界各国正处在全球化深刻发展和转变的特殊阶段，“全球化”已经形成了“你中有我、我中有你”的发展格局。2008 年以来，随着国际金融危机不断深化、迟迟走不出经济复苏的泥沼，全球出现了反全球化的新动向，民粹主义、贸易保护主义有所抬头。在这种背景下，我国提出了推进“一带一路”倡议、树立新型亚洲安全观、建设亚洲基础设施投资银行等战略举措，提出“五

① 冯俊：《讲清“大国之道”的可贵尝试——〈中国梦·中国道路丛书〉读后》，载《人民日报》2018 年 5 月 1 日。

② 任仲平：《他的英名和事业永世长存——写在马克思诞辰 200 周年之际》，载《人民日报》2018 年 5 月 2 日，第 1 版。

通”（政策沟通、设施联通、贸易畅通、资金融通、民心相通）、“三同”（利益共同体、命运共同体和责任共同体）等发展理念。在安全治理领域，中国积极推进建立全球反腐败协调机制，积极推进国际刑警组织发展并首次担任该组织负责人，积极推进联合国安理会改革、参与国际维和行动等，参与国际治理的能力不断提高，这对应对全球化挑战、提高社会安全治理现代化水平提出了新要求。

## （二）社会安全治理现代化建设的理论背景

### 1. 缺少基于战略性视角对社会安全治理的建构性讨论和深入研究

社会安全治理研究是目前学界特别是安全领域研究的热点。在宏观层面的安全哲学研究领域，主要从“威胁论”和“互动论”①的多元化视角认识社会安全本质，从“社会保障”②“社会风险”“社会认同”③“社会公共品”④的视角研究社会安全本质属性，从社会公正、社会信任、社会认同以及全球化、信息化、现代化、社会心理等视角研究社会安全的影响因素，从评价标准的视角研究社会安全的评价指标⑤⑥⑦⑧⑨等。在微观层面的社会安全治理实践领域，包括社会安全事件及应对、社会治安防控体系建设⑩、社会治理立法与法治⑪、虚

---

① 余潇枫：《安全哲学新理念：“优态共存”》，载《浙江大学学报（人文社会科学版）》2005年第3期。

② 金高德著：《比较社会政策与社会安全》，覃怡辉译，台湾地区黎明文化事业股份有限公司1979年版，第6页。

③ 李明明：《社会安全理论探析》，载《欧洲研究》2006年第5期。

④ 唐亚林、李瑞昌、朱春：《社会多元化、社会矛盾与公共治理》，上海人民出版社2015年版，第20页。

⑤ 俞可平：《民主法治：国家治理的现代化之路》，载《民主与法制时报》2013年12月23日，第14版。

⑥ 胡鞍钢、王磊：《社会转型风险的衡量方法与经验研究（1993~2004年）》，载《管理世界》2006年第6期。

⑦ 周文彬：《转型时期中国社会风险评估指标体系研究》，华中师范大学管理学院2007年硕士学位论文，第1~23页。

⑧ Jonathan Joseph，“Governing through Failure and Denial：The New Resilience Agenda，” *Millennium-Journal of International Studies*，44 No. 3（2016）：1-21.

⑨ Elisabetta Brighi，“The Globalisation of Resentment：Failure，Denialand Violence in WorldPolitics，” *Millennium：Journal of International Studies*，No. 44（Mar2016）：411-432.

⑩ 周正：《社会治安防控体系建设初探——以社会管理创新为视角》，载《公安研究》2013年第5期，第28~35页。

⑪ 王洁：《社会治安综合治理立法研究》，山东大学2014年硕士学位论文，第1~13页。

拟社会治理①、公安机关治理研究②等。

从研究的整体情况来看，已有研究大多基于“安全”来研究“社会安全”，或是聚焦治理实践局部要素的研究，将社会安全置于国家发展战略层面，将社会安全与其他领域安全联系起来进行的系统性研究较少，基于总体国家安全的战略视角研究薄弱，研究的战略性视角和应用深度不足。且这些研究较多基于行业本位视角或安全的向内透视性视角，基于社会安全而又跳出社会安全的向外关联性研究或“俯视式”视角研究相对薄弱。另外，社会安全随着社会发展和变革而演化，其内涵在不同社会结构形态、不同发展阶段、不同社会文化条件下的特点和规律也会有差异，社会现代化发展水平与社会安全之间交互影响，但目前关于这方面的战略性思考和研究比较薄弱。社会安全治理现代化要求树立新时代的“大安全观”和“安全共同体”理念，以总体国家安全观为安全战略指导，把握整体性安全需求和安全发展规律，并与其他领域安全进行联动、协同和融合，以提升社会安全的整合供给服务能力，达到人民安康、社会安定、国家安稳、世界安宁的安全目标。目前基于战略性视角的社会安全治理研究薄弱的基础和现实，既反映了社会安全问题的内隐性和复杂性，也凸显了战略研究视角的重要性，为本研究深入实施提供可能。

2. 缺少本质性视角对社会安全治理要素内在作用机理的深入研究

建立多元多维的参与型治理结构和运行机制，是提升社会安全治理能力的核心所在。不断创新完善社会安全治理体制，创新预防和化解社会矛盾机制，改进社会安全治理方式，激发社会组织活力，是社会安全治理现代化建设的关键③。社会安全治理现代化建设涉及公共管理领域倡导的社会安全治理理念创新和治理结构优化，涉及政治学领域倡导的“善治”“善政”，涉及法学领域倡导的法治化，以及安全领域倡导的总体国家安全战略等，是典型的多领域、多学科交叉课题。

长期以来，学界关于社会安全治理的政策研究和理论推导分析较多，思辨性、归纳性或政策解释性研究较多，基于利益相关者视角探析其本质内涵和本

---

① 陶鹏：《虚拟社会治理的中国逻辑及其进路：基于国家治理现代化的客观思考》，载《广东行政学院学报》2015 年第 3 期，第 15~19 页。

② 季益峰：《浅谈综合治理中公安机关的角色定位》，载《上海公安高等专科学校学报》2016 年第 10 期，第 9~12 页。

③ SavitchH. V. & Vogel R，“Introduction：Paths to New Regionalism”，*State and Local Government Review*，32 No. 3（2000）：158–168.

源性因素影响，揭示社会安全治理关键机理要素的动力机制、边界条件和作用规律的实证研究较匮乏。特别是进入现代化建设的升级发展新阶段，社会安全治理实践还缺少贯通社会安全、社会安全治理、社会现代化典型条件治理策略的整体性理论指导框架。不少治理实践基于经验总结、案例研究，较少从量化和整体性研究视角对治理实践对策或举措进行验证。

社会安全治理必须基于对社会安全本源性影响因素的准确认识和深刻把握，遵循社会安全治理的基本规律，以实现从治标向治本转变，达到源头治理的目的。从本质性、本源性、机理性视角加强社会安全治理作用机理的理论研究和量化分析，为科学决策提供理论依据，基于治理要素作用规律进行治理实践，成为新时代加强社会安全治理研究的急需课题。

3. 缺少社会现代化典型情景条件视角对安全治理的综合应对策略研究

当前，社会现代化情景条件呈现新型特征，并受社会转型、全面深化改革影响，特别是大数据时代、虚拟社会安全治理等新兴治理实践领域，增加了社会安全因素的综合性和多发性，提高了社会安全治理的复杂度。例如，信息技术的创新和深度应用，有助于提升治理要素的整合水平，优化技术治理流程，提升治理效率和个性化匹配程度，创新治理模式和机制，但同时也潜在带来冲击法律与社会伦理、侵犯个人隐私、改变就业结构、扩大国家或地区间的“数字鸿沟”、挑战国际关系准则等问题。在虚拟社会安全治理领域，传统犯罪形态不断向网络端转变，网络安全攻击、新型网络犯罪手段升级，网络舆情事件迭发，以及意识形态斗争、国际恐怖主义、极端宗教势力和民族分裂势力利用网络载体渗透多发等。①

理论研究需要对照社会现代化趋势和内在要求进行前瞻性研究，如社会现代化的核心条件发生了怎样的变化，对社会安全将会产生怎样的影响，对社会安全治理实践具有怎样的约束要求，如何因应社会现代化典型条件提出综合应对策略等。从与行业有关专家访谈和文献调研情况来看，这方面的理论研究还比较薄弱，部分研究局限在社会学相关理论研究领域，特别是关于中国社会治理现代化建设特色实践的深入分析、总结提升、形成理论成果方面还较少，距离向社会安全治理实践的转化应用还有很长一段路要走。

---

① 熊光清：《中国网络社会多中心协同治理模式探索》，载《哈尔滨工业大学学报（社会科学版）》2017 年第 11 期，第 30~35 页。

## 三、社会安全治理现代化建设的研究意义

在国家大力推进治理现代化建设的新时代背景下，我国国家安全处于全面拓展期，其内涵和外延比历史上任何时候都要丰富，时空领域比历史上任何时候都要宽广，内外因素比历史上任何时候都要复杂。安全和发展的重要性、协调性前所未有，两者之间的内在矛盾张力前所未有，[①] 凸显了当前从战略视角加强社会安全治理体系和治理能力现代化建设研究的重要性和战略意义。

### （一）开展社会安全治理现代化建设研究的实践意义

本研究的实践意义集中体现在深化对社会安全治理的安全本源因素、治理作用机理和综合应对策略的系统研究，为我国社会安全治理现代化建设实践提供理论指导和策略建议，服务平安中国和法治中国建设。

第一，在战略上服务于全面深化改革的总目标。2014 年 12 月，习近平总书记在江苏调研时强调，要主动把握和积极适应经济发展新常态，协调推进全面建成小康社会、全面深化改革、全面推进依法治国、全面从严治党，推动改革开放和社会主义现代化建设迈上新台阶。这是习近平总书记第一次明确提出“四个全面”的总体布局。“四个全面”高度凝练了新阶段党和国家事业发展的大格局，深刻揭示了当代中国特色社会主义发展的重点任务，表明我们党对人类社会发展规律、中国特色社会主义建设规律和党执政规律认识有了新的提升。在这“四个全面”中，全面建成小康社会是奋斗目标，是中国特色社会主义新常态的根本指向。全面深化改革是“关键一招”，为中国特色社会主义新常态注入强大动力。全面推进依法治国是根本保障，为中国特色社会主义新常态保驾护航。全面深化改革和依法治国犹如车之两轮、鸟之双翼，共同推动全面建成小康社会奋斗目标的顺利实现。全面从严治党确保党始终成为中国特色社会主义事业的坚强领导核心，是新常态波澜不惊、破浪前行的压舱石。

2013 年，党的十八届三中全会确定，我国全面深化改革的总目标是“完善和发展中国特色社会主义制度，推进国家治理体系和治理能力现代化”。其中，“完善和发展中国特色社会主义制度”明确了改革总目标的根本性质和方向，确定了治理体系和治理能力的现代化的原则和前提，绝不能把现代化理解为西

① 杜刚：《和平崛起进程中的中国国家安全研究》，苏州大学政治与公共管理学院 2018 年博士学位论文，第 1~5 页。

方化。“推进国家治理体系和治理能力现代化”规定了改革总目标的实现形式和基本途径。这两个方面共同构成了全面深化改革的目标。这一目标具有总体规定性和总体指导意义，当然也适用于社会安全治理领域的建设和发展。社会安全治理能力建设是治国理政的核心能力，是国家治理能力现代化的重要内容。实现国家治理体系和治理能力的现代化，必然要求社会安全治理等相关领域要同步甚至率先实现现代化，这是整体和局部的关系，也是全局和重点的关系。

从这一意义上说，推进社会安全治理现代化不仅仅是社会治理创新的内在要求，更是服务国家全面深化改革大局、坚持和发展中国特色社会主义、实现社会主义现代化的应有之义。这也提示和要求我们要立足国家全面深化改革大局，以促进社会公平正义、增进人民福祉为出发点和落脚点，更加注重改革的问题意识和问题导向，更加注重改革的系统性、整体性、协同性，更加注重改革的法治思维和法治方式，加强顶层设计和整体谋划，着力推动解决我国发展面临的一系列突出矛盾和问题，推进中国特色社会主义制度不断发展、自我完善。2017 年，党的十九大对全面深化改革总目标的战略步骤进一步细化并纳入“两个百年奋斗目标”，提出到 2035 年国家治理体系和治理能力现代化基本实现，法治社会基本建成，现代社会治理格局基本形成，社会充满活力又和谐有序；到 2050 年完全实现国家治理体系和治理能力现代化，使我国社会主义现代化的发展战略更加完整。

社会安全治理现代化是社会特定领域的现代化，从属于国家整体治理现代化建设的全局，两者之间是局部和整体的关系、从属和引领的关系、保障和服从的关系。社会安全治理现代化遵循国家治理现代化的价值理念和本质要求，服务“完善和发展中国特色社会主义制度”的总体根本目标，同时也担负着深化社会安全治理的理论创新、模式机制创新的使命，促进更高水平的平安中国和法治中国建设。

第二，在路径上指导社会安全治理现代化的政策实践。在社会快速转型、全面深化改革的关键时期，探索具有中国特色的社会安全治理现代化特色路径，是社会安全治理实践创新的必由之路。开展社会安全治理现代化本质和运行规律研究的根本任务，就是围绕完善社会安全治理的制度体系建设、提升制度执行力，进行机理分析和对策研究，服务新时代社会安全治理实践，并为治理实践创新提出政策建议。

党的十九大作出社会主要矛盾发生重大变化的判断，指出我国社会主要矛盾已经转化为人民日益增长的美好生活需要和不平衡、不充分的发展之间的矛盾。这是关系全局的历史性变化，对党和国家工作提出了许多新要求，也对社会安全治理提出了新要求。人民对美好生活的需要，包括对社会更加安全、更加公平正义、更多获得感的要求，这是做好新时代社会安全治理工作的基本遵循。党的十九大报告同时提出："加强和创新社会治理，打造共建共治共享的社会治理格局。加强社会治理制度建设，完善党委领导、政府负责、社会协同、公众参与、法治保障的社会治理体制，提高社会治理社会化、法治化、智能化、专业化水平。"这从根本上要求我们加强适应新时代要求的社会安全治理体系和治理能力建设，树立以人民为中心的社会安全治理理念，深刻领会把握社会主要矛盾的变化规律，探求化解社会矛盾和纠纷的科学方法和规律，推进治理理念、治理理论、治理模式、治理手段的创新，实现社会安全治理的现代化，进而为国家治理体系和治理能力现代化提供直接支撑。

本研究牢牢把握探究社会安全本源性影响因素和社会安全治理核心要素作用机理这一战略切入点，分析社会安全治理的安全逻辑、治理逻辑、现代化情景条件逻辑，并形成递进式的逻辑分析链条，用量化实证方法研究影响因素与社会安全水平的作用关系。通过对社会民众社会安全感的调查，分析高流动性、高网络化、高知识化等典型情景条件变量对安全治理要素的影响规律，丰富社会现代化条件下社会安全治理的综合应对策略。

第三，在实践上丰富我国社会安全治理现代化的本土特色。我国高度重视社会治理改革创新并作为治国理政的重点领域。随着改革开放不断深入、社会发展由计划经济向社会主义市场经济深度转型，我国经历了从传统的社会管理到现代的社会治理的演变过程。① 特别是近 40 多年来的系列变革，治国理政的核心理念从强调"阶级斗争为纲"到"以经济建设为中心"再到"以人民为中心"转变，政府功能从"管制型政府"到"建设型政府"再到"服务型政府"转变。②

从实践成效来看，我国推行社会治安综合治理，大力加强社会治安防控体系建设，构建了全民共建共享的社会安全治理格局体系，民众安全感大幅提

① 向春玲：《加强和创新社会治理的新思路与新举措》，载《治理现代化研究》2018 年第 3 期，第 84~89 页。

② 童新：《创新社会治理》，中国社会科学出版社 2012 年版，第 1 页。

升，“安全”成为中国的一张“亮丽名片”。2022年，党的二十大报告对全面深化改革实践和安全治理实践作出全面评价。在全面深化改革方面，“我们以巨大的政治勇气全面深化改革，打响改革攻坚战，加强改革顶层设计，敢于突进深水区，敢于啃硬骨头，敢于涉险滩，敢于面对新矛盾新挑战，冲破思想观念束缚，突破利益固化藩篱，坚决破除各方面体制机制弊端，各领域基础性制度框架基本建立，许多领域实现历史性变革、系统性重塑、整体性重构，新一轮党和国家机构改革全面完成，中国特色社会主义制度更加成熟更加定型，国家治理体系和治理能力现代化水平明显提高”。在安全治理方面，统筹安全、发展两件大事，“我们贯彻总体国家安全观，国家安全领导体制和法治体系、战略体系、政策体系不断完善，在原则问题上寸步不让，以坚定的意志品质维护国家主权、安全、发展利益，国家安全得到全面加强。共建共治共享的社会治理制度进一步健全，民族分裂势力、宗教极端势力、暴力恐怖势力得到有效遏制，扫黑除恶专项斗争取得阶段性成果，有力应对一系列重大自然灾害，平安中国建设迈向更高水平”。

实践发展为理论研究提供了丰富土壤。开展社会安全治理现代化的战略性、本土化特色实践研究，加强对基本规律和治理经验的总结探讨，丰富中国话语体系下社会安全治理现代化的理论架构、治理机制和特色实践模式，既是我国社会安全治理实践发展的内在需要，也是推动社会安全治理理论创新的需要。

第四，从国际治理改革竞争上探索中国特色的社会安全治理现代化新路。社会安全治理现代化是具有普遍性的国际问题。习近平总书记在国际刑警组织第八十六届全体大会开幕式上的主旨演讲中指出，恐怖主义、网络犯罪、跨国有组织犯罪、新型犯罪等全球性安全问题愈加突出，人类面临着许多共同挑战。安全问题的联动性更加突出，安全问题同政治、经济、文化、民族、宗教等问题紧密相关，非传统安全威胁和传统安全威胁相互交织。① 安全问题的跨国性更加突出，任何一个国家的安全短板都会导致外部风险大量涌入，任何一个国家的安全问题积累到一定程度又会外溢成为区域性甚至全球性安全问题。安全问题的多样性更加突出，全球安全问题的内涵和外延正在不断拓展，传统

---

① 习近平：《坚持合作创新法治共赢 携手开展全球安全治理——在国际刑警组织第八十六届全体大会开幕式上的主旨演讲》，http：//world. people. com. cn/n1/2017/0927/c1002-29561534. html，访问日期：2017年9月27日。

犯罪在互联网和新媒体的作用下推陈出新。作为一个正在快速发展、全面深化改革的人口大国，通过推进我国的社会安全治理体系和能力现代化建设，提炼形成具有先进理念、自我特色、推广价值和竞争力的社会安全治理解决方案，推动全球安全治理体系朝着更加公平、更加合理、更加有效的方向改革和发展，可以为全球安全治理贡献中国智慧，发出中国声音，提升中国社会安全治理的竞争力。

我们也要反思西方国家社会治理面临的危机和困境，坚定探索治理现代化的中国道路。近年来，不少西方国家出现了不同程度的社会紊乱甚至社会失序现象，如金融危机、经济停滞、反全球化浪潮、暴恐频发、难民问题、选举乱局、民粹主义兴起、右翼极端主义暗潮涌动，种族歧视引发的社会抗议和骚乱，社会共识度下降、社会安全感降低等。这些危机的实质是一种国家治理危机，是西方基本社会制度危机，其根源在于未能回应经济和社会结构发生的巨大变化。[①] 西方社会治理危机让我们深刻地认识到，西方国家的社会治理模式不是唯一标准和模板，其制度的合法性和权威性日益下降。这也深刻提醒我们，社会安全治理现代化实践过程蕴藏着巨大的风险和挑战，既要借鉴西方社会治理的成功经验、注意其适用条件，更要分析问题产生的原因，坚定探索适合我国实际的社会安全治理现代化之路。

推进社会安全治理现代化是适应信息技术整合应用、推进技术化治理升级的发展要求。信息技术可以作为一种治理工具和手段，也可以发展为治理理念和方法，进而促进治理流程重构、推进治理模式变革，为社会安全治理现代化提供基础和关键支撑。专家研究认为，信息技术通过嵌入特定的组织结构和制度体系之中，借助一定的机制与其进行互动，进而推进组织的变迁，从而成为制度变革的“赋能者”。[②] 制度变革与技术变革相互作用、相互关联，制度变革可以推动技术变革，技术变革可以保障制度变革并使制度变革成果得以巩固。近年来，我国在司法体制改革中把制度优势和技术优势结合起来，创造性地运用大数据、人工智能分析证据，明确不同诉讼阶段的基本证据标准指引，研发智能辅助办案系统，构建跨部门大数据办案平台，发挥人工智能在数据采集、整理、分析、综合方面的优势，探索了一条司法体制改革和现代科技应用

① 张国清、何怡：《西方社会的治理危机》，载《国家治理周刊》2017 年 3 月丁第 12 期。

② Hoetker G, Fountain J E, “Building the Virtual State: Information Technology and Institutional Change”, *Journal of Policy Analysis & Management*, No. 4 (2002).

融合的新路子，提升了治理现代化水平。树立互联网思维，融入社会信息化浪潮，积极进行安全治理模式创新，善于借助信息化和治理过程的修正、强化、互动和重构，增强社会安全治理的整合要素和整合能力，逐渐形成新型的治理理念、治理结构和治理机制，最终有效提升社会安全治理现代化的信息化、智能化水平，这也是社会安全治理现代化建设的应有之义。

### （二）开展社会安全治理现代化建设研究的理论意义

第一，基于战略视域构建社会安全治理现代化的整体性理论框架。战略布局问题始终是治国理政的一个重大理论和实践问题。由此，战略视域是本研究的关键视角，基于大时代、大系统、大安全、大战略、大博弈进行综合分析，利于从改革发展大势、历史演进规律、社会系统全局等多元视角，认识和把握社会安全治理及其现代化建设问题。进行社会安全治理现代化研究，必须置于国家治理现代化的整体布局和时代背景。

本研究将社会安全作为社会系统的基本要素，将社会安全治理作为社会治理、国家治理的基本内容，将社会安全治理现代化置于国家治理现代化建设和总体国家安全战略的整体布局，研究构建从社会安全、社会安全治理、社会安全治理现代化逐级递进的整体性理论框架。本研究的深刻战略性理论意义还在于，以习近平新时代中国特色社会主义思想为指导，贯彻落实党的二十大精神和总体国家安全观，应对经济与社会双重深度转型对社会安全治理的冲击与挑战，把握现代科技的颠覆性创新和基于高技术的治理创新对社会安全治理的重大机遇，从理论创新角度推进中国特色社会安全治理的创新升级。

第二，深化对社会安全治理本质内涵与关键影响因素的作用机理研究。社会安全治理表现为多元利益主体、多种安全利益诉求、多种安全治理机制、多种安全空间维度（网络虚拟空间和社会现实空间）的共同作用过程，并随着社会安全发展而动态演进。从理论层面聚焦社会安全问题的内生性、根源性影响因素，探究社会安全内涵本质、关键因素作用机理，构建符合社会安全本源性影响因素特征，基于社会安全治理的关键机理要素作用规律，以社会安全水平为治理绩效产出的社会安全治理现代化综合性理论指导框架，可以为社会安全治理实践提供政策指南和理论指导，进而为推动社会安全治理向系统治理、依法治理、综合治理、源头治理转型提供理论指导和借鉴。

第三，基于多学科综合维度拓展社会安全治理的理论研究与应用。社会安全治理现代化研究是一个跨学科、跨领域、理论和实践相结合的综合性研究领域。在总体国家安全观的宏观整体视域下，传统囿于某一领域安全问题的思路已不能很好适应当前安全联动、安全治理实践快速发展的形势要求。社会安全治理研究涉及社会学、政治学、管理学、法学、心理学、公安学等多个学科领域，需要战略管理思想、社会系统理论、利益相关者理论、协同治理理论和现代化理论等理论的综合指导，也需要对国际上相关研究理论成果的广泛借鉴。这既利于从战略高度、创新视角和理论深度深化对社会安全治理本质、社会安全本源性因素、治理作用机理的认识和把握，也利于提升社会安全治理现代化的综合发展水平。从更广泛意义上的国际社会安全治理改革来说，基于我国社会安全治理实践的本土性创新观点和创新实践，能够为提高我国安全治理的影响力和话语权，促进国际安全治理合作提供良好的理论支撑。

## 四、社会安全治理现代化建设的主要研究内容

### （一）社会安全治理现代化建设研究的战略视域

我国当前的社会安全治理现代化改革实践愈加重视战略思维的理论指导和实际运用。基于战略层面研究社会安全治理现代化建设的理论内涵、作用机理及其实践范式，不仅是深化社会安全治理现代化建设实践创新的基本视角，更是推进社会安全治理理论创新的内在企求。从国家整体发展战略来看，社会安全治理现代化建设是国家治理现代化整体战略的有机组成部分，是现代化发展战略在社会安全治理领域的落实和体现。

战略视域是本研究的关键和特色视角。战略管理思想在所有已知的研究类型中具有独特优势，它关注本源性影响因素，关注事物的发展趋势，注重前瞻性和系统性，可以为深入研究提供宏观性、整体性、关联性、穿透性的理论审视和指导。习近平同志高度重视战略问题，认为：“战略问题是一个政党、一个国家的根本性问题。战略上判断得准确，战略上谋划得科学，战略上赢得主动，党和人民事业就大有希望。”①

基于战略视角对社会安全现代化进行系统研究，探究社会安全、社会治理

① 2014年8月20日，习近平在纪念邓小平同志诞辰110周年座谈会上发表讲话，强调学习邓小平同志高瞻远瞩的战略思维，详见 http：//www. xinhuanet. com//politics/2014－08/20/c_1112160001_3. htm。

的本质及现代化实践模式，是社会安全治理现代化的关键所在和应有之义。本研究的战略视域主要体现在战略管理思想和战略思维的整体性、贯通式应用，贯穿于对问题提出的宏观思考、对问题分析的本源性切入、对问题解决的逻辑递进等方面。

第一，战略视域在本研究中集中体现为战略思维的运用。战略思维是一种抽象思维，是战略管理思想的精华所在。战略思维的最大优势在于能够连续、动态、全面和综合地跟踪多种因素的相互影响、共同变化的规律性，并以此为基础引导现实问题从当前状态向目标状态演化。战略管理思想作为一种指导思想，贯穿本研究整个过程，并用于指导确定研究的基本思路和技术路线。对研究问题的提出、分析和解决，均基于战略的本质性、系统性、辩证性联系而进行，如在现代化维度置于国家治理现代化的整体布局来思考社会安全治理现代化建设，在安全维度基于总体国家安全观的大安全战略来认识和分析社会安全和社会安全治理，在全面深化改革维度基于社会安全治理创新的综合视角来审视和研究等。

第二，从事物的内涵本质和普遍联系、辩证联系的角度来深化研究。从社会安全治理的本体要素来看，基于本源本质、核心机理、系统联系的观点，“寻求基于社会安全本源影响因素的治本式路径和对策”，形成了社会安全的安全逻辑、社会安全治理的治理逻辑、现代化情景条件的现代化内在逻辑。战略视域有助于建立和丰富研究问题的整体性联系，将社会安全与社会系统结合起来考虑。从整体性宏观视角来看，社会安全是社会系统运行发展的一部分，与社会系统的政治、经济、文化、科技等领域均密切相关，受社会系统要素的作用和影响。

第三，从国家治理现代化的整体视角来认识社会安全治理现代化问题。从国家的整体发展战略来看，社会安全治理现代化是国家治理现代化整体布局的有机组成部分，是在社会治理领域贯彻落实全面深化改革整体目标的要求，是现代化发展战略在社会安全治理领域的落实和体现。从时代改革发展大势、社会治理实践演进规律、社会系统的系统联系观点、理论的内涵本质、基于全球范围的安全治理竞争等多元视角，深化对社会安全治理及其现代化的内涵本质、机理路径、机制模式等认识和实践。

第四，从总体安全理念和大安全战略宏观与整体性视角来认识社会安全治理问题。从安全理念的转变来看，因社会安全治理现代化主题的时代性、多元性和复杂性，将社会安全置于社会宏观大系统、大安全的视域来审视，“跳出社会安全来看社会安全”，防止“身在此山中”的局限或不足。社会安全治理现代化建设要树立总体安全战略理念，服务并落实总体国家安全观的战略实施要求。

第五，从多学科交叉的理论视角来认识社会安全治理实践问题。从相关理论的综合指导和运用来看，社会系统理论的系统观思想、总体国家安全观的安全思想、利益相关者理论的治理参与和战略分析思想、多中心协同治理理论的多主体参与和协同效应思想、社会现代化理论的社会转型与现代化典型特质思想等，突出并丰富了战略视域的基础理论内涵。在具体路径方面，积极尝试将宏观层面的战略研究、战略思考，通过问题逻辑转化为实证研究的假设命题，并基于数据采集进行综合分析，得出要素作用机理的特征性规律，为社会安全治理实践提供理论依据，体现了理论与实践相结合、宏观和微观相结合。

第六，从社会安全的演进理念视角来把握安全治理新挑战问题。注重研究的创新性，将传统上注重客观安全性的安全研究转变为注重主观特征的安全感测量研究，将社会安全感作为社会安全水平高低的替代性指标，打通了安全感研究的逻辑通道等。当前，社会安全领域之间的界限越发模糊，安全热点转换更加迅速，虚拟社会安全治理快速发展，呈现多元复合、交互影响、相互转化、广泛互联的新趋势，特别需要从整体安全战略的层面进行宏观、本质和系统性研究。注重理念转变的先导性，将安全理念的转变作为实践创新的先导，将安全观从传统的对抗式威胁论观点转向当代的社会互动和参与建构的观点，为治理的多主体参与提供理论基础。

另外，战略视域也体现在对社会安全治理现代化的研究要树立全球安全治理视角，融入全球安全治理格局，形成本土化特色。全球化时代“安全问题的联动性、跨国性、多样性更加突出”，推动全球安全治理合作，服务人类命运共同体建设，探索具有中国特色、中国优势的社会安全治理方案，也是我国社会安全治理现代化建设研究的内在要求。习近平总书记提出了全球治理观、新安全观、新发展观、正确义利观、全球化观等一系列新理念新主张，积极推动全球治理体制变革，为化解治理赤字提供了新思路。世界经济论坛 2017 年年会上，习近平总书记首次系统提出了全球治理四大模式，强调“要坚持创新驱动，打造富有活力的增长模式；要坚持协同联动，打造开放共赢的合作模式；要坚持与时俱进，打造公正合理的治理模式；要坚持公平包容，打造平衡普惠的发展模式”。[①] 特别是近年来，我国先后提出全球安全倡议、全球发展倡议、全球文明倡议，基于宽广国际视野、安全与发展的底层逻辑进行了战略设计，为新发展阶段加强安全战略研究提供了重要遵循。作为知识型全球公共产品，“三大倡议”有助于塑造大国在全球治理与国际发展领域的共识。

2021 年 9 月，习近平总书记在参加第七十六届联合国大会一般性辩论时强调，“中国始终是世界和平的建设者、全球发展的贡献者、国际秩序的维护者、公共产品的提供者”，并提出了包含六项主要原则的全球发展倡议：一是坚持发展优先，将发展置于全球宏观政策框架的突出位置，加强主要经济体政策协调，保持连续性、稳定性、可持续性，构建更加平等均衡的全球发展伙伴关系，推动多边发展合作进程协同增效，加快落实联合国 2030 年可持续发展议程。二是坚持以人民为中心，在发展中保障和改善民生，保护和促进人权，做到发展为了人民、发展依靠人民、发展成果由人民共享，不断增强民众的获得感、幸福感、安全感，实现人的全面发展。三是坚持普惠包容，关注发展中国家特殊需求，通过缓债、发展援助等方式支持发展中国家尤其是困难特别大的脆弱国家，着力解决国家间和各国内部发展不平衡、不充分问题。四是坚持创新驱动，抓住新一轮科技革命和产业变革的历史性机遇，加速科技成果向现实生产力转化，打造开放、公平、公正、非歧视的科技发展环境，挖掘疫后经济增长新动能，携手实现跨越发展。五是坚持人与自然和谐共生，完善全球环境治理，积极应对气候变化，构建人与自然生命共同体。加快绿色低碳转型，实现绿色复苏发展。六是坚持行动导向，加大发展资源投入，重点推进减贫、粮食安全、抗疫和疫苗、发展筹资、气候变化和绿色发展、工业化、数字经济、互联互通等领域合作，加快落实联合国 2030 年可持续发展议程，构建全球发展命运共同体。全球发展倡议致力于实现全球发展公共产品的再平衡，有助于弥合全球发展赤字，包括引领大国协作重建治理合法性、推动机制合作提升治理有效性，以及强化国家能力提高治理普惠性。[②] 2022 年 10 月，习近平总书记在党的二十大上指出，世界之变、时代之变、历史之变正以前所未有的方式展开，和平赤字、发展赤字、安全赤字、治理赤字加重，人类社会面临前所未有的挑战。其中，发展赤字是触发诸多全球问题的原发性因素，表现为全球发展

---

① 习近平：《共担时代责任，共促全球发展》，载《求是》2020 年第 24 期，第 4~10 页。

② 任琳、彭博：《全球发展倡议：全球发展公共产品供需再平衡的中国方案》，载《拉丁美洲研究》2022 年第 6 期，第 52~67、155~156 页。

总体不充分、全球发展空间不平衡、全球发展动能不充足、全球发展援助不完善与全球发展环境不理想。

2022 年 4 月 21 日，习近平主席在博鳌亚洲论坛年会开幕式上以视频方式发表题为《携手迎接挑战，合作开创未来》的主旨演讲，首次提出全球安全倡议，强调人类是不可分割的安全共同体，倡导以共同、综合、合作、可持续的安全观为理念指引，以相互尊重为基本遵循，以安全不可分割为重要原则，以构建安全共同体为长远目标，走出一条对话而不对抗、结伴而不结盟、共赢而非零和的新型安全之路。[①] 具体包括坚持共同、综合、合作、可持续的安全观，坚持尊重各国主权、领土完整，坚持遵守联合国宪章宗旨和原则，坚持重视各国合理安全关切，坚持通过对话协商以和平方式解决国家间的分歧和争端，坚持统筹维护传统领域和非传统领域安全。全球安全倡议从立足本土的国家安全观，发展为亚洲安全观，进而升华为全球安全观，是人类命运共同体理念与总体国家安全观有机结合的产物，是破解安全困境的理想之道，构建人类安全共同体的路线图，为世界注入更多确定性。

2023 年 3 月 15 日，习近平总书记出席中国共产党与世界政党高层对话会时提出全球文明倡议，提出以“四个共同倡导”为主要内容的关键要素，即“共同倡导尊重世界文明多样性、共同倡导弘扬全人类共同价值、共同倡导重视文明传承和创新、共同倡导加强国际人文交流合作”。[②] 这是继全球发展倡议、全球安全倡议后，新时代中国为国际社会提供的又一重要公共产品，表达了中国共产党愿同各国政党一道促进全球文明交流互鉴、推动构建人类命运共同体的真诚愿望，为推动世界现代化进程、促进人类文明进步提供了中国方案。

### （二）社会安全治理现代化建设研究的主要内容

本研究聚焦的核心问题是，如何从战略视角寻求社会安全的源头治理，实现我国社会安全治理现代化的理论建构及实践创新。核心任务是，基于战略视角探索建立新时代我国社会安全治理现代化建设的整体性理论框架，通过加强系统治理、综合治理、依法治理和源头治理，探索符合我国治理实际的社会安

① 《全球安全倡议概念文件》，http：//www. gov. cn/xinwen/2023-02/21/content_5742481. htm，访问日期：2023 年 2 月 21 日。

② 《全球文明倡议是新时代中国为国际社会提供的又一重要公共产品》，http：//www. gov. cn/xinwen/2023-03/16/content_5747103. htm，访问日期：2023 年 3 月 16 日。

全治理现代化应对策略及实践路径。主要研究以下内容：

第一，研究问题及背景意义。深入剖析本研究的理论背景和现实背景，讨论理论意义和实践意义，对核心问题和独特视角进行说明，并介绍研究实施的基本思路、研究方法和技术路线，形成研究整体内容框架。

第二，研究综述与理论分析。从社会安全治理的内涵与战略演进、治理主体和利益相关者分析、创新实践与典型模式、影响因素与评价实践，以及战略视域的社会安全治理现代化等进行多维度文献综述，展示本研究领域的发展现状。在理论综述方面，运用战略管理理论、利益相关者理论、多中心协同治理理论以及社会现代化理论等进行理论分析，提高研究分析的理论指导性。

第三，社会安全的本源影响因素与作用机理。从社会安全的本源性影响因素分析入手，运用唯物辩证法思想和马克思主义政治分析方法，推导社会基本功能子系统，并分析提出公平感、获得感和秩序感三种影响社会安全的本源性要素和心理基础。在此基础上提出研究假设，通过实证分析揭示社会安全本源因素与社会安全水平的作用机理，为社会安全治理提供本源因素机理的理论支撑。

第四，社会安全治理的内在逻辑与作用机理。基于战略管理理论、利益相关者理论、多中心协同治理理论，分析推导社会安全治理的权利要件（互动）、能力要件（博弈）和机制要件（协同）等关键要件，推导治理的关键机理要素（民众的参与度、话语权、包容性）。提出治理要素与社会安全水平的假设，分别就参与度（选举、决策、执法等）、话语权（舆论、决策、价格等）、包容性（文化、政策、执法等）与社会安全水平进行直接效应的实证分析，就治理要素在本源要素与社会安全水平之间的作用关系进行中介效应检验。利用多元回归分析方法对相关假设的直接效应、中介效应进行分析，揭示社会安全治理关键变量的作用机理，为社会安全治理提供关于治理过程要素作用关系规律的理论支撑。

第五，社会安全治理现代化的情景条件与治理路径研究。根据社会现代化建设的有关理论观点，剖析现代社会的高流动性、高网络化、高知识化、高风险性等关键情景条件特质。基于利益相关者理论、多中心协同治理理论，提出社会安全治理策略和社会安全水平作用关系的研究假设，通过量化实证分析揭示社会安全治理关键机理要素（民众的参与度、话语权、包容性）在社会现代化情景条件下的作用关系规律，在此基础上提炼出针对性治理策略和路径，为现代化情景条件下社会安全治理的综合治理应对策略提供理论依据。

第六，社会安全治理的整体性理论架构及应对策略。基于理论分析、实证分析和策略分析，归纳提出社会安全的本源影响因素分析模型、社会安全治理的关键要素作用机理模型、社会安全治理现代化典型情景条件的综合策略模型，并将其逻辑化贯通结合起来，形成指导社会安全治理现代化建设的整体性理论框架。在治理实践方面，综合提出应对高流动性的跨地域的共同治理，应对高网络化的跨网络的协同治理，应对高知识化的跨领域的认同治理的应对策略。基于战略维度和利益相关者视角，从优化国家安全治理战略层面、社会安全治理部门的治理实践层面、社会民众个体的参与治理实践层面等分别提出了针对性对策建议。

第七，加强新时代社会安全治理现代化建设的综合策略。社会安全治理现代化建设是战略视域指导下的综合实践，社会安全本源影响因素（公平感、获得感、秩序感）对社会安全水平提升具有重要的驱动作用，社会安全治理参与主体的关键机理要素（参与度、话语权、包容性）对社会安全水平具有正向影响，且社会安全治理关键机理要素对本源因素和社会安全水平之间的互动关系具有中介作用，现代社会情景条件下必须实行协同治理、认同治理多种综合治理策略。从研究视域创新、研究方法创新、实践对策创新等角度，重点归纳分析了在社会安全整体性理论解释框架构建、社会安全本源性影响要素分析、社会安全治理关键机理要素作用规律探究、社会安全治理现代化的“三同治理”综合策略应用等方面的创新贡献，并实事求是讨论了本研究存在的局限性。有关研究观点和分析结论可以为社会安全治理实践创新提供理论指导和决策参考。

## 五、社会安全治理现代化建设研究的基本思路与技术路线

### （一）社会安全治理现代化建设研究的基本思路

基于战略宏观视域，按照社会安全、社会安全治理、社会现代化典型条件下治理策略的基本逻辑，研究社会的政治、经济、文化等功能系统对于社会安全的根本性影响，揭示基于公平感、获得感、秩序感的社会安全本源因素逻辑，基于参与度、话语权、包容性的社会安全治理机理逻辑，以及在社会现代

化典型情景条件下社会安全治理的综合应对策略。采用社会民众的社会安全感作为替代指标，表征社会安全治理水平，并通过问卷抽样调查获得数据、进行相关研究假设的实证检验和讨论。本研究的整体逻辑框架如图 1-1 所示。

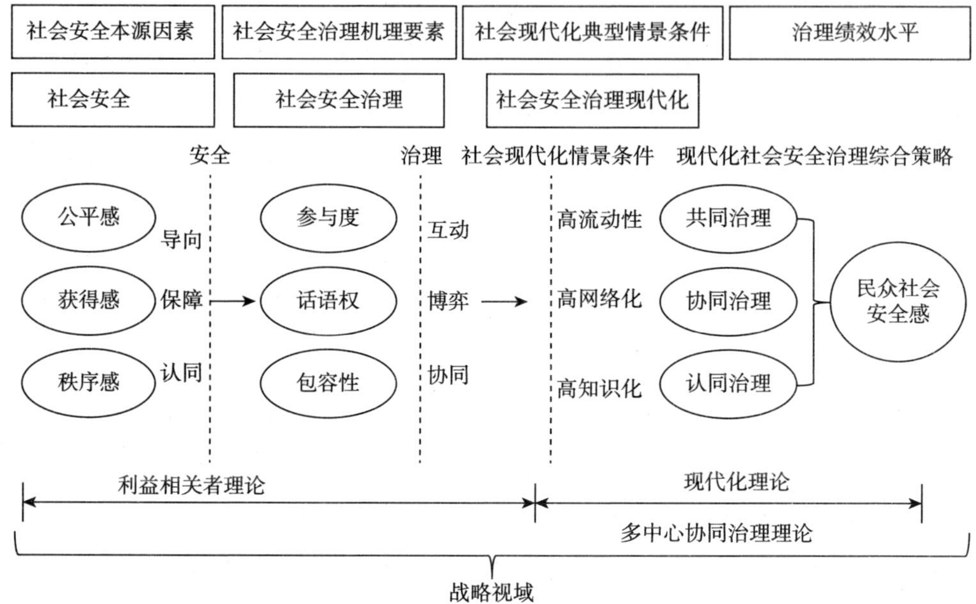


**图 1-1　本研究的整体逻辑框架示意**

第一，基于理论和思辨推导，确定社会大系统的政治、经济、文化三个主要功能系统，推导出社会安全的公正、获得、认同三个本源性要素，进而推导出社会民众个体的公平感、获得感、秩序感三个社会安全本源性心理因素，提出社会安全本源性心理因素与社会安全水平的作用关系假设。通过量化实证分析，揭示社会民众的公平感（起点公平、程序公平、结果公平）、获得感（物质获得感、精神获得感）、秩序感（价值认同、道德认同、法律认同）与社会安全水平的作用机理（有关研究过程和分析详见第三章）。

第二，基于理论和思辨推导，确定社会安全治理的互动、博弈、协同三个主要机理要素，权利要件、能力要件、机制要件三个关键要件，社会个体的参与度、话语权、包容性三个关键机理要素，提出社会安全治理机理要素与社会安全水平的作用关系假设（含直接效应和中介效应）。通过量化实证分析，揭示治理主体的参与度（选举参与度、决策参与度、执法参与度）、话语权（舆论话语权、决策话语权、价格话语权）、包容性（政策包容性、文化包容性、执法包容性）与社会安全水平之间的作用机理（有关研究过程和分析详见第四章）。

第三，基于理论和思辨推导，确定高流动性、高网络化、高知识化三个社会现代化的典型情景条件，以流动社会、网络社会、知识社会为基本条件，以流动人口、网民群体、高知识群体为典型社会群体，分别分析并提出其参与度、话语权和包容性与社会安全水平的作用关系假设。通过量化实证分析，验证社会安全治理主体的机理要素与社会安全水平的作用规律（有关研究过程和分析详见第五章）。

第四，基于社会安全本源影响因素分析、社会安全治理核心要素作用机理分析、社会现代化情景条件的治理应对策略分析，归纳提炼社会安全的本源影响因素分析模型、社会安全治理的核心要素作用机理模型、社会现代化典型情景条件的综合应对策略模型，形成社会安全治理现代化的整体性理论指导框架。提出针对高流动性的跨区域（流入地和流出地）的共同治理，针对高网络化的跨网络（现实社会和虚拟社会）的协同治理，针对高知识化的跨领域（社会价值体系、道德规范体系、法律制度体系）的认同治理的“三同”治理综合应对策略框架。针对国家安全战略、社会安全治理部门的治理实践，社会民众个体参与安全治理实践等方面，提出针对性策略建议（有关研究过程和分析详见第六章）。

第五，综合本研究的理论分析、实证分析和归纳总结，形成关于社会安全治理本质、社会安全本源要素、社会安全治理关键机理要素、社会现代化典型情景条件下的治理策略与社会安全水平之间作用关系的主要研究结论。分析本研究在研究视域、研究方法和实践应用三个维度的创新贡献，分析在研究深度广度、内容复杂度以及结论效度等方面的局限性（有关分析详见第七章）。

### （二）社会安全治理现代化建设研究的主要方法

本研究综合采用定性研究和定量研究相结合的方法，主要包括以下三种：

第一，文献研究法。围绕研究主题和逻辑主线，重点对社会安全、社会安全治理、社会安全治理现代化的理论内涵、实践模式、影响因素、评价标准等进行文献综述分析，把握研究问题的发展现状、整体脉络，为我国社会安全治理本质及现代化情景条件研究提供文献和理论支撑。在此基础上归纳总结，指导构建我国社会安全治理本源影响因素分析模型、社会安全治理关键机理要素模型和社会安全治理现代化情景条件应对策略模型。

第二，问卷调查法。问卷调查是本研究的主要研究方法，旨在对研究假设进行实证检验和分析。基于理论分析并参考有关社会安全、社会治理的已有研究成果，编制了社会安全治理现代化的综合性调查问卷。该问卷包括社会安全、社会安全治理、社会安全治理现代化和社会安全水平四个基本部分。在问卷数据采样环节，采取便利原则简单随机抽样的方法对社会民众进行规模化的问卷调查，并尽可能兼顾区域分布。收集调查数据，以此为基础统计分析社会安全治理相关测评要素与社会安全水平之间的作用机理。运用多元统计和回归分析的方法，分别对社会安全的 11 个假设（含分支子假设）、社会安全治理的 22 个假设（含分支子假设）、社会现代化情景条件的 3 个假设进行定量验证分析，获得了相关假设的直接效应、中介效应的分析结果，并运用归纳演绎法对验证结果进行讨论分析，归纳提出理论分析模型。

第三，典型案例研究法。社会安全治理实践推进和创新过程中涌现大量的典型案例，为本研究提供了较为丰富的案例支持。例如，新时代“枫桥经验”的群众路线与基层社会参与治理，社会治安综合治理与立体化社会治安防控体系建设，某些区域基于大数据深度整合和流程优化重构的技术治理，某些城市开展的“全民治安”治理实践，某些地方政府推进实施的数字化治理转型改革等。通过收集社会安全治理实践资料并融入分析推理过程，剖析社会安全治理的创新模式及运行机制，为我国社会安全治理现代化特色实践研究提供佐证。

### （三）社会安全治理现代化建设研究的技术路线

根据前文对研究内容的阐述、研究方法的选取、研究逻辑的设计，本研究按照提出问题、分析问题、解决问题的基本逻辑，设计了文献综述、理论分析、实证分析、理论构建、政策建议的基本步骤，综合采用文献综述分析、问卷调查和多元统计、回归分析、典型案例分析等方法完成研究任务。本研究的技术路线如图 1-2 所示。

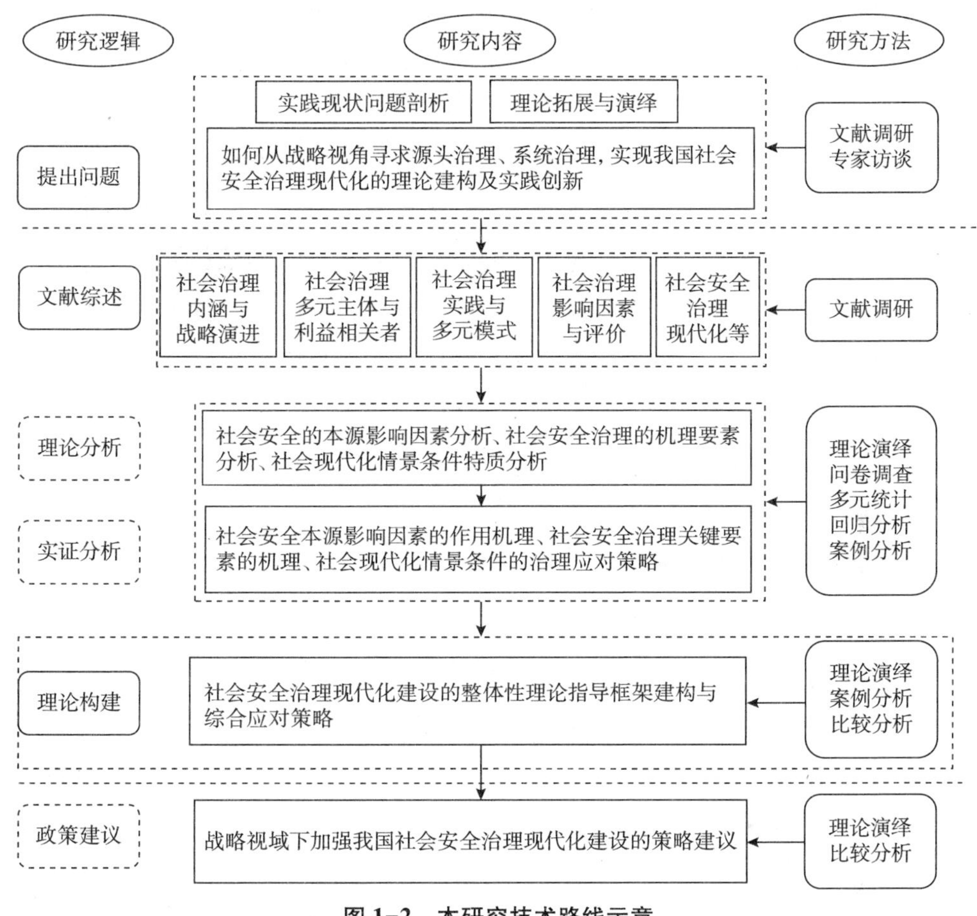


**图 1-2　本研究技术路线示意**

## 六、本章小结

本章从研究主题和核心问题出发，着眼推进中国式现代化建设和公安现代化建设，服务全面深化改革的总目标任务，贯彻落实总体国家安全观的“大安全”战略，推进新时代我国社会治理创新升级，应对经济社会双重深度转型对社会安全治理的挑战，应对现代科技颠覆性创新应用和基于高技术治理挑战，探索中国特色社会安全治理路径方案等，基于综合性的宏观时代背景、理论背景和现实要求，深入系统剖析本研究的现实背景和理论背景，揭示了实践意义和理论意义，明确了核心研究问题，阐释了研究实施的基本思路、主要内容、研究方法和技术路线，提出整体内容框架，建立了战略视域下社会安全治理现代化建设研究的整体概览。

为全面体现本研究的独特视角，本部分对战略视域做专门说明，突出战略管理思维、内涵本质视角、社会系统视角、大安全视角、理论应用视角等战略性分析维度，可以说是对“题眼”的关键解释。

本研究的核心问题是一个时代性课题，包括一系列相关联的思考维度，如新时代条件下社会主要矛盾新变化对社会安全治理现代化提出了哪些要求和挑战；基于国家安全战略和国家发展战略的宏观视野，我国社会安全治理现代化呈现怎样的内在理论逻辑和实践逻辑；如何探索具有中国特色的社会安全治理现代化的理论架构、治理机制和模式，并对社会安全治理现代化发展水平的特征量进行表达、评价，对发展趋势进行预测，等等。对这些基本问题的思考，构成了研究起点，并驱动研究逐渐走向深入。本研究是基于战略视域、本质内涵、作用机理进行的初步探索，但与社会安全治理实践本身的丰富和复杂度相比，只能说是初步和基础的探索，是一项宏大研究的序曲。

# 第二章

# 社会安全治理现代化建设研究综述

战略视域是本研究的关键视角，贯通研究全过程并指导研究问题的分析逻辑。本章基于战略高度和全局视野，将安全的哲学观转变作为社会安全治理问题分析的逻辑起点，聚焦社会安全治理的主体内容，按照从安全到社会安全、从治理到社会安全治理、从社会现代化到社会安全治理现代化的思路，进行研究综述分析。社会安全治理现代化是社会安全治理升级发展的新阶段，是因应社会现代化乃至中国式现代化建设的应有之义。分别对社会安全治理及其现代化的基本内涵、与社会转型关系等进行研究综述，以反映当前研究领域的发展现状。在理论溯源部分，主要对战略管理理论、利益相关者理论、多中心协同治理理论、社会现代化理论等进行观点阐述，明确研究分析的理论基础和理论逻辑。

## 一、社会安全治理研究综述

### （一）社会安全治理的概念认知与战略演进

#### 1. 从安全到社会安全

第一，安全的概念演进。安全是人类的基本需求，是古往今来人们追求的首要价值和特有文化，甚至曾经被视为“超自然的信仰”而成为顶礼膜拜的对象。中国最早出现维护国家安全和君主安全思想的经典文献是在先秦时期，如《周易》提出“安而不忘危，存而不忘亡，治而不忘乱，是以身安而国家可保也”。《周易·系辞下》的思想辩证论述了安与危、治与乱、存与亡之间的关系。《左传·襄公十一年》明确提出，“居安思危，思则有备，有备无患”的思想。无论是安不忘危还是居安思危，都是在告诫统治者，只有时刻保持谨慎的态度，才会有国家、天下的长治久安。

中国古代关于国家安全的思想的论述更多体现在国家内部的君民关系问题上。例如，孔子《论语·公冶长》倡导“德政爱民”，“其养民也惠，其使民也义”。孟子《孟子·尽心下》主张“民贵君轻”，“民为贵，社稷次之，君为轻”。荀子《荀子·王制》提出“君舟民水”关系的思想，“君者，舟也，庶人者，水也。水则载舟，水则覆舟，此之谓也”。除此之外，贾谊的“民为邦本”说、柳宗元的“吏为民役”论、张居正的“知人安民”观等，无不把民本思想作为中国历朝历代治国安邦的重要组成部分，对安全的观念产生了深远的影响。

现代意义上的安全的概念产生于西方理论界。国际关系学者卡尔·多伊奇认为，在个人和政府追求的许多目标中，最广泛和最具有共识的目标就是安全。同时，迄今为止安全是一个“未被深入分析的概念”，一个“发展得非常不全面的概念”和一个“极具争议性的概念”[①]。哥本哈根学派率先实现了“安全”的动态化建构，并将行为体之间的互动引入安全理论分析框架之中形成“安全化理论”。德国近代著名自由主义政治思想家威廉·冯·洪堡认为，安全就是合法自由的可靠性。现代美国著名学者、安全问题专家沃尔弗提出，安全是“已经获得的价值没有受到威胁”的状况，“在客观意义上安全意味着对所获得价值不存在威胁，从主观意义上安全表明不会有价值受到攻击的恐惧感”。但哈罗德·布朗和阿诺德·沃尔弗斯等学者认为，安全是可以明确界定的，是使国家具有抗击外来颠覆和军事威胁的能力，沃尔弗斯则把安全简洁地概括为“获得价值时威胁的不存在”。习近平总书记提出的“总体国家安全观”，作为具有中国特色的安全理论和战略，引发了国际政界、学界和媒体的强烈反响。以上学界研究者对安全的概念内涵的研究主要分为三种：第一种主张安全不可定义，无法形成一个统一被认同的概念；第二种主张安全的界定比较复杂，应根据不同层次或范围给予不同的定义；第三种主张尽管安全的内涵有些模糊，但完全可以有明确的定义并在最基本的层面上形成简约化的理解。

“安全”从字面意思理解，通常指平安、稳定、保护以及无危险、不受威

---

① ［英］巴里·布赞（Barry Buzan）著：《人、国家与恐惧：后冷战时代的国际安全研究议程》，俞可平、闫健、李剑译，中央编译出版社 2009 年版，第 3~20 页。

胁、不出事故的状态。《汉语大词典》中关于安全的解释包括两个方面的基本含义，一是平安、无危险；二是保护、保全。根据《韦伯国际词典》，英语的安全（security）表示免于担忧，没有危险、恐惧、不确定状态，还表示进行防卫和保护的各种措施。《牛津英语词典》把安全界定为“一个国家、组织与个人免于危险（如间谍）并拥有或足以提供信心、保障和确定的状态”。安全具有政治属性、社会属性、文化属性、利益属性，体现为安全要素中人与人的社会结合关系及其运动规律相联系的现象和过程。[①] 安全是主体之间对安全内容的“界定”“认知”“判断”“接受”及其“回应”与“商谈”的关系，既具有普遍性（相对于社会群体来说），又具有特殊性（相对于社会个体来说）。

从世界范围来看，冷战结束后特别是美国“9・11”事件发生后，发展与安全的相互依赖程度日益加深，产生了政策领域的特殊现象，即发展政策的安全化（Securitization of Development Policy）与安全政策的发展化（Developmentalization of Security Policy）。[②] 具体到我国来说，此观点也具有适用性，从改革开放初期“把发展置于安全之前”、中期阶段“把发展与安全看作一个硬币的两面”，进而到当前全面深化改革阶段“把安全作为发展的前提”“安全是发展的核心要义”正在成为广泛共识。2015 年，美国著名智库兰德公司的高级国际国防研究分析师蒂莫西・希思（Timothy R. Heath）在《中国简报》中指出，“总体国家安全观”将国家安全的范围大大扩展至几乎涵盖所有政策领域，体现了中国日益重视国家安全保护，是中国安全政策的深刻转变。进入 21 世纪，统筹安全和发展已经成为治国理政的重大原则和基本遵循。2021 年，我国“十四五”规划和 2035 年远景目标纲要将“实现发展质量、结构、规模、速度、效益、安全相统一”作为全局工作必须遵循的基本原则。

提升安全感已成为社会发展、个体幸福的首要价值性标尺。安全是社会发展的基本保障，安全与发展构成了社会发展进步的两大基本动力，促使人类社会在消除各类风险威胁、解决问题的过程中实现进步。就社会个体来说，美国心理学家亚伯拉罕・马斯洛的需求层次理论认为，对安全的需要是人的基本需求，具有普遍性和基础性特点，并把人的整个有机体看作追求安全的机制，包括人身安全、生活稳定、健康保障、家庭安全、工作职位保障以及免遭痛苦、

① 朱世伟：《论安全的社会属性》，载《中国安全学学报》2003 年第 9 期，第 14~19 页。

② 翟安康：《“安全问题”的哲学追问》，载《苏州大学学报（哲学社会科学版）》2015 年第 5 期，第 21~25 页。

威胁或疾病等。

第二，安全的两种哲学观。安全哲学是关于安全内涵本质的观点，为安全实践提供理论指导。目前，主要有“威胁论”和“互动论”两种安全哲学观。从“威胁论”的哲学视角来看，往往把安全理解为“没有威胁”，进而把安全视为达到“危态对抗式”均衡。基于威胁的视角，把安全视为威胁降低或威胁不存在，是身体没有受伤害、心理没有受损害、财产没有受侵害、社会关系没有受迫害、生存环境没有发生灾害等无危险存在的状况，或者是国家没有外来入侵的威胁、没有战争的可能、没有军事力量的使用、没有核武器使用的阴影状态等。[①] 西方国家的国际关系理论多从“威胁论”的角度来理解安全。安全必然要依附一定的实体，是一种没有危险的客观状态，包括不受外部威胁和侵害，也包括不受内在不安定因素的威胁。[②][③] 安全是客观上不存在威胁、主观上不存在恐惧、主体间不存在冲突的状态。[④][⑤] 安全包括主观的安全感和客观的安全性两个方面，把安全看作辩证关系的统一体，是其所依附主体的一种客观属性，并通过所依附主体的主观判断来反映。[⑥][⑦]

从“互动论”的哲学视角来看，安全不仅仅是客观安全与主观安全，更主要的是主体间安全，往往把安全理解为安全利益诉求的博弈，进而将安全视为通过互动共建达到“优态共存”。以布赞（Barry Buzan）、维夫（Ole Waeve）（2003）为核心代表的哥本哈根学派将“安全”视为一个客观存在、主观感知并得到公开宣称的过程。[⑧] 谢贵平认为，安全包括安全性（客观上是否存在威胁因素）、安全感（主观上是否存在恐惧）、安全化（主体间是否存在冲突）三个维度。安全只能在社会交往中建构，安全已经成为一种可以测量的政治，安全的指数反映出国家与社会之间关系的程度，安全的程度与社会的进步之间

---

① 余潇枫：《安全哲学新理念：“优态共存”》，载《浙江大学学报（人文社会科学版）》2005年第2期，第5~12页。

② 刘跃进：《“安全”及其相关概念》，载《江南社会学院学报》2000年第3期，第17~23页。

③ 曾润喜、毛子骏、徐晓林：《非传统安全的缘起、话语变迁及治理体系》，载《电子政务》2014年第5期，第65~71页。

④ 余潇枫、魏志江：《非传统安全概论》（第二版），北京大学出版社2015年版，第34页。

⑤ 谢贵平：《认同能力建设与边疆安全治理研究》，浙江大学公共管理学院2015年博士学位论文，第23~53页。

⑥ 王逸舟：《全球化时代的国际安全》，上海人民出版社1999年版，第36页。

⑦ 李少军：《论安全理论的基本概念》，载《欧洲》1997年第1期，第25~33页。

⑧ ［英］巴里·布赞、［丹麦］奥利·维夫、［丹麦］迪·怀尔德：《新安全论》，浙江人民出版社2003年版，第36页。

呈正相关。[①] 在全球化、信息化和现代化的背景下，安全呈现为安全性、安全感及安全化三者之间互动的新状态。安全不仅限于客观安全与主观安全，还存在基于客观和主观基础上的第三个层面，即体现安全"主体间性"的社会建构，如图 2-1 所示。

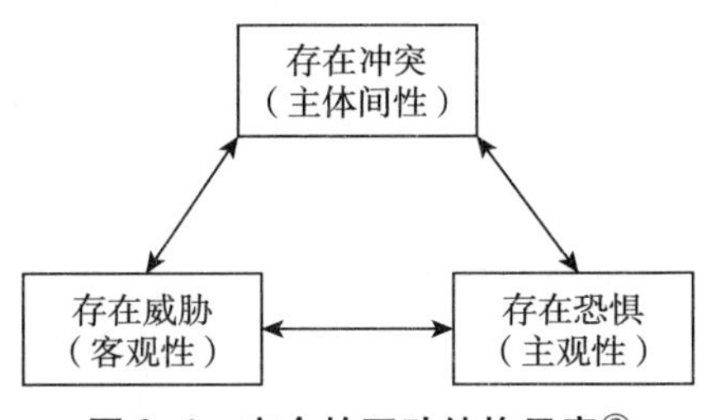


**图 2-1　安全的互动结构示意**[②]

其中，安全感主要是指建立在"生存感""归属感""历史感"三者基础之上的"主观上有无恐惧"的心理活动。"生存感"主要指物质利益诉求，指人们对生存所需要的物质利益基础等的维护、期望。"归属感"主要是指文化心理诉求，指人们对公平公正、民主自由与宗教信仰等的价值追求与向往的一种心理感受与皈依。"历史感"主要是人们对自己所在群体如民族或国家等的历史经验的认识和感受。当行为主体受"生存感"（物质利益诉求）、"归属感"（文化心理需求）与"历史感"（荣辱社会记忆）等变量驱动时，不同的身份认同会引发不同类型的文化认同、民族认同、国家认同、政治认同等，并由此产生不同的安全感（感到安全或感到威胁）。

综上所述，安全是具有辩证关系的统一体，既是客观存在的和谐状态，又是对客观存在的和谐状态的主观判断，是其所依附主体的一种客观属性，并通过所依附主体的主观判断来反映。[③] 安全具有普遍性和基础性，是社会安全、社会安全治理的重要基础。安全具有主客观统一的属性，为通过测评主观性的安全感来认识客观的安全性提供了理论基础。安全属于社会公共物品，具有非排他性和非竞争性，供给主体多元、供给和生产分离，而且安全基于"互动观"的安全"主体间性"的特质，这些属性为社会安全治理的安全利益多元主体参与、互动提供了直接的理论基础。

---

① 王逸舟：《论"非传统安全"：基于国家与社会关系的一种分析思路》，载《学习与探索》2005 年第 3 期，第 2~10 页。

② 转引自余潇枫、魏志江：《非传统安全概论》（第二版），北京大学出版社 2015 年版，第 34 页。

③ 翟安康：《安全哲学发微》，苏州大学 2016 年博士学位论文，第 1~46 页。

第三，社会安全的基本内涵。社会安全是社会发展进步的重要动力和基本保障，与社会发展、人的发展密切相关。广义的社会安全包括经济安全、政治安全、社会生活安全、思想文化安全等，取决于社会内部经济子系统、政治子系统、社会生活子系统和思想文化子系统的正常运行以及相互之间关系的协调。① 社会安全直接受经济安全、政治安全的影响，反过来社会性风险往往会加剧经济、政治系统的压力，导致经济危机或政治不稳定，进而影响社会的安全稳定。社会安全还受到许多更为具体的社会与环境因素影响，如自然灾害、贫富差距、信息科技应用、宗教信仰、民族问题、恐怖主义、人口结构失衡、社会信任缺失、失业、犯罪等。社会安全也随着社会的发展进步而不断动态演进，并在特定的历史时期呈现出独特要求和相对差异性，反映社会发展的阶段特征和安全需求，并在实践中表现为特定的社会安全治理机制和模式，为社会发展进步提供安全保障。

社会安全是社会学领域内涵丰富的综合性术语，其内涵随着社会发展不断演变。不同国家之间、同一国家的不同发展时期，关于社会安全内涵的界定差别也较大。社会安全与“公共安全”“非传统安全”等内涵接近，往往与社会稳定、社会冲突关联使用。研究者多从风险、危机、灾害、认同等角度解读，但还缺少统一权威的定义。文献研究显示，社会安全的内涵本质主要存在“社会保障说”“社会风险说”“社会认同说”“动态平衡说”“社会公共品说”“安全保障说”“人本导向说”等观点。

“社会保障说”把社会安全视为社会保障，通过加强社会保障消除社会安全的隐患因素，建立由保险、救助和服务等防范风险和不确定性功能的社会保护体系。② 20 世纪 70 年代，美国、英国、德国等国家的“社会安全”主要指联邦政府针对老人、遗独、失能者的健康保险计划，这些国家还颁布了社会安全法案。基于社会安全治理的视角，国家推动建立覆盖全民、保障基本民生（义务教育、医疗、养老保险、住房等）的社会安全网，是一种值得称赞的“积极安全”实践。

“社会风险说”将社会安全等同于社会风险因素的识别与控制。

① 王秀然：《生活在文明的火山上——从矿难看当代社会安全问题》，山东大学 2006 年硕士学位论文，第 4~8 页。

② 朱玲：《中国社会保障体系的公平性与可持续性研究》，载《中国人口科学》2010 年第 5 期，第 2~12 页。

“社会认同说”认为，认同是影响安全的核心因素，社会安全的本质就是社会认同的安全。把社会安全作为一种认同建构，包括客观上没有威胁、主观上没有恐惧、主体间没有冲突三个维度。

“动态平衡说”认为，社会安全是整个社会系统能够保持良性运行和协调发展，把妨碍社会良性运行与协调发展的因素及其作用控制在最小范围内。①

“社会公共品说”认为，社会安全具有社会公共品的非排他性和非竞争性，强调对大多数社会个体民众的生存、健康、财产等安全价值的关注。维护和保障社会安全是政府必须提供的公共产品和公共服务。社会安全的提供主体包括政府、社区和国际组织等，但保障社会安全首先是政府的责任。

“安全保障说”认为，社会安全是与国家安全、政治安全、经济安全、信息安全、食品安全、生态安全等相并列的公共安全的一种，指在一定社会共同体内，基于对犯罪活动的有效预防控制及实现良好的社会治安秩序，使社会公众免遭生命、健康、人格尊严或财产方面的侵害，并能获得较高程度的安全感和可靠的安全保障。

“人本导向说”认为，社会安全凸显人的价值，将社会安全的边界从个体的“威胁是否存在”拓展到安全行为主体间的“互动建构”“互惠共建”，强调人的安全是社会安全的基础，从以人为本的角度认识安全。

社会安全的内涵本质相关主要学术观点如表 2-1 所示。

**表 2-1　社会安全的内涵本质相关主要学术观点**

| 专家 | 年份 | 主要观点 |
|---|---|---|
| 金高德 | 1979 | 社会安全（社会福利支出）指政府关于老人、遗独和失能者的健康保险计划 |
| Beck | 1986 | 社会安全的本质就是社会风险的降低与可控 |
| Huntington | 1988 | 现代化是影响社会安全的重要因素，现代性产生稳定，但现代化过程却会引起不稳定 |
| Barry Buzan, Ole Waever | 1993 | 社会安全是社会认同的安全 |

① 郑杭生、洪大用：《中国转型期的社会安全隐患与对策》，载《中国人民大学学报》2004 年第 2 期，第 1 页。

续表

| 专家 | 年份 | 主要观点 |
| --- | --- | --- |
| Michael Hill① | 1999 | 狭义的社会安全指社会保障体系，广义的社会安全指全社会各个群体避免伤害的能力和机制 |
| 郑杭生 | 2004 | 社会安全是社会系统能够保持良性运行和协调发展，把妨碍因素及其作用控制在最小范围内 |
| 秦立强 | 2005 | 社会安全是以社会协调发展和全球化理念为先导，政府通过社会风险管理，尽可能为社会群体提供一种“生存优态” |
| 李明明 | 2006 | 构成认同的语言、宗教和文化传统等，构成群体社会基础的心理意识结构，是社会安全的重要内容 |
| 陈道银② | 2007 | 社会安全是一种公共物品，属于非传统安全，具有非排他性和非竞争性 |
| 朱武雄 | 2010 | 社会安全凸显人的价值，从人本方面思考安全问题 |
| 吴忠民 | 2012 | 社会公正是社会安全的基础 |
| 余潇枫 | 2013 | 社会安全是通过行为体间“互惠共建”的互动，达到“和合”“优化”的生存状态 |
| 钱洁 | 2013 | 基于对犯罪活动的有效预防控制及实现良好的社会治安秩序，使社会公众免遭生命、健康、人格尊严或财产方面的侵害，并能获得较高程度的安全感和可靠的安全保障 |
| 朱志萍③ | 2016 | 社会安全是大多数人的健康、人身、财产等不受威胁、没有缺损等状态以及社会秩序的良好与有序 |

注：笔者根据有关研究资料整理。

第四，社会安全的理论界定。本研究对社会安全内涵本质的理解基于社会系统理论指导，将社会系统视为一种特殊的控制系统、信息系统、开放系统、动态系统，也表现为一种复杂的自组织、自调节、自控制系统。正如社会矛盾是社会系统的基本组成要素和发展动力一样，社会安全属于社会系统的一部分，是社会系统的常态构成要素，直接受经济安全、政治安全、文化安全影响。可以认为，如果缺少必要的经济基础、稳定的政治环境、良好的文化自

① Michael Hill. *Insecurity and Social Security. Insecure Times: Living with Insecurity in Contemporary Society* (London: Routledge, 1999).

② 陈道银：《风险社会的公共安全治理》，载《学术论坛》2007 年第 4 期，第 44~47 页。

③ 朱志萍：《大数据环境下的社会公共安全治理》，载《上海公安高等专科学校学报》2016 年第 1 期，第 90~96 页。

信，是谈不上社会安全的。社会安全与社会系统的关系特点决定了社会安全的本质，也决定了影响社会安全的本源性因素及作用机理。

综上所述，笔者认为，社会安全是社会系统能够稳定保持良性运行和协调发展、最小化不安全因素及其影响，社会各个群体能够通过社会功能系统建构稳定持续地得到安全保障的能力和机制，是客观的安全性、主观的安全感和过程的安全化三个维度的统一。社会安全是一种普遍而基本的社会公共物品，由社会系统组成要素整体决定，既包括社会群体的安全，也包括社会个体的安全，体现为社会行为个体间通过互动建构达到“优态共存”的状态，是一种典型的社会公共物品，如图 2-2 所示。

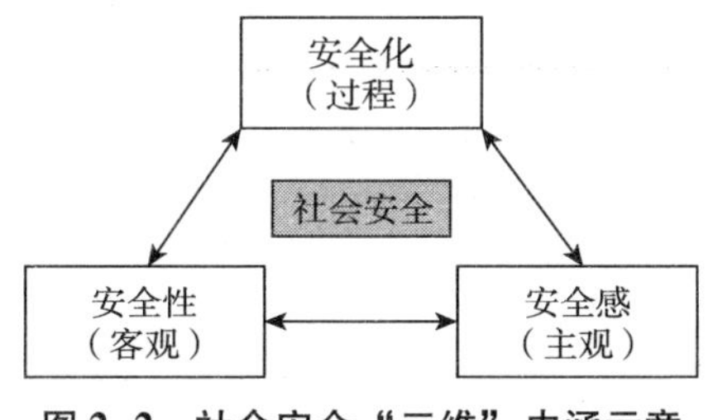


**图 2-2　社会安全“三维”内涵示意**

第五，社会安全的基本属性分析。社会安全注重通过不同社会主体间的安全交互、主客观的互动建构，形成社会安全保障的能力和机制，具有特定的内在属性。

社会安全具有国家强制能力属性。社会安全体现为稳定持续的社会安全保障能力和机制。保持社会秩序的良性运行、社会功能的正常发挥和协调发展，是国家强制能力在社会安全治理领域的体现。社会安全作为总体国家安全观的重要组成部分，是大安全战略的重要内容，也是国家安全利益维护、安全能力建设的重要阵地。社会安全与其他类型安全既相互联系、相互影响，又相互区别，共同构成维护国家总体安全的能力和机制。

社会安全具有社会系统属性。社会安全是社会系统的天然组成要素和基本部分，社会各个功能子系统之间交互作用，且不同类型的安全边界逐渐模糊、相互转化联动，其本源性影响因素也蕴藏在社会系统之内。社会安全的影响因素与社会发展伴生，并客观存在、不断变化且发挥原始促进作用。社会安全包括作为社会个体的安全与社会成员主体间认同的安全，既有相对于社会群体的普遍性，也有相对于社会个体的特殊性，具有“个体主义”与“集体主义”

的双重特征。另外，社会安全作为一种社会现象，随着社会信息化、现代化、全球化发展而受这些趋势的影响和变迁。[①]

社会安全具有主客观统一属性。社会安全既体现为客观的状态（安全性），也体现为与主体感受相关联的现实感受（安全感），反映社会民众对社会治安状况的认同程度，是衡量社会安全供给水平的重要标准。[②] 主客观统一的属性特点，意味着我们可以通过对民众社会安全的主观感受的测量与研究，间接了解社会安全的客观状态。社会安全治理要基于社会安全的心理特征，把握其主观感知属性特点和相对安全的特征，提高安全治理的安全心理基础。

社会安全具有社会公共物品属性。根据萨缪尔森、马斯格雷夫关于公共物品的经典观点，“公共物品指那些无论个人是否愿意购买，都能使整个社会每一成员获益的物品，具有效用的不可分割性（社会成员共享）、消费的非竞争性（被多个消费者共同即同时消费或使用并不降低其质量和数量）与消费非排他性（消费者可共同受益）等特征”“公共物品应当由公共部门提供”[③]。根据社会公共物品的定义可知，社会安全是一种典型而重要的社会公共物品，就像日常生活中的阳光和空气，“受益而不觉，失之则难存”，能够使社会每个成员共同受益，且相互之间不存在竞争或排斥关系。政府是社会安全的主要提供者，也是其主要职能所系。社会民众既是社会安全的需求者，也是社会安全治理的重要参与力量。衡量社会安全治理成效的关键，就在于政府能否为社会提供更多的公共产品与均等化公共服务，这一属性特点也是引入社会安全治理的重要思想理论基础。

社会安全具有人本属性。社会安全以人的安全为基础，强调安全是基于主体间的互动建构而达到的“优存生态”。人的社会安全需求是其社会地位、利益、思想观念和政治关系的体现，包括利益关系属性、社会生活属性、文化属性、政治属性等。传统安全威胁的对象是国家，而社会安全等非传统安全威胁的对象更多地扩展到了社会与人自身，过去被界定为“低政治领域”问题成为安全的核心领域。[④] 社会安全关涉社会民众生命、社会民众权利、公共财产和

---

① 颜晔：《安全社会学》（第二版），中国政法大学出版社 2013 年版，第 91~100 页。

② 钱洁：《社会公共安全失序与供给：价值冲突与信任建构》，载《福建行政学院学报》2015 年第 5 期，第 32~38 页。

③ 钱洁：《论社会公共安全协同供给》，南京大学公共管理学院 2013 年博士学位论文，第 89 页。

④ 余潇枫：《平安中国：价值转换与体系建构——基于非传统安全视角的分析》，载《中共浙江省委党校学报》2012 年第 4 期，第 12~17 页。

公共秩序等公共领域安全问题，强调人人都是社会安全的利益相关者，人人都是社会安全建构的参与者。

2. 从治理到社会安全治理

第一，治理内涵的演进。据研究考证，“治理”一词并非西方理论色彩的专用术语，其在我国的使用源远流长。早在我国春秋战国时期，诸子百家文章中已经使用“治理”一词，其含义多与“国家”相联系。根据研究，《孟子·滕文公章句上》最早出现“治理”，“君者心，民者力。君化道治理民以达天下，民纳全粮供君以示虔诚，符之通义也，顺其纲常也”。[①]《韩非子》（卷二十）“制分第五十五章”有述，“擒奸窃国谓之治国之要务。何也？盖其之事通连治国之人、治理之情矣”。《隋书》有言：“拯兹涂炭，安息苍生，天下大同，归于治理。”作为与“乱”相对的概念，“治”或“治理”反映了古人对良法善治的朴素构想，为中国式现代化的治理理念提供了思想渊源。与“管理”概念相比，“治理”往往意味着主体的多元性、手段的非强制性、规则的客观性和结果的高效性。随着中国式现代化的深入推进，包括各类社会组织、公民个体等在内的多元化治理主体已实现加速成长，具备了协同治理的意识、主动性和能力[②]。

从国外的研究情况来看，克利夫兰[③]是治理思想的先驱，尽管他没有直接使用这个术语，但他所指出的管理领域变革方向却正是后来治理研究者所倡导的。治理原指与国家公共事务相关的管理活动或者政治活动，是控制、操纵和引导。1989 年，世界银行（World Bank）首次在报告中使用“治理危机”（Crisis in Governance）一词，之后逐渐被广泛应用于世界银行、经济合作与发展组织（OECD）和联合国有关机构的报告文件中。20 世纪 90 年代以来，研究者赋予治理以新的内涵，治理概念逐渐在政治学以及经济社会的各个领域得到广泛应用。

第二，治理理论的研究现状。威廉姆·博耶（William W. Boyer）[④] 较早在

---

① 郭学凯：《国家治理体系和治理能力现代化理论研究》，山西师范大学 2015 年硕士学位论文，第 12~13 页。

② 张亚光、毕悦：《中国式现代化的百年探索与实践经验》，载《管理世界》2023 年第 1 期，第 41~55 页。

③ Harlan Cleveland，“The Future Executive：A Guide for Tomorrow's Managers，” *New York*：*Harper & Row*，（1972）：13.

④ William W. Boyer，“Political Science and the 21st Century：From Government to Governance”，*Political Science & Politics*，No. 23（Jan 1990）：51.

研究中提出从管理研究走向治理研究。治理理论的创始人之一罗西瑙（James. N. Rosenau）在其代表作《没有政府的治理》一书中对治理与统治的概念进行区分，认为两者虽然都涉及目的性行为、目标导向的活动和规则体系，但统治往往意味着由正式权力和警察力量支持，以保证其制定的政策能够得到执行。而治理在本质上是一种规则体系，既包括政府机制，同时也包含非正式、非政府的机制，各色人等和各类组织得以借助这些机制满足各自需要并实现目标。① 治理理论代表人罗伯特·罗茨（R. Rhodes）认为，治理需要社会系统各种行为体的合作互动，具有4个基本特征：组织间的相互依存，公共的、私人的以及志愿者组织之间的界限变模糊；成员之间相互交换资源、基于协商的共同目标进行持续互动；以信任为基础、由参与者协商同意的规则来调节；保持相对于国家的自主性。库伊曼和弗利埃特（J. Kooiman）从社会系统的角度提出，治理是社会政治体系中所有行为者互动参与的结果。② 格里·斯托克（Gerry Stoker）认为，治理是一种互动过程，最终目标是建立一种自我管理的网络。③ 鲍勃·杰索普（B. Jessop）认为，治理具有鲜明的自组织性，基于系统论将自组织分为人际关系网、组织间关系的自组织、组织在系统之间调控三种形式，强调人际的信任、组织间的对话和系统间的交流对于治理活动的重要作用。④ 治理是一种公共管理活动和公共管理过程，指官方或民间的公共管理组织在既定范围内运用公共权威维持秩序，运用权力引导、控制和规范社会民众的各种活动，满足民众需要，最大限度增进公共利益。⑤ 治理是政府部门和非政府部门（私营部门或社会民众）等公共行动主体为了实现与增进公共利益，在相互依存的环境中彼此合作、分享公共权力、共同管理公共事务的过程⑥。

治理活动包括政府管理、公民社会、合作网络三种途径，本质上是对合作网络的管理。而治理在本质上体现为一种规则体系，既包括政府机制，也包含

---

① ［美］詹姆斯·N. 罗西瑙：《没有政府的治理》，张胜军、刘小林等译，江西人民出版社2001年版，第4~5页。

② KooimanJ, “Social-political Governance: Overview, Reflection and Design”, *Public Management Review*, (Jan 1999): 67-92.

③ ［英］格里·斯托克著：《作为理论的治理：五个论点》，华夏风编译，载《国外社会科学（中文版）》1999年第1期，第20~21页。

④ ［英］鲍勃·杰索普：《治理的兴起及其失败的风险：以经济发展为例的论述》，载《国际社会科学（中文版）》1999年第2期，第31页。

⑤ 俞可平：《全球治理引论》，载《马克思主义与现实》2002年第1期，第20~22页。

⑥ 陈振明：《公共管理学——一种不同于传统行政学的研究途径》（第二版），中国人民大学出版社2003年版，第78页。

非正式、非政府的机制，各类组织得以满足各自需要并实现目标。[①] 社会治理一方面，反映特定国家基本制度的特质，是基本制度的实践与落实；另一方面，不同国家的社会治理具有相同的目标、相似的手法以及普遍性的规律。[②] 王绍光[③]在对治理研究进行系统综述和溯源梳理后提出，研究者关注治理研究范式转变，针对如何进行权力调整，提出“新自由主义治理”（Neoliberal Governance，可能多地为政府减负，以亨廷顿1975年有关研究观点为代表）、“社会自理”（Societal Self-governance，主张把权力水平地从公共机构转移给私人机构）、“网状治理”（Network governance，主张多一些半公共性质的独立组织与机构参与）、“制衡式治理”（Balanced Governance，从政府行政部门转移到立法部门和司法部门）、“多层治理”（Multi-level Governance，主张从中央政府转移到下级政府）、“全球治理”（Global Governance，主张从各国政府转移到国际组织）等不同观点，重点讨论如何改变国家在治理实践中扮演的角色。[④] 对否定或降低政府治理作用的观点进行了批评，认为政府在政策制定过程中其实继续发挥着关键作用。王绍光反对把我国语境下党和国家“治理”纳入西方主流治理理论的话语体系，认为治理是治理国家的能力，是公共管理（包括治国理政）的方式、方法、途径、能力，但不是“无须政府的治理”，也不是“多一些治理，少一些统治”，不特指任何特定的公共管理（治国理政）的方式、方法与途径。在社会安全治理与社会发展互动方面，储卉娟从社会学的角度考察作为社会安全治理主体的警察机构改革与治理变革的互动关系，分析治理主体从国家治理到多元主体参与的转型，讨论美国社区警务实践模式背后警察与社会关系的重构，持续推动警察制度与社会发展的共同演化，保证警察作为“必要的暴力”能够最大限度地平衡自由与安全。[⑤] 李强认为，社会治理是具

---

① 林民旺：《混沌世界的治理——罗西瑙混沌范式、全球治理研究》，载《世界经济与政治》2006年第12期，第22~30页。

② 房宁：《国外社会治理经验值得借鉴》，载《社会学评论》2015年第2期，第15~17页。

③ 王绍光：《治理研究：正本清源》，载《开放时代》2018年第2期，第153~176页。

④ Giliberto Capano, Michael Howlett & M Ramesh, “Bringing Governments Back in: Governance and Governing in Comparative Policy Analysis”, *Journal of Comparative Policy Analysis: Research and Practice*, No. 17 (Apr 2015).

⑤ 储卉娟：《社会学如何研究警察：美国警察与社会研究述评》，载《社会学研究》2019年第1期，第210~241页。

有中国本土化特征的概念，基本原则是激发活力和保持社会秩序。① 改革开放40多年来，我国社会治理体制机制发生了深刻变化，城镇社区从过去的单位制社区变成今天的商品房社区和职工房改房社区，农村社区从当年的人民公社体制变成今天的多种类型的新型农村社区，城乡融合、城乡统筹等探索产生了强调市场运行、强调基层自治等案例。

社会管理和社会治理是两个相近但又有区别的概念。社会管理重视政府发挥支配性作用，如政府的规划和政策制定、政策执行、对社会治理主体的约束等。社会治理一方面重视政府在社会治理中不可或缺的作用，另一方面也重视政府和其他社会主体之间的互动，对社会自身的自我治理持积极态度。② 正如习近平同志所指出的，“治理和管理一字之差，体现的是系统治理、依法治理、源头治理、综合施策”。③ 社会管理与社会治理模式比较如表2-2所示。

**表2-2　社会管理与社会治理模式比较**

| 比较概念 | 主体 | 模式 | 目标 | 方法 |
| --- | --- | --- | --- | --- |
| 社会管理 | 政府主体 | 自上而下的行政管理 | 秩序第一、活力第二 | 社会动员、社会控制、运动式管理、强制维稳 |
| 社会治理 | 政府、公民社团、企业、社区等 | 政府治理与社会自身调节，成员自治互动 | 活力与秩序并重 | 社会自组织、公私互动、人性化执法 |

马克思社会治理思想在社会治理研究中具有独特价值。马克思在《德意志意识形态》《共产党宣言》《资本论》《哥达纲领批判》等系列论著中，尽管没有为“社会治理”进行准确的概念定义，但在论述中却蕴含了丰富的社会治理思想，包括主体论、客体论、目标论、原则论和方法论五个方面。马克思社会治理思想认为，社会治理核心主体包括国家、市民社会和人民。社会治理活动以人民主权、社会公仆、议行合一、廉价政府为基本原则，通过社会政策的制定、社会治理的监督、利益关系的协调、公共服务的提供，满足人民的教育、劳动就业、社会保障等需要，从而维护社会公平正义，实现社会的自我管理和

① 李强：《中国特色社会学的形成与发展（构建中国特色哲学社会科学）》，载《人民日报》2019年5月20日，第13版。

② 王彦平：《中国基层社会治理及创新研究》，山西大学2016年博士学位论文，第17~18页。

③ 《习近平在参加上海代表团审议时强调：推进中国上海自由贸易试验区建设　加强和创新特大城市社会治理》，载《人民日报》2014年3月6日，第1版。

人的自由全面发展。[①] 根据马克思社会治理主体的思想观点，人类社会治理的主体与形式经历了三个发展阶段：在原始社会的氏族部落时期，由社会自身来执行社会治理职能。阶级产生以后，社会治理职能主要由国家来执行，社会起辅助作用。将来国家“消亡”并实现对社会的复归后，则由“自由人联合体”来执行社会治理职能，这一阶段的社会治理又在更高阶段达到自治。从治理理论视角来看，马克思社会治理思想以唯物史观为哲学基础，代表了广大人民的根本利益，丰富了人民治理思想内涵，是中国特色社会主义社会治理体系建设的思想源头和根本指导。

综合有关研究，治理具有以下共同的核心观点：社会系统包括政府组织和非政府组织等多元化主体，各个行为体基于信任与互利进行交流与互动、竞争与协作，发展出具有相对独立性的自组织网络，建立分配规则（或是游戏规则）、形成自组织的协调模式，形成某种稳定秩序（或平衡结构）、促进公共利益最大化。[②]

3. 社会安全治理的内涵本质

目前，学界关于社会安全治理并无权威定义，作为“社会安全”和“治理”的结合，研究中往往将其与社会治理、公共安全治理、社会治安综合治理等同使用。经研究梳理，社会安全治理的内涵本质存在“社会治理说”“国家强制能力说”“社会参与说”“协同过程说”等主要观点。具体如下：

第一，社会治理说。该观点认为，社会安全治理等同于社会治理，指为实现社会公共利益最大化，治理主体采取制度性或非制度性方式协调社会关系、处理社会事务的活动。从功能来看，无论在哪个国家，均具有保持社会秩序、建立社会保障、提供社会服务、保证公共安全、增进经济发展和社会福祉、平衡群体关系、调节利益冲突、推动社会和谐进步等特定功能。从过程的角度来看，治理是各种公共的或私人的个人和机构管理共同事务的诸多方式的总和，是协调各种利益冲突和采取协作行动的持续过程（联合国全球治理委员会，Commission on Global Governance，CGG）。[③] 林华把社会治理视为利益的选择、

---

① 高健、秦龙：《论马克思社会治理思想的核心内容》，载《中共福建省委党校学报》2015 年第 10 期，第 38~43 页。

② 李汉卿：《协同治理理论探析》，载《理论月刊》2014 年第 1 期，第 138~142 页。

③ Commission on Global Governance, *Our Global Neighbourhood* (Oxford: Oxford University Press, 1995), p. 2.

协调、博弈和平衡的复合过程，包含多方参与、自愿参与、多元互动、广泛协商等基本含义。① 随着社会安全治理及其现代化成为当前学术界研究的“时髦”和“热点”，王绍光等学者提示要警惕社会治理“被泛化应用”等现象。

第二，国家强制能力说。该观点认为，社会安全治理能力体现为一种国家强制能力，是国家运用暴力或暴力威胁来达到其目的的能力。樊鹏认为，国家强制能力的构成、强弱与社会安全息息相关，是社会安全治理体系和治理能力的主体。② 国家强制能力发挥政府的主导驱动作用，注重增强政府公信力和执行力，推动社会安全治理协调规范、有序、健康发展，是社会安全治理取得成功的关键。王绍光认为，在我国特殊国情和社会安全治理特定主体下，特别强调社会安全治理要取治理的本源之意，即“公共管理（包括治国理政）的方式、方法、途径、能力”，而非选择带有强烈的意识形态色彩、符合新自由主义理念的特定“管理、整治处理”的方式。③ 社会安全治理要坚持“政府在政策制定过程中继续发挥关键作用”，注重发挥政府主导作用、市场和社会组织多元主体参与作用，“完善制度体系”“提高制度执行力”，最后实现治理现代化。

第三，社会参与说。该观点认为，社会安全治理需要各种行为体的参与协作与合作互动，通过建立自组织网络来实现社会系统的良性发展。早在 1969 年，美国学者谢里·安斯坦（Sherry Arnstein）就提出了公民参与梯度理论，将参与程度从低到高分为操纵、引导、告知、咨询、劝解、合作、授权、民众控制 8 个递进层级，可以为社会安全治理的参与度管理实践提供理论指导。周红云提出，社会安全治理应是“政府本位”让位于“社会本位”，培养社会民众的参与意识和参与能力，为社会参与提供参与渠道和机会、参与途径和方式，促进社会的自我管理、自我服务和独立发展，实现政府与社会合作共同治理。④ 王莹等提出，社会力量成为治理主体之一，社会民众参与是现代国家治理的重要形式。⑤ 按照治理中民众参与的层次，分为个人层次、组织层次、社会层次，分

---

① 林华：《阿根廷的社会安全治理》，载《拉丁美洲研究》2015 年第 4 期，第 16~22 页。

② 樊鹏：《社会转型与国家强制：改革时期中国公安警察制度研究》，中国社会科学出版社 2017 年版，第 3 页。

③ 王绍光：《治理研究：正本清源》，载《开放时代》2018 年第 2 期，第 153~176 页。

④ 周红云：《从社会管理走向社会治理：概念、逻辑、原则与路径》，载《团结》2014 年第 1 期，第 28~32 页。

⑤ 王莹、王义保：《社会公共安全治理中公众参与的模式与策略》，载《城市发展研究》2015 年第 2 期，第 101~106 页。

别对应个人目标、职能目标和社会责任，形成了社会网络化参与模型。社会民众参与表征着国家治理的现代化程度和水平，提高社会民众参与的制度化、组织化水平既是国家治理的重要内容，也是国家治理现代化的有效途径。①

第四，协同过程说。该观点认为，社会安全治理具有多元主体，基于信任与合作形成平衡结构关系，实现各相关子系统协同、治理过程协同、治理规则协同。治理过程强调各个组织行为体之间的竞争，但更强调相互的协作，以实现整体大于部分之和。余潇枫把社会安全治理视为由政府主导、社会组织与民众参与的社会平安与民生改善的协同过程。② 近年来，虚拟社会治理成为社会安全治理的重要领域，基于大数据、云计算、人工智能技术创新的“互联网+群众路线”治理模式，特别强调技术治理改革，扩大群众参与广度、拓展参与深度，推动着社会安全治理向社会协同治理转变、向基于高技术支持的社会安全治理转变。需要注意的是，受利益相关者的地位不对等、信任不足、信息不充分、合作不规范等影响，社会治理在凝聚不同主体间的治理共识、及时反映和协调多样化的利益诉求方面存在不足，从而导致缺乏协同治理动力、难以顺利决策。③

社会安全治理的内涵本质相关主要学术观点如表 2-3 所示。

**表 2-3 社会安全治理的内涵本质相关主要学术观点**

| 专家 | 年份 | 主要观点 |
| --- | --- | --- |
| 谢里·安斯坦 | 1969 | 民众参与程度从低到高分为操纵、引导、告知、咨询、劝解、合作、授权、民众控制 8 个递进层次 |
| 联合国全球治理委员会（CGG） | 1995 | 社会治理是协调各种利益冲突和采取协作行动的持续过程 |
| 朱武雄 | 2010 | 社会安全要充分体现参与性，确保民众参与的权利 |
| 余潇枫 | 2013 | 社会安全治理是由政府主导、社会组织与民众参与的社会平安与民生改善的协同过程 |
| 林华 | 2015 | 社会治理是利益的选择、协调、博弈和平衡的复合过程 |

① 徐琳、谷世飞：《公民参与视角下的中国国家治理能力现代化》，载《新疆师范大学学报（哲学社会科学版）》2014 年第 8 期，第 36~42 页。

② 余潇枫：《中国社会安全理想的三重解读》，载《新疆师范大学学报（哲学社会科学版）》2013 年第 9 期，第 12~18 页。

③ 周进萍：《利益相关者理论视域下“共建共治共享”的实践路径》，载《领导科学》2018 年第 3 期，第 4~7 页。

续表

| 专家 | 年份 | 主要观点 |
| --- | --- | --- |
| 王莹、王义保 | 2015 | 社会公共安全治理的民众参与层次分为个人层次（个人目标）、组织层次（职能目标）、社会层次（社会责任），形成社会网络化参与模型 |
| 王绍光 | 2018 | 社会治理是公共管理的方式、方法、途径、能力，不是任何特定的公共管理的方式、方法与途径，非“无须政府的治理”，亦非“多一些治理，少一些统治” |

注：笔者根据有关研究文献整理。

4. 社会安全治理的理论界定

综上，本研究认为，社会安全治理是基于社会安全、聚焦社会安全、维护和服务社会安全的特殊领域治理活动，是一个多元主体、多种力量、多种机制交互作用、相互博弈、互动协同的过程，最终目的是协调各利益相关方并实现社会安全主体的安全利益的最大化。社会安全治理活动过程具有治理主体的多元性、治理对象的流动性、治理内容的复杂性和综合性（含虚拟社会治理领域）、治理影响因素的多变性和交互性（含客观因素和主观因素、国内因素和国外因素）、治理目标的民生特点和政治性要求、治理手段的非强制性和法治化要求等特点。

从社会安全治理的角度来看，参与社会协调的主体主要有国家、市场以及社会三大主体，它们各自围绕自身所拥有的核心规则体系，如国家（政府）依靠权力资本、市场依靠经济资本、社会遵循社会资本（共识、信任等），来协调各方利益，发挥各自应有的作用。

5. 社会安全治理的属性分析

社会安全治理是一个内涵丰富、包容性很强的专用术语，强调治理主体的多元和参与、治理过程的互动和协同，强调国家强制能力建设在社会安全治理中的主导地位，具有特定的内在属性。

首先，社会安全治理的本质属性是治理，要遵循治理活动的基本规律。治理的主体多元、渠道参与多元、参与度层级变化、强调多元协同的思想，以及社会安全治理具有国家强制能力建设的特点，是准确定位社会安全治理、做好安全治理的基础前提。

其次，社会安全治理的关键属性是社会安全，要把握社会安全的本质属性。社会安全治理的主要任务是使利益由失衡到再平衡，达到社会秩序构建这一终极目标。社会安全治理强调其作为社会系统的组成要素，注重安全利益主体间的互动建构，是重要的基本的社会公共物品。要基于社会系统观，从影响社会安全的本源因素出发，才能实现源头治理。

最后，社会安全治理的核心活动是社会互动建构。政府、市场、社会是现代社会治理的基本安全利益主体，不同利益主体简单而充分参与、协同互动，这既是社会安全治理的基础，也是社会安全治理现代化能否顺利实现的关键。

### （二）社会安全治理主体与利益相关者

从利益相关者视角来看，社会安全治理的根本任务是通过建立安全利益共同体，激发社会发展活力，维护社会安全秩序，满足安全利益诉求，服务社会中人的全面发展。社会安全治理活动的基本逻辑范畴包括治理主体、治理客体、治理效果三个关键要素，是主体与客体交互作用的过程。社会安全治理主体主要指“谁来治理”，是治理体系现代化的基本要素。认识社会安全治理活动的主体构成，增强社会安全治理的基本力量建设，对于推进社会安全治理实践具有重要意义。

#### 1. 社会治理主体的研究从单一走向多元

社会治理主体的多元化是社会复杂性和不确定性增长的必然要求和结果，反过来，会进一步促进社会的复杂性和不确定性朝着合理化方向发展。社会安全治理主体经历从相对单一主体到多元主体变化的过程，先后形成了一元主体论（政府）、二元主体论（政府、社会）、多元主体论（政府、市场、社会）等变迁过程的观点，体现了治理理念创新和对治理本质认识的深化过程。其中，一元主体论反映的是国家统治观点而不是真正意义上的现代国家治理。二元主体论强调国家主导的单向度关系，但对主体间双向互动和社会主体作用发挥体现不足。多元主体论丰富了治理的参与主体，重视主体之间的互动作用，强调多元主体共治并对主体的角色功能进行区分，体现了广泛利益相关者的思想观点，与治理实践中多主体相关、多利益诉求、多互动机制相呼应。

根据治理的多主体参与思想，政府、市场和社会（民众）是国家治理的基本力量。其中，政府维护公正，市场追求效率，社会组织（民众）实行共治（自治），形成国家治理的合力，这是社会安全治理的基本主体要素。多主体也充分体现在治理网络研究领域。鲍威尔（Woody Powell）的治理网络思想为治理研究提供除市场与层级制之外的网络式组织形式。① 英国公共行政学者、政

① Woody Powell, “Neither Markets Nor Hierarchy: Networks Forms of Organization,” *Research in Organizational Behavior*, No. 12 (1990): 295-336.

治学者罗兹（Rhodes）进而把治理与政策网络联系在一起，丰富了治理网络研究和实践视角。[①] 更进一步，余潇枫认为，治理主体包括个体、团体、国家、国际、全球五个层次，反映了治理内涵从国内到国际乃至全球治理的扩大化要求，体现了系统化、全球化的治理思想。[②]

2. 社会治理的三种基本力量

现代社会的安全治理需要政府、社会、群众分别发挥“他治、辅治、自治”作用，从而形成政府主导治理、社会参与治理、群众融入治理的协同格局。这三种力量构成了现代社会安全治理的三个基本主体。中国特色社会主义进入新时代，社会治理主体形成政府、社团组织、人民群众等多个主体共建共治共享的格局，共享社会发展成果，体现社会安全治理多元主体思想。

第一，政府部门的行政治理力量。政府部门是国家强制力建设的首要组成部分，在社会安全治理实践中居于主导地位。自从阶级社会形成以来，社会治理就是国家（政府）的天然职责，国家（政府）是社会治理的终极性主体。社会治安作为一种社会公共物品和公共服务，堪称国家最传统和最根本的职能。樊鹏认为，从政治学角度来看，暴力是社会安全的重要基础之一，国家强制能力是国家运用暴力或暴力威胁来达到其目的的能力，国家强制能力的构成、强弱与社会安全息息相关。[③] 社会安全治理作为一种重要的国家强制能力建设活动，发挥政府的主导驱动作用，增强政府公信力和执行力，推动社会安全治理协调规范、有序健康发展，是社会安全治理取得成功的关键。需要注意的是，在全球化进程中，应破除政府在社会治理上的绝对垄断性，形成开放式治理结构，建立政府主导的多元主体合作治理体系。

第二，市场的治理力量。市场是社会安全治理的重要主体和参与力量。市场具有双重性，它不仅是治理的主体，还是治理的手段，是社会公共物品供需配置的重要渠道。市场力量的发展是促使治理主体多元化的根本动因（张艳娥）。[④] 市场化的机制是社会安全治理尤其是整体性安全治理的重要内容，市场通过竞

---

① Rhodes R. A. W, “The New Governance: Governingwithout Government,” *Political Studies*, No. 44 (Apr 1996): 652-667.

② 余潇枫：《从危态对抗到优态共存：广义安全观与非传统安全战略的价值定位》，载《世界经济与政治》2004 年第 2 期，第 8~13 页。

③ 樊鹏：《社会转型与国家强制：改革时期中国公安警察制度研究》，中国社会科学出版社 2017 年版，第 3 页。

④ 张艳娥：《从嵌入吸纳走向协商治理：中国国家治理模式的一种演进逻辑》，载《理论月刊》2016 年第 5 期，第 5~10 页。

争机制最大限度调动社会的人力、物力、财力等资源，实现安全治理资源的合理有效配置。众多的安保服务公司、安防设备生产企业等，通过提供安全产品或服务促进社会安全治理，发挥不可或缺的特定功能。市场机制具有追求利益最大化的终极动力和价值导向，应注重促进供需结合，防止受到市场机制易伴生的资源浪费、贫富差距、分配两极化、经济失衡和周期波动等弊端的影响。

第三，社会组织的治理力量。社会组织（含社会民众个体）是社会安全治理的基础性主体和力量，是在政府之外具有公益性、非营利性、独立性、民间性等属性的机构，发挥着凝聚社会力量、监督公共权力行使、调解社会矛盾、维护公共利益的重要作用。虽然政府是安全治理的主体，是安全的主要负责者和提供者，但社会安全治理不仅仅是公安等政府管理部门的事情。皮埃尔（Jon Pierre）研究提出，社会组织在国家治理中至少发挥以下两种功能：一种是扮演国家的补充者或偶尔竞争者角色，另一种是政策执行者角色，这两种角色利于减少政府行政费用、减少政策执行干扰、防止社会成员反对政策，还能够促使政府作出更好的决策。① 朱武雄认为，社会安全治理活动具有明显的社会性特征，强调基于主体间的互动建构而达到的“优存生态”，要充分体现参与性，确保民众参与的权利。② 据统计，目前我国城镇和农村按行政体制计算的基层社区大约有 66 万个，是重要的治理参与力量。转型期社会的多元性特征，决定了社会安全治理需要社会组织（含社会民众个体）积极有序参与，发挥社区居民、社会组织的参与协同作用，培养社会民众的参与意识和参与能力，扩大参与广度，拓展参与深度，提升参与效度，形成更广泛的社会安全治理基础。

综上所述，由演变逻辑及内涵分析可知，社会安全治理主体经历由地方公安机关到国家公安机关、中央政府再到“政府+社会”的变化，背后则蕴含着深刻的国家治理逻辑和现实逻辑，是中国社会转型和国家治理转型的缩影。这体现了两条主线：一条反映了中央和地方的关系逻辑，另一条反映了国家和社会的关系逻辑，并最终整合为安全共同体和治理共同体的关系逻辑。社会安全具有的社会公共物品以及国家强制能力建设的属性特点，共同决定了社会安全

① Jon Pierre, “Comparative Urban Governance: Uncovering Complex Causalities,” *Urban Affairs Review*, No. 40 (Apr 2005): 460-462.

② 朱武雄：《转型社会的公共安全治理——从公民社会的维度分析》，载《东北大学学报（社会科学版）》2010 年第 9 期，第 415~419 页。

治理主体的多元化，决定了在治理实践中政府的主导地位、市场的竞争性资源配置地位、社会的多主体参与地位。基于多中心协同治理的理论观点，社会安全治理着眼于形成共建共治共享的治理联动机制，既重视国家的总体性支配力量，也不忽视其他主体的参与力量，共同实现社会安全治理的功能。

### （三）社会安全治理实践创新与多元模式

对社会安全治理实践进行分析梳理，是社会安全治理现代化建设的重要基础。改革开放 40 多年来，我国社会安全治理实践贯彻落实国家的科教强国、人才强国、创新驱动、大数据等重大战略部署，适应从计划经济向市场经济转型的要求，进行系列变革，实施社会治安综合治理、基层治理创新、大数据治理等实践，体现了社会安全治理的战略实践创新和模式创新。

#### 1. 社会治安综合治理的创新实践

社会治安综合治理是具有中国特色、实施综合治理战略、解决社会治安问题的战略实践，其本质是政党、政府与社会的合作治理。唐皇凤研究认为，我国在社会安全治理实践中充分吸纳社会主义市场经济条件下的新兴社会和市场组织资源，构建有效的组织化调控体系，通过组织化的政党创建高度组织化的社会，进而在组织化的调控中实现政党、国家、社会对社会治安等公共产品的协作生成，实现社会秩序的维系和重构。① 这一观点从本质上揭示了社会治安综合治理的治理逻辑，体现了我国的治理实践特色。

社会治安综合治理的核心内容是抓好社会治安防控体系建设。贾宇认为，社会治安防控体系是以维护社会公共秩序和提升社会民众的安全感为目标，在党委和政府的领导下，以公安机关为主导、社会力量广泛参与、整合社会资源，由违法犯罪防控网络及其运行机制所构成的系统工程，逐步成为推进国家治理体系和治理能力现代化的基础性、标志性工程。② 其本质表现为一个有组织的、系统化的社会调控载体，综合运用打击、防范、建设、教育和管理等多元化方法手段实现对社会治安秩序的维护。我国社会治安防控体系建设大体经历了萌芽期（改革开放到 20 世纪 90 年代初）、稳步推进期（从 20 世纪 90 年代到 21 世纪初）、形成和成熟期（21 世纪初至今）三个主要发展阶段。其间，

---

① 唐皇凤：《社会转型与组织化调控——中国社会治安综合治理组织网络研究》，武汉大学出版社 2008 年版，第 2~3 页。

② 贾宇：《建设立体化信息化社会治安防控体系》，载《社会治理》2017 年第 1 期，第 24~26 页。

社会治安防控体系从无到有、从分散到系统、从平面到立体、从简单的犯罪预防体系上升为国家的治理策略，由地方公安机关为主发展到政府主导、社会力量广泛参与，遵循了社会安全治理的现实逻辑，成为社会转型和国家治理模式转变的缩影。

社会治安综合治理在实践中不断深化。1991 年，中共中央出台《关于加强社会治安综合治理的决定》，为我国社会治安综合治理提供了政策依据，标志着我国社会治安防控体系建设的理念开始萌芽。20 世纪 90 年代初，我国正式确立建立社会主义市场经济体制，社会转型进一步加速，社会形态由原来稳定的、封闭的、以农业社会为主，逐步转变为动态的、开放的、向着城镇化方向迅速发展，产生了深刻的社会影响。社会治安综合治理正式转变为一种国家行动。2001 年，中央出台《关于进一步加强社会治安综合治理的意见》，正式提出建设社会治安防控体系。2007 年，党的十七大报告明确提出“健全社会治安防控体系，加强社会治安综合治理”。2009 年，公安部提出构建“六张网”①的治安防控体系，实现点、线、面结合，人防、物防、技防结合，打、防、管、控结合，网上、网下结合的社会治安防控网络，治安防控体系建设开始从城市拓展到乡村，实现对社会的全天候、全方位、无缝隙、立体化覆盖。各地的社会治安防控体系建设快速持续推进，探索出了具有典型性的实践模式，如北京市围绕“首都社会治安防控体系建设”的布网式防控模式，建立专群结合、整体联动的工作机制；广东省围绕流动人口聚集特点的“金钟罩”模式，全面延伸“巡逻+防控”的工作触角；上海市构建集多种要素于一体的综合模式等，取得了积极成效。②

党的十八大以来，我国社会治安防控体系建设进一步加速，并随着全面深化改革实践不断深入。2012 年，党的十八大报告明确提出“深化平安建设，完善立体化社会治安防控体系”，社会治安防控体系建设上升为国家治安治理的基本策略，并成为推进国家治理体系和治理能力现代化的标志性工程。2015 年，中办、国办出台《关于加强社会治安防控体系的意见》，从推进国家治理

---

① “六张网”指社区防控网、街面防控网、视频监控网、单位内部防控网、区域警务协作网和“虚拟社会”防控网。详见周正：《社会治安防控体系建设初探——以社会管理创新为视角》，载《公安研究》2013 年第 5 期，第 29 页。

② 龙倩：《我国构建社会治安防控体系的现状与对策研究》，载《改革与开放》2018 年第 14 期，第 86~88 页。

体系和治理能力现代化总目标出发，以确保公共安全、提升人民群众安全感和满意度为具体目标，健全点线面结合、网上网下结合、人防物防技防结合、打防管控结合的立体化社会治安防控体系，从顶层设计高度勾勒了社会治安防控体系建设的发展蓝图。要求创新立体化社会治安防控体系，动员社会力量参与社会治安防控体系建设，全面推进平安中国建设。2016 年，习近平总书记在全国社会治安综合治理创新工作会议上强调指出，“要完善社会治安综合治理体制机制，加快建设立体化、信息化社会治安防控体系”。2017 年 9 月，习近平总书记在全国社会治安综合治理表彰大会上强调，坚定不移走中国特色社会主义社会治理之路，善于把党的领导和我国社会主义制度优势转化为社会治理优势，不断完善中国特色社会主义社会治理体系。2017 年，党的十九大报告对加强社会治安防控体系建设提出了新的要求和更高的标准，强调要加强社会心理服务体系建设、社区治理体系建设，实现政府治理和社会调节、居民自治良性互动。2018 年 3 月，社会治安防控体系建设成为党和国家机构改革的重要组成部分，党的十九届三中全会审议通过《中共中央关于深化党和国家机构改革的决定》和《深化党和国家机构改革方案》，其中提出加强党对政法和社会治安综合治理的统筹协调，社会治安防控体系建设等有关职责由中央政法委员会承担，负责组织协调、推动和督促各地区各有关部门开展社会治安综合治理工作，不再设立中央社会治安综合治理委员会及其办公室。2022 年，党的二十大报告提出要完善社会治理体系，“强化社会治安整体防控，推进扫黑除恶常态化，依法严惩群众反映强烈的各类违法犯罪活动”。

当前的发展方向是完善社会治安综合治理体制机制，加快建设立体化信息化社会治安防控体系。社会治安的“立体化”防控主要体现在多维度和多层次两个方面：多维度主要指时间上的全时段防控、空间上的人类活动地域全覆盖、观念上的社会公众自我防范意识提升、社会关系上的社区居民协同防控及邻里守望；多层次性主要指现实社会和虚拟社会层面、国家和地方层面、政府和社会协同层面、城市和乡村层面。社会治安的“信息化”防控主要体现在发挥信息化、可视化、全程留痕优势，通过大数据进行预测、数据碰撞和关联，对各类风险进行自动识别和预警。

2. 以“枫桥经验”为代表的基层社会治理创新实践

“枫桥经验”在实践创新中形成并不断发展，内涵不断丰富。20 世纪 60 年代初，浙江省诸暨市枫桥镇干部群众创造了“发动和依靠群众，坚持矛盾不上交，就地解决。实现捕人少，治安好”的“枫桥经验”。虽然它产生于强调阶级斗争的特殊年代，但当时仍然对阶级专政对象实施“维权”，对属于特定阶级成分的“四类分子”进行社会改造，“一个不杀，大部不捕，采取说理斗争的方式‘教服’‘四类分子’”。1963年，在农村社会主义教育运动中，毛泽东同志批示“要各地仿效，经过试点，推广去做”，“枫桥经验”由此成为全国政法战线的典型。之后，“枫桥经验”不断发展并拓展应用到基层社会治理领域，成为新时期坚持好、贯彻好党的群众路线的典范。①

2003年，习近平同志在担任浙江省委书记期间，明确提出要“坚持好、发展好‘枫桥经验’”，并领导全省干部群众不断创新发展推广“枫桥经验”。根据社会经济发展的新形势，形成具有鲜明时代特色的“党政动手、依靠群众、预防纠纷、化解矛盾、维护稳定、促进发展”的“新枫桥经验”，实现“小事不出村，大事不出镇，矛盾不上交”。政府管理服务“横向到边、纵向到底，不留‘真空’与‘盲区’”，进而为预防化解矛盾、维护农村稳定树立了富有创新与实效的样板。时任浙江省委书记的习近平同志把“枫桥经验”的实质概括为“抓源头、建制度、求长效”。

2013年，习近平同志就坚持和发展“枫桥经验”强调指出，各级党委和政府要充分认识“枫桥经验”的重大意义，发扬优良作风，适应时代要求，创新群众工作方法，善于运用法治思维和法治方式解决涉及群众切身利益的矛盾和问题，把“枫桥经验”坚持好、发展好，把党的群众路线坚持好、贯彻好。适应中国特色社会主义进入新时代和社会主要矛盾新变化，新时代枫桥经验的内涵拓展为“矛盾不上交、平安不出事、服务不缺位”，推动基层治理能力和水平的现代化。浙江省诸暨市枫桥镇的“枫桥经验”一直是基层开展安全治理的有效典型。② “枫桥经验”的创新发展转变为人民群众实实在在的获得感、幸福感和安全感，国家统计局实施的全国安全感抽样调查数据显示，浙江省受访群众的安全感、满意度逐年走高，从2003年的90.8%上升到2017年的96.58%，连续14年位居全国前列。③ 60年来，“枫桥经验”在社会治理实践中

① 陈成鑫、曾庆华：《创新“枫桥经验”的价值蕴含与实现路径》，载《人民公安报》2018年11月11日。

② 余潇枫：《安全治理：从消极安全到积极安全——“枫桥经验”五十周年之际的反思》，载《探索与争鸣》2013年第6期。

③ 公安部：《书写平安中国示范区的时代华章：浙江公安坚持发展“枫桥经验”纪实》，载《人民公安报》2018年11月12日。

不断发展，形成于社会主义建设时期，发展于改革开放新时期，创新于中国特色社会主义新时代，经历了从社会管制到社会管理再到社会治理的三个发展阶段、两次历史性飞跃，成为专门工作与群众路线相结合的典范，也成为全国公安政法战线的一面旗帜。

“枫桥经验”具有丰富的内涵和特色，张文显研究提出，“枫桥经验”由党建统领、人民主体、自治法治德治“三治”结合、共建共治共享、平安和谐等五个核心要素组成。[①] 其中，党建统领是根本保证，人民主体是价值核心，“三治”结合是核心要义，共建共治共享是基本格局，平安和谐是目标效果。2018 年 11 月，中央政法委与浙江省委纪念毛泽东同志批示学习推广“枫桥经验”55 周年暨习近平总书记指示坚持发展“枫桥经验”15 周年大会，总结了“枫桥经验”的主要特点：一是创新党建引领方式方法，探索完善政治引领、思想引领、组织引领、能力引领、机制引领等渠道，确保基层社会治理的正确方向。二是探索群众路线的实践路径，把党的群众路线贯穿基层社会治理全过程，努力使社会治理过程群众参与、成果群众获得、成效群众评判。三是丰富自治、法治、德治“三治结合”的有效形式，探索构建“自我管理、自我服务、自我监督”的自治建设体系，“严格执法、公正司法、全民守法”的法治建设体系，“以评立德、以文养德、以规促德”的德治建设体系，不断健全基层社会治理体系。四是开创“三共一体”的治理格局，统筹政府、市场、社会力量，共同建设治理体系、共同实施治理活动、共同分享治理成果，打造人人有责、人人尽责的命运共同体，实现共建共治共享。五是健全“三不目标”的实现机制，创新完善基层矛盾纠纷源头预防、排查预警、多元化解机制，实现“小事不出村、大事不出镇、矛盾不上交”。六是迈向“三和相融”的崭新境界，把中华传统治理智慧和现代治理理念结合，着力预防、化解人与人、人与自然的冲突，促进百姓和顺、城乡和美、社会和谐。[②] 另外，新时代“枫桥经验”的一个重要特色，就是运用法治思维和法治方式破解治理难题，充分发挥法治建设的保障作用，深入推进基层依法治理。依靠现代科技助力社会治理，构建“互联网+社会治理”新模式，增强情报分析研判能力，推进社会治理综合化、动态化、精细化。

---

① 张文显：《“新时代枫桥经验”的四个理论命题》，载《法制与社会发展》2018 年第 6 期。

② 石杨：《“枫桥经验”从地方“盆景”上升为全国“风景”》，http：//special. cpd. com. cn/n40115672/n42235335/n42235339/c42402499/content. html，访问日期：2018 年 11 月 13 日。

新时代“枫桥经验”是在党的领导下由枫桥等地人民创造和发展起来的化解矛盾、促进和谐、引领风尚、保障发展的一整套行之有效并且具有典型意义和示范作用的基层社会治理机制和方法，集中体现了基层社会治理的中国智慧和中国方案。新时代“枫桥经验”是解决新时代社会主要矛盾的重要方法，是打造共建共治共享社会治理格局的现实需要，具有重要的意义和价值。作为习近平新时代中国特色社会主义思想的重大成果，新时代“枫桥经验”引领“枫桥经验”从社会管制的经验提升为社会管理的经验，再创新和发展为社会治理的经验，实现了“枫桥经验”的两次历史性飞跃和创新。①

党的十八大以来，各地区各有关部门积极探索社会治理新思路新举措，推动“枫桥经验”从地方精致的“盆景”上升为全国精彩的“风景”，从乡村“枫桥经验”衍生出城镇社区“枫桥经验”、海上“枫桥经验”、网上“枫桥经验”等集群，从社会治安领域扩展到经济、政治、文化、社会、生态等领域，体现了新时代“枫桥经验”的普遍适用性。

3. 基于大数据的社会安全治理创新实践

习近平总书记指出，“没有信息化就没有现代化”，这一论断深刻地指出了信息化和现代化的辩证关系，对于各个领域的信息化工作和现代化建设均具有重要的指导意义。信息技术可以作为一种治理工具和手段，也可以发展为治理理念和方法，进而促进治理流程重构、推进治理模式变革，为社会安全治理现代化提供基础和关键支撑。制度变革与技术变革相互作用、相互关联，制度变革可以推动技术变革，技术变革可以保障制度变革并使制度变革成果得以巩固。

党中央、国务院高度重视信息化，把大力推进信息化作为覆盖我国现代化建设全局的战略举措来抓。特别是自 2016 年以来，国务院相继出台促进云计算、“互联网+”、大数据发展的指导意见和行动纲要，提出充分运用信息技术、加快建设数据强国的目标。

作为社会治理的主要力量，公安机关高度重视信息技术应用，贯彻落实科教强警战略，坚定不移地走科教强警之路，坚持向科学技术要警力、向教育训练要警力，成为公安工作创新发展的根本出路。1996 年，第十九次全国公安会议正式提出，坚持走科教强警之路，并作为当前和今后相当长的历史时期内公

---

① 张文显：《“新时代枫桥经验”的四个理论命题》，载《法制与社会发展》2018 年第 6 期。

安机关必须贯彻的基本指导方针。从世界各国警务工作发展的历史经验来看，重视信息技术应用也是各国警务工作创新发展的基本经验。所谓科教强警，就是以先进的科技和教育训练为手段，提高公安队伍的素质，提高公安工作的现代化水平和增强公安机关的综合战斗力。这里的“科技”不能单一地理解为仅是指信息技术科学，还包含与公安有关的自然科学、社会科学和思维科学，特别是毛泽东同志根据马克思主义关于无产阶级专政原理与中国革命实践相结合创立的人民民主专政学说、邓小平同志新时期人民民主专政思想等。

2008 年，公安部党委提出加强“三项建设”① 的重大战略部署。2014 年，公安部党委进一步提出加强“四项建设”②，将基础信息化建设作为其中的重要内容，并于 2015 年出台《关于大力推进基础信息化建设的意见》。2015 年 2 月，中央审议通过《关于全面深化公安改革若干重大问题的框架意见》及相关改革方案，推进基础信息化进一步成为全面深化公安改革的重要目标。近年来，依托“金盾工程”“公安信息化”“基础信息化”等科技专项工程的建设，推动各级公安机关建成了集专门网络、应用系统、安全保障、标准规范于一体的公安信息化体系，实现了全警种、全业务的信息化应用，科技信息化已成为公安机关打防管控、推进社会治理、服务人民群众的重要手段，有效提升了公安机关的核心战斗力。2018 年，公安部党委提出要大力实施公安大数据战略，将大数据作为创新发展的大引擎、培育战斗力生成的新增长点，着力打造数据警务、建设智慧公安，全面推动公安工作质量变革、效率变革、动力变革，实现公安机关战斗力的跨越式发展。2023 年，全国公安厅局长会议提出“大力加强法治公安建设、智慧公安建设、基层基础建设、过硬队伍建设”四个基本建设，智慧公安建设成为新时代公安机关在大数据战略驱动下着力打造共建共治共享社会治理格局的重要举措。

大数据代表了社会安全治理的最新发展阶段和应用水平。近年来，以智能技术和大数据为核心特征的信息化应用在各个领域不断涌现，如智慧地球、智慧城市、智慧政府、智慧交通等，在公安领域的信息化应用被称为“智慧公安（警务）”。智慧公安是以警务信息的整合、共享、应用、创新为主要路径，通过数据互联共享、资源充分整合、警务流程再造、运行模式创新、警务效能最

---

① “三项建设”指信息化建设、执法规范化建设、和谐警民关系建设。

② “四项建设”指基础信息化、警务实战化、执法规范化、队伍正规化建设。

优化的信息化、智能化过程，最终形成智能化的警务发展理念、工作模式、运行机制、质量文化乃至是警务新生态。智慧公安意味着公安信息化已经进入以云计算、大数据、物联网、人工智能等为核心支撑的智能化发展新阶段，核心特征是广泛覆盖、深度互联、数据驱动、协同共享、智能处理、流程重构、开放应用。①

以实施公安大数据战略为总抓手的数据警务、智慧公安建设，是推进新时代公安现代化建设的重要举措，也是社会治理体系和治理能力现代化转型的重要举措。② 基于世界警务革命的历史进程来审视，当前我国倡导的以智慧公安和大数据战略为核心的公安现代化，本质上是对20世纪30年代至70年代以欧美各国警察现代化为标志的第三次世界警务革命的全面超越，标志着我国公安工作进入了以信息化、智能化为核心特征的现代化新阶段。赵炜提出，党的十八大以来公安改革与以往改革的最大区别是，“公安信息化的深度建设和应用”“以公安信息化为主要引擎，拉动公安技术改革，进而拉动公安机制改革，并对公安体制改革和公安文化改革提出需求”“属于现代型公安改革”。③

实施社会安全治理大数据战略，树立互联网思维，融入社会信息化浪潮进行安全治理模式创新，善于借助信息化和治理过程的修正、强化、互动和重构，增强社会安全治理的整合要素和整合能力，形成新型的治理理念、治理机构和治理机制，最终有效提升社会安全治理现代化的信息化、智能化水平。建立情报信息主导警务的工作理念，以大数据建设和应用为重点，加强数据中心建设，积极构建公安大数据体系，不断推动公安科技信息化建设提档升级，有效推动公安工作的现代化进程。

4. 社会安全治理的多元化实践模式

社会安全治理是多模式的集成和应用，为社会安全治理的制度体系和执行能力体系建设提供核心支撑。根据研究总结，我国经过多年探索和创新，逐步形成“自上而下”的社会管理与“自下而上”的社会自治“纵向有机结合”，“自外而内”的法治与“自内而外”的德治“横向有机结合”，且促进市场的

① 张兆端：《智慧公安——大数据时代的警务模式》，中国人民公安大学出版社2015年版，第18~33页。

② 上海公安学院智慧公安研究课题组：《“智慧公安”建设的理论思考》，载《上海公安高等专科学校学报》2018年第4期，第5~16页。

③ 赵炜：《公安改革探论》，中国人民公安大学出版社2018年版，第10~11页。

“无形之手”、政府的“有形之手”、社会的“隐形之手”的有机结合。① 从传统的治理研究和实践来看，社会安全治理模式集中表现为法治、德治、共治、自治、网治等，在治理模式方面具有交融性。其中，法治是德治、自治的保障，重点解决治理的现实依据和手段问题。德治是法治、自治的基础，重点解决治理主体思想精神层面的素质修养问题。自治是德治、法治的目标，重点解决治理的具体形式和载体问题。共治是基于自治基础上的治理形式，在特定情况下与自治是一致的。而虚拟社会安全治理模式集中体现为网治，针对虚拟社会领域社会安全问题的发生、发展、传播、引导等特点形成，具有信息化、网络化、虚拟化和融合性等特点。社会安全治理包括传统社会安全治理和虚拟社会安全治理两大领域，社会安全治理模式既包括传统的社会治理模式，也包括虚拟社会领域的网络治理模式，是多种模式的结合和集成。

第一，社会安全治理的法治模式。法治是治国理政的基本方式，是国家治理体系和治理能力的重要依托，厉行法治乃治本之策。② 法治是调节社会利益关系的基本方式，是国家制度现代化建设的重要内容，被公认为社会治理的最优模式。2014 年，党的十八届四中全会提出全面推进依法治国的战略部署，坚持依法治国、依法执政、依法行政共同推进，推进法治国家、法治政府、法治社会一体建设。《中共中央关于全面推进依法治国若干重大问题的决定》指出，依法治国是坚持和发展中国特色社会主义的本质要求和重要保障，是实现国家治理体系和治理能力现代化的必然要求。从近现代以来世界各国现代化建设的实践来看，取得成功的国家均从法治中获得巨大的制度力量。付子堂认为，在我国，法治不仅是国家和社会建设的工具，而且成为一种具备宪法权威、凝聚广泛共识的治国方略，一种中华文明发展史上全新的社会秩序形态，是中华民族几千年来国家治理实践的一次革命性质变与飞跃。③

法治不仅是社会安全治理的合法性来源，也是增强社会安全治理权威性和公信力的根本保障。在社会安全治理实践中，要善于运用法治思维构建社会行为有预期、管理过程公开、责任界定明晰的社会安全治理制度体系，运用法治方式把社会治理难题转化为执法司法问题加以解决。加强社会安全治理领域的

---

① 吴超：《改革开放以来社会治理的成就、经验和前瞻》，载《中国社会科学报》2019 年 5 月 7 日。

② 张文显：《习近平法治思想研究（上）——习近平法治思想的鲜明特征》，载《法制与社会发展》2016 年第 2 期，第 5~21 页。

③ 付子堂：《一以贯之推进全面依法治国》，载《人民日报》2018 年 6 月 20 日，第 7 版。

立法，确保社会安全治理有法可依。坚持有法必依，规范执法行为，严格公平执法，增强司法的权威性，切实维护群众的合法权益。

第二，社会安全治理的德治模式。德治是以道德规范为基准的治理实践。道德作为一种社会意识形态，是人们共同生活、规范社会行为的准则规范，重在调解人与人、人与社会之间的关系，具有行为规范总和的特征。德治是社会治理的基础，强调以说服力和劝导力提高社会民众的思想认识、道德觉悟和道德自律，是社会安全治理的治本之策。道德是人的行为价值取向，法律是人的行为底线，两者相得益彰，共同维护社会秩序、推动文明进步。自人类社会形成以来，法律和道德都是上层建筑的组成部分，德治和法治成为维护社会秩序、规范人们思想行为的重要手段，是相互联系、相互补充、相互促进的社会治理方式。在我国社会安全治理实践中，德治就是在坚守社会主义核心价值体系的基础上，将外部的道德规范转化为社会民众自觉遵守的道德行为的动态过程。德治思想在我国具有悠久传统，在传统社会治理实践中已经根深蒂固。西周时期，我国提出“以德配天、明德慎罚”的思想，春秋时期孔子提出“为政以德，譬如北辰，居其所而众星共之”。对于当代来说，德治的重点是弘扬社会主义核心价值观，弘扬中华传统美德，培育政治品德、社会公德、职业道德、家庭美德和个人品德，发挥道德在规范社会行为、调节利益关系、协调社会矛盾方面的作用。

第三，社会安全治理的共治模式。社会安全治理的共治是多个治理主体通过对话、竞争、妥协、合作和集体行动等多种机制相互融合的过程。多元主体间的权利、资源和责任，是实现共治的基本保障。以基于法治的多元主体共同治理为特征的社会共治，是国家治理体系和治理能力现代化建设的重要内容，包括政府治理社会、政府与社会共同治理的过程。① 一般认为，社会安全治理的多元共治主体包括政府（以公安机关为主）、市场（有关安全服务或技术企业）与社会组织（社区等）。从空间维度来分析，多元主体包括国家和地区、跨地区、跨部门、跨领域等。这些主体之间相互独立，存在委托代理、合作或兼具竞争与合作的博弈等作用关系。多元主体组成的公共领域能够制衡政府专制、强权和对资本的垄断，打碎彼此边界和利益，产生代表共同利益的结果。

① 王名、蔡志鸿、王春婷：《社会共治：多元主体共同治理的实践探索与制度创新》，载《中国行政管理》2014 年第 12 期，第 16~19 页。

另外，互联网技术应用搭建了公共网络空间平台，可以为多元主体共同治理提供平台技术支持。

第四，社会安全治理的自治模式。自治在社会安全治理中具有特殊价值，是共治的基础，也是德治、法治要达到的重要目标。社会安全治理的自治指社会民众通过一定的组织形式依法享有自主管理社区事务的权利与义务及其实际运作过程，其核心是社会自治成员享有自我治理、自我统治的权利。党的十八届三中全会提出，通过推进基层群众自治加快社会治理创新，达到社会民众对政府及社会事务参与监督和公共利益最大化保障的目标。自治是治理重心下沉的体现和根本要求，以保障社会民众的根本利益为出发点和落脚点，市场能做的交给市场去做，社会能做的交给社会去做，居民能做的交给居民去做。

第五，社会安全治理的网治模式。网治在本研究中特指虚拟社会治理，是随着网络化的深度应用对传统治理边界的拓展，不仅有助于确保虚拟社会自身稳定、有序发展，同时也有益于维护现实社会的稳定和秩序。[①] 网络化促进虚拟社会发展以及与现实社会的融合，推动社会安全治理进入虚拟社会安全治理新阶段。网络化、信息化加剧了社会问题政治化、现实问题网络化、国际问题国内化、国内问题国际化的趋势，成为社会安全治理的重要挑战。[②] 虚拟社会治理应对治理活动和对象的匿名性、跨时空性、实时更新、全程留痕、信息极速传播等特征，治理重点是虚拟身份管理、网络犯罪治理、舆论引导与监管等新兴治理问题。

### （四）社会安全治理影响因素与评价

#### 1. 社会安全治理的影响因素：社会风险和社会冲突视角

进行社会安全治理创新，促进社会安全治理现代化建设，一个重要的维度就是从探究影响社会安全的本源因素着手，为社会安全的预测、预警、预防和治理提供源头遵循。关于社会安全治理影响因素的研究起步较早，主题分布较丰富，已经确定的影响因素包括社会公正、社会信任、社会认同、全球化、信息化、现代化以及社会安全评价等，整体上呈现从宏观性、外部性、物质层面的指标研究向根源性、内向性、精神层面的指标研究拓展深化的态势。

---

① 冯登国、苏璞睿：《虚拟社会管理面临的挑战与应对措施》，载《中国科学院院刊》2012 年第 1 期，第 17~23 页。

② 马振超、张晓菲：《中国社会公共安全面临的突出问题及态势分析——非传统安全视角》，载《中国人民公安大学学报（社会科学版）》2014 年第 3 期，第 113~119 页。

社会安全治理范式由传统安全转为非传统安全（如恐怖主义、生态破坏、民族冲突、跨国犯罪、认同危机等），以国家安全为核心的“高政治”安全考量转向以人的安全与社会安全为基点的“低政治”安全考量，国家的社会管理职能随之需要从行政干预为主的管控转向各方参与为主的治理。保罗·斯洛维克（P. Slovic）、莎拉·李奇特斯坦（S. Lichtenstein）和巴鲁克·费什霍夫（B. Fischhoff）进行大量的实证研究后认为，社会风险生来是主观的，受到心理、社会、制度和文化等多种因素制约。各种新兴安全威胁具有社会复杂性，人的因素越来越占据主要方面，包括宗教、文化、心理等认同因素成为影响社会安全的重要变量，安全从客观存在扩展到主观感受与相关利益主体间的互动建构。[①]

第一，基于风险社会视角的社会安全治理影响因素。基于风险社会理论，社会安全治理意味着通过对社会风险的发现、识别、预防和控制，使社会处于稳定有序并有活力的状态。社会安全治理影响因素在某种程度上等同于社会的主要“风险源”。1986 年，德国社会学家乌尔里希·贝克第一次提出“风险社会”概念并为学界所采纳，成为指导现代社会研究的重要理论之一。风险社会在研究发展中形成了现实主义（Lau 提出的新风险理论）、文化主义（Scott Lash 提出的“风险文化”理论）、制度主义（Beck 强调的技术性风险、吉登斯强调的制度性风险）三种基本视角，为社会安全治理提供了风险认知和应对的基础。从文化视角来看，把整个社会结构的变迁归结为三种文化，即倾向于把社会政治风险视为最大风险的等级制度主义文化，倾向于把经济风险视为最大风险的市场个人主义文化和倾向于把自然风险视为最大风险的社会群落之边缘文化。冯仕政认为，人类社会的风险主要表现为不确定性，根据来源大致可以划分为纯粹由自然因素引起的风险（由自然的不确定性引起的），纯粹由社会因素引起的风险（由社会系统的不确定性引起的），由于人类利用、改造自然不当而引起的风险（由社会系统的不确定性引起的）三种类型。[②] 人类社会发展的历史显示，传统社会的风险主要是自然因素如各类自然灾害，现代社会的风险则主要是后面两类风险，如政治冲突、经济危机、化学污染、生态危机等。风险已经成为社会现代性的基本要素，人类实践所导致的全球性风险占据

---

① 余潇枫：《中国社会安全理想的三重解读》，载《新疆师范大学学报（哲学社会科学版）》2013 年第 9 期，第 12~18 页。

② 冯仕政：《我国当前的信任危机与社会安全》，载《中国人民大学学报》2004 年第 2 期，第 25~31 页。

主导地位，人造的风险超过自然风险成为风险结构的主要内容，制度化风险（包括市场风险）和技术性风险成为重要风险因素。[①] 上述风险理论为社会安全治理应对提供了理论指导。

国内社会学界普遍认为，我国已经进入风险社会。市场化转型在经济社会生活方面表现出行政力量对于社会控制的弱化，增加了社会生活的不确定性。我国加大对外开放力度并融入全球化进程，同时也受到“全球风险社会”的影响。风险社会中充满的矛盾与不确定性，以及由此形成的不安全感，是风险社会的核心特征。[②] 我国现阶段社会风险具有多方面特殊性，表现为全球化发展进程中社会风险的共同特征，基于路径依赖性的市场化转型的社会风险，以及传统社会体制遗留的社会矛盾等。周文彬关于风险源的研究指出，现代社会风险源头包括社会风险源（所得分配不均、发生天灾、失业人口增加、社会各阶级对立等）、政治风险源（政权的更替、叛乱、恐怖事件、战争、意识形态分歧等）、生态环境风险源（环境污染、水土流失、核武器威胁、地球温室效应等）、经济风险源（经济萎缩、罢工、失业率增加、生产成本大幅上升、外汇枯竭、货币大幅贬值等）、文化风险源（道德危机、诚信危机、信仰缺失及不同文化间冲突等）等，为研究和利用社会安全治理影响因素提供了借鉴[③]。

第二，基于社会冲突视角的社会安全治理影响因素。基于社会冲突的理论视角，社会矛盾冲突与社会转型密切相关，重大的社会变迁往往是引发社会运动和集体行为的最初动因。[④] 社会冲突既是社会安全的重要诱发因素，通过冲突管理维护社会安全也是社会安全治理的重要路径。从理论发展脉络来看，马克思的阶级冲突理论、齐美尔的有机功能理论和韦伯的社会分层与政治冲突理论，构成了西方社会冲突理论形成和发展的理论背景。马克思、恩格斯是社会冲突理论研究的鼻祖，认为一切的社会冲突都根源于生产力和交往形式之间的矛盾，表现为各个阶级之间的意识矛盾、思想斗争、政治斗争。最基础最根本的是生产力与生产关系的冲突，然后是经济基础与上层建筑的矛盾，最后在社

---

① 李培林：《和谐社会十讲》，社会科学文献出版社 2009 年版，第 325 页。

② 徐勇、项继权：《我们已经进入了风险社会》，载《华中师范大学学报（人文社会科学版）》2008 年第 5 期，第 1 页。

③ 周文彬：《转型时期中国社会风险评估指标体系研究》，华中师范大学管理学院 2007 年硕士学位论文，第 1~23 页。

④ ［美］塞缪尔·亨廷顿：《变革社会中的政治秩序》，李盛平、杨玉生等译，华夏出版社 1988 年版，第 41 页。

会群体关系层面上表现为阶级之间的冲突。[①] 张海波则从社会心理角度提出，社会各个阶层、群体利益的调整容易引发抱怨、焦虑、困惑、不满等社会情绪，导致社会失序、经济失调、心理失衡等。[②]

社会冲突具有特定的社会促进功能。美国社会学家科赛（L. A. Coser）创立的社会冲突理论认为，社会冲突具有正功能和负功能，适当的社会冲突有利于维持社会的稳定及组织的完整。[③] 外部冲突可以促成聚合与联盟，内部冲突可以增强认同与团结。社会冲突可以充当社会“安全阀”，激发“新规范”，具有“正向”功能。正确认识社会冲突的“正向”“负向”功能，可以为社会安全治理创新提供新视角和理念启发。从作用特征看，社会冲突具有普遍性（时间、空间）、复杂性（根源的多因性、作用的双重性、相互的关联与转化性）、时代性、多样性（内容、形式、程度、地域）等特点。从作用方式来看，有的影响因素具有阶段性和局部性，有的则具有全局性和长期性。

2. 社会安全治理的综合评价

社会安全及其治理的评价研究最早源于20世纪60年代的美国，通过对经济领域的评价并将其作为替代指标进行社会预警，后将社会指标体系研究拓展至社会整体领域。美国F. T. 汉厄教授提出的“富兰德指数”，政策科学研究权威德罗尔提出的“系统群研究”指标体系，艾特斯和摩根提出的衡量社会不稳定程度的指标，罗伯特·达尔从冲突角度提出的衡量社会稳定状况的指标，兹·布热津斯基提出的“国家危机程度指数”等，是这方面研究成果的代表。世界银行提出的治理评价指标包括发言权与责任、政治稳定与消除暴力、政府效能、监管质量、法治、腐败控制六个方面。世界经济贸易合作组织（OECD）提出的国家治理能力测评体系包括民主、人权和治理三大领域，涵盖参与、效能、问责、法治、道德、资源管理、信息获得等。

我国学者关于社会安全及其治理的评价研究始于20世纪80年代，通常与社会预警机制联系在一起，如朱庆芳在20世纪90年代研究设计计量社会发展协调程度的“社会发展综合评价指标体系”，包括关于生活质量和社会秩序的衡量。宋林飞从20世纪90年代以来持续研究，从经济、政治、社会、自然、

---

① 于柯超：《以马克思主义利益观和社会冲突理论指导防止利益冲突制度建设》，载《河南社会科学》2012年第1期，第1~5页。

② 张海波：《社会风险研究的范式》，载《南京大学学报》2007年第2期，第136~144页。

③ Alan Sica, “Lewis Coser and 20th-Century American Sociology,” *Society*, No. 52（Jan 2015）: 62-69.

国际5个方面，警源、警兆、警情3个层次，构建了社会风险预警综合指数，并从中选出失业率、通货膨胀率、贫困率、犯罪率、人口流动率等14个指标构成“社会风险预警核心指数”。中国科学院学者牛文元应用社会燃烧理论的有关思想、理论和方法，从自然系统、经济系统、社会系统、管理决策系统、民主法制系统5个方面构建了社会稳定与安全预警系统。① 阎耀军研究构建了由生存保障指数、经济支撑指数、社会分配指数、社会控制指数、社会心理指数和外部环境指数6个方面组成的社会稳定指标体系。胡鞍钢、王磊提出“社会转型风险”理论并建立包括社会不安全、社会紧张和社会脆弱三个测量维度的评价指标，分析提出中国社会转型风险增长明显，社会不安全和社会紧张是引起社会风险增加的主要原因，基尼系数（贫富差距系数）的不断增大成为阻碍社会和谐发展的重要因素。② 俞可平领衔的课题组研究提出由人类发展、社会公平、公共服务、社会保障、公共安全和社会参与等构成的中国社会治理指数等。③ 另外，许多研究停留在指标体系的设计层面，而鲜有实证性的分析研究。

从已有研究的整体情况来看，社会安全的评价研究注重定性与定量相结合，既有反映国家治理、社会发展的定性指标，又有反映政治、经济等具体内容的定量指标，研究取向从宏观性、外部性、物质层面的指标研究向根源性、内向性、精神层面指标研究深化拓展。存在的主要不足是，关于社会风险源方面的研究薄弱，缺少关于个人心理、价值观等精神层面的风险影响评估，也缺少关于自然环境、生态环境的风险影响评估，忽视社会稳定内在规定性相关的作用机理分析。④

### （五）社会安全治理研究评述

第一，社会安全治理研究不断深入但战略性本源视角的研究相对薄弱。当前，我国社会安全治理的社会化、法治化、信息化、专业化水平不断提高，新时代“枫桥经验”、立体化社会治安防控体系建设、基于大数据的智慧安全治

---

① 杨多贵、周志田、陈劭锋、王海燕：《中国社会稳定与安全预警系统的理论设计》，载《系统辩证学学报》2003年第4期，第82~87页。

② 胡鞍钢、王磊：《社会转型风险的衡量方法与经验研究（1993~2004年）》，载《管理世界》2006年第6期。

③ 中国发布社会治理评价指标体系，https：//www. chinanews. com/gn/2012/06-29/3997536. shtml，访问日期：2016年7月16日。

④ 周小毛：《构建科学评判社会稳定质量指标体系》，载《光明日报》2016年10月9日。

理等治理实践和典型案例不断丰富，研究关注度不断增加，研究主题从社会安全管理向社会安全治理的转变，聚焦社会安全治理的内涵本质与理论、治理模式、治理战略与文化差异、社会风险评估与危机预警、非传统安全、全球安全治理等方面，反映了社会安全治理的新理念和新实践，总体上呈现出多视角展开、多学科关注、多维度推进、多层级比较的特点。有关社会安全治理研究的成果（文章）数量呈逐年上升趋势，不但研究视角多元，而且在研究方法选择方面更加注重理论分析与实践案例研究相结合。

社会安全治理本身的复杂性、广泛关联性、内因隐蔽性、时代多变性等特点，决定了社会安全治理研究及其溯源式解决，必然要跳出纷繁复杂的现象进行战略性审视和聚焦，深入剖析社会安全问题产生的根本原因，提出源头性、治本式的对策建议。作为一个重要特殊的研究领域，社会安全及其治理的主题前沿、领域交叉、广泛关联，但内容高度实务化、内因隐蔽复杂，相关研究还不够深入和系统，如研究视域和角度相对狭窄，基于战略视角、对社会安全的内涵本质、根本性影响因素及其作用机理探究的研究薄弱，关于社会安全治理的宏观发展战略、社会安全治理现代化的前瞻性研究较少，关于社会安全心理因素作用机理方面的研究较少，相关作用机理的实证或案例研究比较鲜见。

第二，已有研究缺乏系统深入的逻辑架构支撑。社会安全治理及其现代化建设是随着国家治理现代化实践深入而伴生的新课题。从研究内容耦合性来看，社会安全治理研究与国家治国理政的政策实践的相关度、耦合性还不够高，适应政策、解读政策的研究多，而评估政策、优化政策、培育新政策、提出对策的研究较少。从研究成果的发布时间来看，社会安全治理及现代化相关研究自 2010 年以来增长较快，反映了理论研究和社会安全治理现代化实践的良性互动。但研究的系统性不强，多集中在安全治理手段和方法、行业安全治理等范围，多是从社会安全治理的某一个环节出发，或侧重治理技术，或侧重某项机制建设，缺少从整体出发进行系统性论述，淡化了社会安全和个体安全的关系。关于社会安全治理战略、安全治理模式、安全治理机制等涉猎不深，而且当前的治理研究中存在不同程度被泛化应用的现象，一些研究表明治理并非实践成功或失败的必然归因因素。① 从研究成果的具体内容构成来看，尚缺乏一体化贯通社会安全、社会治理、社会现代化的系统性研究，缺少社会安全

① 王绍光：《治理研究：正本清源》，载《开放时代》2018 年第 2 期，第 153~176 页。

治理能力和治理体系现代化建设特别是理论架构方面的综合性研究。

第三，已有研究缺少针对安全治理现代化的实证分析。探寻社会安全治理现代化的关键路径，重点在于深化对社会安全本源性影响因素内在作用机理、作用规律的认识和运用。当前，对于社会安全治理的本源性影响因素作用关系，特别是因变量与结果变量之间的实证关系、演进作用规律特征的研究还比较少。已有研究覆盖了社会矛盾冲突、协同治理、治理手段和方法、行业安全治理等领域，但研究主题的聚焦程度和深入程度还不够高。从宏观战略角度、运用量化实证方法对社会安全的深层次诱因、社会安全协同治理机理、协同效应等深入研究还不充分。

第四，缺少具有中国特色、可操作性的社会安全治理对策研究。根据中国式现代化建设的整体创新要求，探索建立具有中国特色的社会安全治理现代化理论框架，总结或推广中国特色社会安全治理实践模式，是社会安全治理创新发展的应有之义。我国社会安全治理领域的大部分研究概念和理论应用均未能突破西方理论界关于“安全”“治理”的理论框架，社会安全治理的概念术语和理论内涵仍需规范和深化，关于中国社会安全治理本土化实践的总结提升还不充分。学界在较长时间内主要从安全与自然现象紧密相关的角度进行研究，忽视把安全作为一种社会现象和过程进行研究，忽略从人与人的社会关系，特别是经济利益关系、思想关系和社会因素等方面深入探讨，笼统强调政治和经济活动对安全的“破坏作用”或消极影响，这些都不利于安全学科研究的深化。①

社会安全治理现代化建设领域的研究现状，进一步凸显了加强社会安全治理现代化研究的紧迫性，这也引导并促使本研究坚定选择战略视域的研究视角，创新运用战略管理和战略思维的理论方法，对社会安全治理现代化建设进行溯源式、系统性和创新性探究。

## 二、社会安全治理现代化建设研究综述

社会安全治理现代化是国家治理现代化建设的重要内容，是社会安全治理升级发展并努力达到和实现的总目标。全面理解国家治理现代化、社会安全治理现代化的特定内涵，以及相互的联系和区别等，是本研究首先需要厘清的问题。

---

① 朱世伟:《论安全的社会属性》，载《中国安全学学报》2003 年第 9 期，第 14~19 页。

### （一）从国家治理现代化到社会安全治理现代化

#### 1. 关于国家治理现代化建设的基本观点

国家治理现代化具有特定的内涵。习近平总书记在党的十八届三中全会第二次全体会议上，首次全面界定了“国家治理体系”和“国家治理能力”的基本内涵。[①] 国家治理体系和治理能力是一个国家制度和制度执行能力的集中体现，两者是一个有机整体，相辅相成。国家治理体系是在党领导下管理国家的制度体系，包括经济、政治、文化、社会、生态文明和党的建设等各领域体制机制、法律法规的安排；国家治理能力则是运用国家制度管理社会各方面事务的能力，包括改革发展稳定、内政外交国防、治党治国治军等方面。这是目前关于国家治理现代化内涵的权威解读。高效、成熟、定型、高水平的国家治理体系，有利于国家治理能力的提升；而国家治理能力的不断提高，也有助于充实和完善国家治理体系。

从两者的辩证关系来看，周晓菲提出，“治理体系现代化”和“治理能力现代化”是结构与功能的关系、硬件与软件的关系。[②] 治理体系现代化主要是指处理好政府、市场、社会的关系，而治理能力现代化主要指把治理体系的体制和机制转化为一种能力，发挥其功能作用，提高公共治理能力。治理体系的现代化是治理结构的转型，是体制性“硬件”的更换，具有本质属性。只有治理体系实现了现代化，才能培养治理能力的现代化。同时，治理能力又反作用于治理体系，如果治理队伍的素质能力不强，治理技术应用水平不高，治理指挥调度机制不顺畅，则治理制度体系效果发挥将受到影响，对治理结果也会产生积极或消极的影响。

许耀桐、李景鹏将国家治理体系和治理能力现代化视为“四个现代化”之后的第五个“现代化”，认为国家主导的公共事务治理必须达到民主化、法治化、制度化、多元化，治理机制包含法治、德治、共治、自治，凸显国家治理现代化的改革战略目标对于经济社会发展和全面深化改革所具有的全局性指导

---

① 习近平：《切实把思想统一到党的十八届三中全会精神上来》，载《习近平谈治国理政》，外文出版社 2014 年版，第 90~91 页。

② 周晓菲：《从“管理”到“治理”一字之差，其内涵有何区别——专家解读“全面深化改革的总目标”》，载《光明日报》2013 年 12 月 4 日，第 4 版。

作用。[①②] 从国家治理现代化的目标维度来看，陈亮认为，国家治理现代化致力于实现公共利益的最大化与治理效能的最优化，前者指要以满足人民群众日益增长的物质文化需要为价值原则，追求社会总效益的最大化；后者指国家治理要注重质量与效率，在单位资源投入的基础上实现最大、最优产出。[③] 从核心任务来看，马振清和王勇军根据历史唯物主义的经济基础与上层建筑关系理论提出，国家治理现代化实质上就是使上层建筑适应当前生产力的发展要求和未来经济社会发展趋势，形成现代化的国家治理体系和国家治理能力。[④] 核心是正确处理并协调政府、市场和社会的关系，并实现三者之间的良性互动，达到经济发展、社会和谐与管理高效的整体目标。俞可平将国家治理现代化归结为公共权力运行的规范化，公共治理过程的民主化、法治化、效率提升以及中央与地方关系的协调化五个方面。[⑤] 戴长征认为，从本质上说，国家治理不同于任何单一方面的治理，譬如政治治理、经济治理、文化治理、社会治理及生态治理等，国家治理的本质表现在它具有最高层次上的根本性、长期性、前瞻性、全局性、统合性、普遍联系性、深刻性和复杂性。[⑥] 要从多个维度认识国家治理体系，从范围看包括政府治理体系、社会治理体系、市场治理体系，从内容看包括常态治理体系、特殊治理体系、危机治理体系，从过程看包括国家治理的规划和决策体系、国家治理的支持体系、国家治理的评估体系、国家治理的监督体系。王绍光等特别提出，要特别注意绝不能把现代化理解为西方化。[⑦] 在我国国情制度体系中，要回归治理的本源之意，即治理是“公共管理（包括治国理政）的方式、方法、途径、能力”，而且要在坚持“政府在政策制定过程中继续发挥关键作用”的前提下，发挥政府主导作用、市场和社会组织多元主体参与作用，“完善制度体系”“提高制度执行力”，而不能否定或弱化政府在治理中的主体和主导作用（角色）。

---

① 许耀桐：《国家治理现代化的若干认识》，载《民主与科学》2014 年第 2 期，第 6~8 页。

② 李景鹏：《关于推进国家治理体系和治理能力现代化——“四个现代化”之后的第五个“现代化”》，载《天津社会科学》2014 年第 2 期，第 57 页。

③ 陈亮：《国家治理现代化：理论诠释与实践路径》，载《重庆社会科学》2014 年第 9 期，第 35~42 页。

④ 马振清、王勇军：《国家治理现代化与正确处理政府、市场和社会的关系》，载《河北学刊》2016 年第 2 期，第 194~198 页。

⑤ 俞可平：《衡量国家治理体系现代化的基本标准》，载《北京日报》2013 年 12 月 9 日。

⑥ 戴长征：《中国国家治理体系与治理能力建设初探》，载《中国行政管理》2014 年第 1 期。

⑦ 王绍光：《治理研究：正本清源》，载《开放时代》2018 年第 2 期，第 153~176 页。

2. 关于国家治理现代化的评价标准研究

现代化的评价标准是国家治理现代化研究的重点内容。任何治理体系的选择、建构、运行和完善，都需要基于特定的思想观念、道德规范和价值体系支撑。长期以来，现代化评价形成了政治标准中心论、经济标准中心论、人文标准中心论、生态标准中心论等观点。俞可平从西方新公共治理理论出发提出，衡量一个国家的治理体系是否现代化至少包括公共权力运行的制度化和规范化、民主化、法治、效率、协调等。① 何增科基于组织体系、道德规范、手段方法提出，制度的执行力主要包括治理组织现代化、治理文化现代化、治理技术现代化等。②

3. 国家治理现代化与社会安全治理现代化

社会安全治理现代化属于国家治理现代化范畴，是国家治理体系的重要组成部分。一方面，要与国家治理现代化的发展要求同步实现社会安全治理现代化；另一方面，甚至要率先达到现代化水平并为实现国家治理现代化提供安全保障。在社会现代化条件下，社会安全治理的关键机理要素发生新变化，治理复杂度、挑战度上升，质量标准和效果标准进一步提高。因此，社会安全治理现代化要与国家治理现代化建设同向同行，服务国家的发展战略导向和统筹安排，适应我国前现代化、现代化、后现代化多阶段复合并存、发展不平衡不充分的实际。③ 是否有利于国家发展和国家治理现代化，是否有利于社会进步和社会安全治理现代化，是否有利于落实以人民为中心的发展理念，是判断社会安全治理现代化成功与否的关键。

### （二）社会安全治理现代化的基本内涵研究

1. 社会安全治理现代化的基本内涵

作为社会安全事业的重要组成部分，社会安全治理现代化的主要任务是适应社会现代化、国家治理现代化的整体要求，创新完善社会安全治理的制度供给，提高制度执行能力和治理绩效，服务国家安全战略和“平安中国”“法治

---

① 俞可平：《民主法治：国家治理的现代化之路》，载《民主与法制时报》2013 年 12 月 23 日，第 14 版。

② 何增科：《深化十大社会管理体制改革的具体构想》，载《北京行政学院学报》2010 年第 2 期，第 16~21 页。

③ 李培林：《改革开放四十年我国阶级阶层的变化》，载《社会科学评价》2019 年第 1 期，第 23~24 页。

中国”建设。和一般意义上的现代化的内涵本质一样，社会安全治理现代化的核心内容是服务于人的现代化，是以人的安全需求保障为中心的治理观念、治理体系、治理制度、治理机制的全面现代化。社会安全治理现代化要求社会环境更加安全稳定，法治环境更加公平正义，实体公正和程序公正兼得。另外，随着社会发展进步，社会民众的安全需求内涵也发生了重要变化，从自身的人身安全、财产安全转而更加关注社会安全、公共安全，从现实的、一时的安全转而追求更有预期、更可持久的安全。2019 年 5 月召开的全国公安工作会议提出，要使人民群众的安全感“更加充实、更有保障、更可持续”，这也是社会安全治理现代化建设实践需关注的重要内容。

目前，学界关于社会安全治理现代化尚无统一规范的权威定义。随着国家治理现代化的理论认识不断深入和建设实践不断深化，社会安全治理现代化在理论内涵和实践路径方面都有了基本参照。社会治理现代化包括社会治理体系现代化和治理能力现代化两个方面，所谓社会治理体系和治理能力的现代化，就是使社会治理体系制度化、科学化、规范化、程序化、精细化。① 杨述明认为，社会安全治理体系现代化的核心体现为以法治为根本导向的治理制度体系，包括以公平正义为导向的治理价值体系、领导体系、制度体系、运行体系、监督体系、评价体系。② 社会治理现代化就是促进社会治理体系制度化，促使社会治理主体（以政府为主导）运用“法治”思维而不是“人治”方法治理社会，提高政府治理社会的科学化水平，把中国特色社会主义的制度优势转化为治理社会的效能。③ 社会治理现代化主要指社会治理主体的现代化、治理方式的现代化、治理过程的现代化、治理基础的现代化、治理路径的现代化。④ 赵孟营认为“人的自由全面发展是社会治理现代化的主要动力和价值选择”。⑤ 陶希东综述认为，社会治理现代化是顺应国家乃至全球经济社会转型发展的历史进程，以最大可能地满足社会发展需求和供给民生福利为前提，社会

---

① 徐猛：《社会治理现代化的科学内涵、价值取向及实现路径》，载《学术探索》2014 年第 5 期，第 9~19 页。

② 杨述明：《现代社会治理体系的五种基本构成》，载《江汉论坛》2015 年第 2 期，第 57~63 页。

③ 赵建春、刘锋：《当前政府推进社会治理现代化的阻碍因素与政策选择》，载《学术论坛》2015 年第 8 期，第 37~41 页。

④ 童星：《论社会治理现代化》，载《贵州民族大学学报（哲学社会科学版）》2014 年第 5 期，第 21~27 页。

⑤ 赵孟营：《社会治理现代化：从政治叙事转向生活实践》，载《西北师大学报（社会科学版）》2016 年第 4 期，第 117~122 页。

治理理念、治理方式、治理机制、治理手段、治理能力、治理效果等从落后走向先进、从不成熟走向成熟定型、从低效走向高效的螺旋式进步的过程。[①] 在实践中面临的问题主要包括治理成本居高不下、社会力量比较弱小、社会共识缺乏等，而完善体制机制、凝聚社会共识、培育社会组织力量、注重社会参与等成为加强社会治理现代化建设的重要路径。

社会安全治理现代化的内涵本质相关主要观点如表 2-4 所示。

**表 2-4　社会安全治理现代化的内涵本质相关主要学术观点**

| 专家 | 年份 | 主要观点 |
|---|---|---|
| 高小平 | 2013 | 治理体系现代化主要是指处理好政府、市场、社会的关系，治理能力现代化指要把治理体系的体制和机制转化为公共治理能力。“治理体系现代化”和“治理能力现代化”是结构与功能的关系、硬件与软件的关系 |
| 习近平 | 2014 | 国家治理体系现代化是为党和国家事业发展、为人民幸福安康、为社会和谐稳定、为国家长治久安提供一整套更完备、更稳定、更管用的制度体系。治理能力现代化，就是要增强制度执行能力 |
| 童星 | 2014 | 主要指社会治理主体的现代化、治理方式的现代化、治理过程的现代化、治理基础的现代化、治理路径的现代化 |
| 赵孟营 | 2016 | 理性化的主体关系结构是社会治理现代化的标志 |
| 陈亮 | 2014 | 国家治理现代化的最终目标是实现公共利益的最大化与治理效能的最优化 |
| 赵建春、刘锋 | 2015 | 促进社会治理体系制度化，促使社会治理主体（以政府为主导）运用“法治”思维而不是“人治”方法治理社会 |
| 杨述明 | 2015 | 社会安全治理体系现代化的核心体现为以法治为根本导向的治理制度体系 |
| 马振清、王勇军 | 2016 | 核心是正确处理政府、市场和社会的关系，实现三者之间的良性互动 |
| 雷芳 | 2016 | 人的自由全面发展是社会治理现代化的主要动力和价值选择 |

① 陶希东：《新时代中国社会治理现代化的内涵、特征与路径》，载《治理现代化研究》2018 年第 3 期，第 77~83 页。

续表

| 专家 | 年份 | 主要观点 |
| --- | --- | --- |
| 王绍光 | 2018 | 在我国国情制度体系中，要回归治理的本源之意，在坚持“政府在政策制定过程中继续发挥关键作用”的前提下，注重发挥政府主导作用、市场和社会组织多元主体参与作用，“完善制度体系”“提高制度执行力”，最后实现治理现代化 |
| 陶希东 | 2018 | 社会治理现代化是指社会治理理念、治理方式、治理机制、治理手段、治理能力、治理效果等从落后走向先进、从不成熟走向成熟定型、从低效走向高效的螺旋式进步过程 |

注：笔者根据有关研究文献整理。

2. 社会安全治理现代化的理论界定

综上有关研究分析，笔者认为，社会安全治理现代化是社会安全治理升级发展的高级阶段，是以提升社会民众的社会安全感为绩效产出导向，以建立现代化社会安全治理制度体系、提升现代化社会安全治理制度执行力为中心，适应社会现代化情景条件要求的治理理念、治理机制、治理技术、治理模式、治理能力、治理文化等升级发展和不断创新的过程，以及在实现过程中所采用的各种手段方法的总和。

社会安全治理现代化建设的核心内容是，在现代社会情景条件下如何通过多元主体参与的制度设计、多维治理模式的协同效应建立与调适、多元化治理机制改革和社会文化创新凝聚，提高治理制度体系的建设水平和治理制度的供给能力和执行能力，提升社会安全治理的绩效水平，提高民众的社会安全感。从根本上来说，就是要创新社会安全治理体系，按照党和政府领导、培育、规范社会安全治理组织，社会安全治理组织配置社会安全资源的逻辑，深化社会安全治理体制改革，发挥社会安全治理组织在配置社会安全治理资源中的决定性作用。

具体到我国社会安全治理现代化的特色实践来说，要适应社会现代化、国家治理现代化的要求，以打造共建共治共享的社会安全治理格局为根本方向，以党委领导、政府负责、社会协同、民众参与、法治保障为基本体制，以社会化、法治化、智能化、专业化为核心路径，以专项治理与系统治理、综合治理、依法治理、源头治理相结合为基本方式，创新完善社会安全治理的制度供给，提高制度执行能力和治理绩效，推进落实国家总体安全战略和“平安中国”“法治中国”建设。

3. 社会安全治理现代化的属性分析

社会安全治理现代化是一个随着社会时代格局不断演变而呈现螺旋式上升的治理运动实践过程，具有特定的内在属性。

首先，社会安全治理现代化属于国家治理现代化范畴。社会安全治理现代化建设服务国家发展战略，与国家治理现代化改革同向同行。根据系统科学理论，国家现代化是国家整体系统的现代化，是国家整体系统结构和功能发展演进的过程，并通过系统各要素及其要素子系统的协同来实现。社会安全治理现代化既需要基于社会安全治理的发展实际，也需要遵循现代化的一般理论范畴和标准。

其次，社会安全治理现代化是一个不断完善的体系。社会安全治理现代化涉及各种主体、各种要素、各个层次以及相互之间的关系状态和演变机制等，要突出安全治理的制度体系供给和制度执行能力建设两个基本方面。

最后，社会安全治理现代化要基于社会变迁的具体情景。基于特定的社会发展阶段、历史文化条件、社会制度基础、社会需求类型等，以确定需求分析、目标设定、体制与机制设计、路径与方向安排等关键要素。适应我国前现代化、现代化、后现代化多阶段复合并存的实际，适应社会现代化发展过程不平衡不充分的现实，切合虚拟社会治理等特定领域要求、社会信息化和流动性增加等典型条件的实践应用需求。

## （三）社会安全治理现代化与社会转型研究

社会安全治理现代化建设的基本背景是从传统社会向现代社会的转型，从一种社会结构状态向另一种社会结构状态的目的性变化。社会安全治理的基本任务就是适应变化了的社会结构，相应匹配调整社会安全治理模式与治理方法，保证社会转型顺利实现。以社会结构为特征的社会重大变化，深刻影响社会安全治理的目标与取向。改革开放 40 多年来的经验表明，要注意经济与社会、文化、政治及生态之间的均衡发展，维持社会内部各个部分之间的均衡发展，防止出现“经济一条腿长、社会一条腿短”的问题。[①] 社会安全治理现代化建设要适应社会结构的快速转型，将社会治理寓于社会建设，应对经济从高速增长转变为高质量的变化，强化法治、德治、自治相结合的治理体系架构，

① 张翼：《社会转型与社会治理格局的创新》，载《社会科学评价》2019 年第 1 期，第 27~29 页。

提高治理现代化的水平。

社会安全治理向现代化转型升级的另一个重要领域是治理技术的发展和应用。没有信息化就没有现代化。纵观人类社会的发展历史，每一次重大技术变革都对社会产生深刻影响，改变社会的生产和运行方式，改变社会个体的沟通交流、消费生活方式，进而改变社会的结构，改变社会安全治理的机制和模式。基于社会学的传统观点，技术是社会变革的先导和驱动力量，改变了政府、市场、社会的联结和组织关系。治理技术现代化成为社会安全治理现代化的基本内涵，优化治理流程，拓展治理服务能力，推动治理向更多参与、更多包容、更多互动、更多个性化、更多主动应对的方向转变。治理技术的现代化，为社会安全治理现代化提供了根本保证，尤其是现代化信息技术的综合应用，对于治理决策的精准化、治理对策的多元化具有绝对性支撑作用。目前技术治理领域的突出问题是技术迭代的速度远远快于人们行为改变的速度，更加快于社会规则变化的速度，使技术携带的规则开始凌驾于人类社会规则之上，进而在技术与治理之间产生巨大张力。新技术的应用领域往往成为安全风险的多发区，成为安全治理的薄弱环节，人类社会同时面临技术治理和社会治理的挑战，由此带来市场与社会关系的失衡尤其值得注意。[①] 尽管人们的行为习惯、社会治理机制都在改变，社会发展在加速[②]，但技术快速迭代的后果依然是技术规则越来越多地成为引领或约束人们行为的规则，这是技术治理实践中应特别重视预防和改善的方面。

良好的社会包容性也是社会安全治理现代化实现的关键。社会包容性建设主要包括建立社会共识，提高社会体制的开放度，破除官本位制的藩篱给社会提供活力等。林卡认为，社会包容是社会形态的重要维度，强化社会的共识基础，为社会发展奠定价值认同，是进行治理现代化建设的重要基础。[③] 我国改革开放以来，社会结构日益开放，城乡二元体制不断被打破，特别是城乡流动使社会组织日益多元化，为社会个体提供了更大的社会空间和更多的选择机会，提升了社会包容的程度。[④]

---

① 陈介玄、邱泽奇、刘世定、司晓：《金融和技术变迁给治理带来哪些挑战》，载《社会科学评价》2019 年第 1 期，第 12~22 页。

② Hartmut Rosa & Jonathan Trejo-Mathys, *Soczal Acceleration*: *A New Theory of Modermzty* (New York: Columbia University Press, 2013).

③ 林卡：《中国社会发展的新时代与包容性发展》，载《社会科学评价》2019 年第 1 期，第 32~34 页。

④ 张忠法：《新常态下我国二元经济的改革与发展》，载《领导科学论坛》2016 年第 6 期，第 36~46 页。

### （四）社会安全治理现代化研究评述

社会安全治理现代化是社会治理、社会建设的发展目标、路径选择和实现方式，具有工具性意义，其根本目的是服务社会现代化和人的现代化。从我国社会安全治理现代化的实践发展和理论研究双重视角来看，一方面，学界对我国社会安全治理现代化的本土实践研究不足，鲜有研究探索我国社会安全治理现代化的典型条件与内在机理；另一方面，社会安全治理现代化的理论研究相对薄弱，尤其是跳出社会安全，基于大安全视野审视社会安全治理实践，将社会安全治理置于社会现代化广阔视域进行关联性研究较少，关于安全治理机理的量化实证分析也比较鲜见。综合已有相关研究可以看出，当前的研究具有以下特点：

首先，社会安全治理现代化理论研究处于起步阶段。目前，社会治理研究是热点领域，研究成果较多，但关于社会安全治理现代化建设的相关研究还相对较少。已有研究较多关注治理实践的目标导向，多是关于基本内涵属性的讨论分析、基于政策实践发展的结合性分析与阐释。

其次，社会安全治理现代化的理论分析存在薄弱领域。在理论研究方面，较少从社会安全治理与社会现代化的关联性角度进行分析，跳出安全看安全治理实践，基于现代化历史过程审视安全治理实践发展的研究较少。关注过程机理和内涵导向，聚焦现代化情景条件、现代化本质要求的学理性、机理性研究还不深入。关于社会安全治理现代化本源影响因素的探查和关联分析，关于治理活动过程的要素作用机理分析，关于治理协同效应形成机理等专业化深入分析比较薄弱。深入系统研究相关作用机理（如中介效应、调节效应等）的量化实证分析也比较少见。

最后，社会安全治理现代化的本土实践研究不足。我国在长期的社会安全治理实践中，经历了从社会管理到社会治理再到现代化升级发展的跃升，创造了社会治安综合治理、新时代“枫桥经验”等生动案例，在治理实践中逐步形成了独具特色的治理理念、治理体制机制、治理模式、治理路径等。这些经验和思想并不同于西方社会治理的传统观点，具有自我的本土性和创新性，但基于我国实践的中外社会安全治理的差异性、特色性分析较少，与政治制度、文化特征、社会发展进程等结合进行的深入关联分析还不充分，尚未形成社会治理现代化的中国话语体系等。①

## 三、社会安全治理现代化建设理论溯源

本研究的战略视域，重点在于战略思维对利益相关者理论、多中心协同治理理论和现代化理论的综合运用，即将上述理论纳入社会安全治理现代化同一理论框架，系统分析社会安全的本源影响因素、社会安全治理作用机理以及社会现代化情景条件下的安全治理等深层次作用机理。社会安全治理现代化的核心是社会安全治理参与主体的安全利益诉求表达，安全治理过程的互动协同，通过提升治理体系和治理能力，形成现代化机制模式的过程。利益相关者理论、多中心协同治理理论和现代化理论是本研究分析运用的主要基础理论，可以从本源分析、机理研究和对策探索方面为社会安全治理及现代化建设研究提供理论指导。

### （一）利益相关者理论

#### 1. 利益相关者理论内涵

利益相关者理论源于商业管理领域，发端于 20 世纪 60 年代，已经在经济学、管理学、社会学等领域获得了广泛应用。根据美国学者弗里曼（Freeman）的研究，利益相关者的定义具有广义和狭义两个层次。“广义的利益相关者指任何能够影响企业目标实现或可能受到企业目标实现影响的可辨认的组织和个人”“狭义的利益相关者是指企业为持续生存而需依赖的所有可辨认的组织或个人”。②③ 从利益相关者的本质来看，其基本特征包括利益相关者与企业存在契约关系，利益相关者向企业提供专用性资本，利益相关者与企业产生相互影响作用，利益相关者承担一定的企业经营风险等。

利益相关者理论与方法，与社会治理倡导的多主体参与、多维度互动思想一脉相承，为认识社会安全治理的主体类型和进行治理作用机理分析提供直接的理论支持；在治理实践中，指导形成基于社会安全利益视角探究共建（利益相关者的发现）、共治（利益相关者的参与）、共享（利益相关者的获得）的

---

① 陶希东：《新时代中国社会治理现代化的内涵、特征与路径》，载《治理现代化研究》2018 年第 3 期，第 77~83 页。

② 袁晓波：《企业预算管理研究——利益相关者方法》，载《会计之友（上旬刊）》2007 年第 12 期，第 10~11 页。

③ 林曦：《弗里曼利益相关者理论评述》，载《商业研究》2010 年第 8 期，第 66~70 页。

内在动力作用机制，从而构筑社会安全治理现代化的长效机制。

2. 利益相关者理论与社会安全治理的理论耦合性分析

尽管利益相关者理论源于并更多地被应用于商业管理领域，但是其治理目标、治理结构、治理动力等与社会安全治理具有高度耦合性①，能够为社会安全治理的目标分析、核心机理分析和动力分析提供理论支持。

第一，从治理目标来看，利益相关者理论具有利益最大化的诉求目标，具有明显的“实用主义”特征，利益相关者的管理目标注重“利益相关者至上”而非“股东至上”。而我国社会安全治理的目标是“全民安全利益共享”而非“政府权威至上”。在社会安全治理活动中，强调坚持“党委领导、政府主导”，其目标并非维护政府的权力和权威，而是与“社会协同、群众参与”有机结合，确保社会安全治理活动与社会发展运行相协调，获得社会安全水平的提升。从这些方面来看，两者具有耦合性。

第二，从治理机理来看，利益相关者理论发展经历了“利益相关者影响”(Stakeholder Influence)、“利益相关者参与”（Stakeholder Influence Participation）和“利益相关者共同治理”（Stakeholder Co-governance）的演进轨迹。② 各利益相关者从最初的施加影响到参与进而到深度参与共同治理，在治理过程中的地位和发挥作用不断增强。类似地，社会安全治理实践经历了管控、管理和治理的发展变化，治理主体的主动性、参与性和互动性不断强化，实现从被动到主动、单一到多元、单向到多维、浅层到深度的变迁③，深刻影响社会安全治理活动的作用机理和机制模式创新。

第三，从治理驱动力来看，无论是企业领域的管理活动，还是社会治理领域的安全治理活动，其根本发展动力都是“利益相关”和“利益最大化”。社会安全治理的根本目标是确保不同安全利益主体通过参与治理过程和活动，实现安全利益诉求的表达、互动和博弈，这是治理活动实施、激发参与动力的原动力。所有社会安全治理主体都有自身的利益需求，如政府作为社会安全治理的主导者，有维护社会稳定、维护政治地位等方面的利益需求；市场主体具有

① 周进萍：《利益相关者理论视域下“共建共治共享”的实践路径》，载《领导科学》2018 年第 3 期，第 4~7 页。

② 王身余：《从“影响”“参与”到“共同治理”——利益相关者理论发展的历史跨越及其启示》，载《湘潭大学学报（哲学社会科学版）》2008 年第 6 期，第 28~35 页。

③ Calton D, Werhane P. H, Hartman L. P & Bevan D, “Building Partnerships to Create Social and Economic Value at the Base of the Global Development Pyramid,” *Journal of Business Ethics*, No. 11 (2013: 721).

自利性、逐利性冲动，容易导致社会秩序、环境被破坏、收入分配不均引发冲突等潜在风险；社会民众（个体或群体）也有自利性，较关注自身权益而忽视对于社会公共事务的责任。

综合以上分析，利益相关者理论尤其是利益相关者共同治理理论，在治理目标、治理结构、治理动力等方面可以为社会安全治理现代化研究提供有力的理论支持。

3. 基于利益相关者共同治理理论视角的社会安全治理

社会多元和社会矛盾具有共生逻辑，多元化的社会矛盾产生于多层次的复杂需求，多元化的社会矛盾需要多元化的治理方式。相应地，参与利益博弈的主体具有多元性，通过博弈获得利益的需求呈现多样性特征。[①] 从利益相关者理论嵌入视角来看，我们不难发现，社会安全治理强调的“共建”“共治”“共享”都可以在利益相关方面找到结合点。例如，社会安全治理“共建”的关键在于发现和建立利益相关者网络，社会安全治理“共治”的关键在于高质量地促进利益相关者的治理参与、治理合作和治理创新，而社会安全治理“共享”的关键在于精准满足利益相关者的利益诉求，并将其转化为实际的利益获得。

第一，基于利益相关者共同治理视角的“共建”分析。共同治理视角下的利益相关者理论认为，任何一个组织的发展都与其不同利益相关者（组织内部和组织外部）的投入或参与密切相关，以实现各自的利益表达和利益维护。[②] “共建”的前提是要对众多的利益相关者进行识别和分类。根据美国学者米切尔（Mitchell）等在 20 世纪 90 年代后期提出的合法性（Legitimacy）、权力性（Power）和紧急性（Urgency）利益相关者主体分类框架，将利益主体分为确定型、预期型和潜在型三种类型。在不同的社会安全治理情景下，利益相关者及其共建的权责也不尽相同。在绝大部分社会安全治理过程中，政府是确定型利益相关者，对社会安全治理同时具有合法性、权力性和紧急性。社会组织是预期型利益相关者，具备合法性和紧急性，但是权力性较低。市场组织往往是潜在型利益相关者，具有合法性，但是权力性和紧急性相对较低。这一分类体

---

① 唐亚林、李瑞昌、朱春：《社会多元化、社会矛盾与公共治理》，上海人民出版社 2015 年版，第 20 页。

② 肖斌、张衔：《利益相关者理论的贡献与不足》，载《当代经济研究》2011 年第 4 期，第 22~26 页。

系为进行社会安全治理的共建实践提供了理论基础，主体特征如表 2-5 所示。

**表 2-5　基于利益相关者共同治理视角的社会安全治理主体特征**

| 利益相关者类型 | 利益主体特征 | 社会安全治理主体 | 具体特征 |
| --- | --- | --- | --- |
| 确定型利益相关者 | 同时满足合法性+权力性+紧急性 | 政府 | 合法性+、紧急性+、权力性+ |
| 预期型利益相关者 | 同时符合其中两个指标 | 社会组织 | 合法性+、紧急性+，权力性- |
| 潜在型利益相关者 | 符合其中一个指标 | 市场组织 | 合法性+，紧急性-、权力性- |

第二，基于利益相关者共同治理视角的“共治”分析。社会安全治理的“共治”要求各治理主体能够主动参与、充分协商、形成共识，建立“治理共同体”。共治的核心是对政府部门、社会组织、市场组织进行合理的角色分工、权责分配，搭建合作平台，激发参与意愿并提高参与能力，在技术、方法、组织与制度等领域进行创新①，形成“参与—合作—创新”的渐进过程，提高参与的有效性，提升治理活动的整体绩效。建立利益相关者优势互补的合作分工机制，对异质性作用进行甄别，克服劣势、发挥优势。需注意的是，“共治”仅是一种制度机制设计，并不必然产生最优的结果。共治过程要遵循参与原则、合作原则、竞争原则、责任原则，形成明确的合作规范与互动机制，避免出现“公地悲剧”“搭便车”“囚徒困境”“集体行动困境”等不利后果。

第三，基于利益相关者共同治理视角的“共享”分析。社会安全治理的最终目标是促进“共享”，满足利益相关者的安全利益诉求。这种利益诉求表现为健全的社会保障、安全的社会环境、稳定的经济收入、积极的社会心态、良好的社会诚信与社会凝聚力等。共享的关键在于进行公平合理的利益分配，平衡利益相关者的权利责任和安全利益要求，促进各利益相关者合作性博弈，形成可持续的动态保障。长远来看，利益相关者之间相互信任，基于长期的共同利益、共同价值观、道德观和沟通交流机制形成信任共同体，所有人都有合适的途径参与治理，利益表达和政治参与形式更加多样，所有人的合法权益得到

① Pierre J & Peters B G, *Governance, Politics and the State* (New York: St. Martin's Press, 200), pp. 32–33.

尊重与维护，社会治理结构更具包容性等，这些方面是共享得以最大化的关键。[①②]

综上所述，利益相关者共同治理理论深刻揭示了各个社会安全利益相关者之间的内在关联，深入揭示了社会安全治理的利益诉求、影响要素、作用机理，为建立和深化“共建”“共治”“共享”的治理机制提供理论支撑，并且能够为社会安全治理及其现代化建设提供直接的理论指导和借鉴。

### （二）多中心协同治理理论

#### 1. 多中心协同治理理论内涵

多中心协同治理是针对一定社会领域的公共问题或公共事务，国家、市场、社会和民众等多元治理主体参与治理过程，并发挥相互之间的协同作用，形成治理协同效应，进而实现治理目标的过程。[③] 经历了以政府治理为核心、社会治理为核心的治理阶段，协同治理理论代表了治理理论的最新发展。多中心协同治理既强调治理主体的多元性、多元主体的可替代性，更强调建立多主体间基于治理过程的同向协同效应，这一核心观点为社会安全治理机制优化及其现代化建设提供了关键的理论指导。

第一，关于多元治理主体之间的关系。多中心协同治理的主体之间是合作协同关系，重视发挥每一类参与主体的功能作用。该理论认为，不同治理主体的能力存在差异、发挥作用不同，但不过于强调或重视某一治理主体的作用，而忽略或轻视其他治理主体的作用。依赖多个社会安全治理主体而非单一的政府（或市场）治理主体参与公共事务治理，使公共事务得到充分、合理和有效的处理，并保持可持续性。[④⑤⑥] 多元治理主体主张破除国家中心主义、市场中

---

① 王琦：《利益相关者治理下的企业社会责任形成机理研究》，载《西南政法大学学报》2018 年第 8 期，第 119~126 页。

② 周进萍：《利益相关者理论视域下“共建共治共享”的实践路径》，载《领导科学》2018 年第 3 期，第 4~7 页。

③ 熊光清、熊健坤：《多中心协同治理模式：一种具备操作性的治理方案》，载《中国人民大学学报》2018 年第 3 期，第 145~152 页。

④ WallisA，“The Third Wave：Current Trendsin Regional Governance，” *National Civic Review*，no 83（Mar 1995）：290–310.

⑤ SwanstromT，“Philosopher in the City：The New Regionalism Debate，” *Journal of Urban Affairs*，no 17（Mar 1995）：309–310.

⑥ Hamilton D. K，Miller D. Y. & Paytas J，“Exploring the Horizontal and Vertical Dimensions of the Governing of Metropolitan Regions，” *Urban Affairs Review*，No. 40（Feb 2004）：147–182.

心主义、社会中心主义等单一主体、单一治理模式思维，不主张仅根据治理主体力量的强弱对其治理能力排序。

第二，关于竞争与协同的关系。各类主体之间的竞争与合作，是协同治理的两种主要方式。当今社会的激烈竞争是导致民众感到不安全的一个重要原因，也是社会安全治理需面对的挑战因素。① 多中心协同治理理论重视协同，但并不排斥竞争，而是尊重适度的竞争，注意避免因片面强调竞争带来的环境破坏、贫富差距加大等社会问题。② 不同社会子系统或者治理主体之间通过协同形成正向协同效应，实现共同行动、耦合结构和资源共享，发挥整体大于部分之和的功效，弥补政府、市场和社会单一主体治理的局限性。③

第三，关于形成协同效应的观点。社会安全治理作为一种社会现象和社会过程，协同效应强调各个治理主体在治理过程中强化内部各要素之间的协同、各治理主体之间的协同，发挥所有治理主体（也是安全利益诉求主体）的积极性，调动资源与力量参与治理过程，深化相互合作、协调、竞争、博弈，从无序走向有序，推动社会安全治理活动有序开展，从而降低治理成本，提高治理效果。需注意的是，协同治理的核心要义并不在于主体的多元化，而是在于主体之间的职能定位、模式架构、角色扮演等关键内容的协同效应关系。但目前关于协同效益建立方面的研究揭示尚不够充分。

2. 多中心协同治理理论与社会安全治理的理论耦合分析

第一，从协同思想到协同治理。协同理论最核心的是推动形成协同效应，实现社会活动从无序转变为有序或从低级有序转变为高级有序。协同学理论由联邦德国物理学家赫尔曼·哈肯（Hermann Haken）于 20 世纪 70 年代创立，并提出了序参数、涨落和自组织等核心概念，关注协同的行为与状态，对于自然领域和社会领域均具有指导意义。④ 在战略学研究中，协同强调不同部分之间相互匹配的理想状态，达到资源最优化和整体功能的放大，关注协同的实现结果。⑤

---

① 胡三嫚、李中斌：《企业员工工作不安全感的实证分析》，载《心理学探新》2010 年第 2 期，第 79~85 页。

② 李汉卿：《协同治理理论探析》，载《理论月刊》2014 年第 1 期，第 138~142 页。

③ 胡颖廉：《推进协同治理的挑战》，载《学习时报》2016 年 1 月 25 日，第 5 版。

④ 李辉：《协同型政府：理论探索与实践经验》，新华出版社 2014 年版，第 58 页。

⑤ ［美］安德鲁·坎贝尔等编著：《战略协同》（第二版），任通海等译，机械工业出版社 2000 年版，第 3 页。

协同治理理论兴起于20世纪90年代，是将自然科学中的协同论和社会科学中的治理理论结合形成的交叉理论。协同治理从协同学的角度去研究社会治理活动，考察在治理过程和治理体系中多元治理主体之间的协同效应及其影响。治理理论的核心特征是“协同”，治理主体多元化，所有利益攸关者共管共治、共同制定治理规则，重在提升各子系统的协同性、自组织间的协同度等。从全球范围来看，协同治理研究的兴起，在一定程度上是政府治理绩效不彰、公民社会不断壮大、公民民主意识能力不断增强、电子政务日益发展等多种因素综合作用的产物。[①②③]

协同治理是现代国家治理从治理走向善治的必经途径。与经济学家推崇市场化、政治学家推崇民主化、法学家推崇法治化不同，公共管理学家将社会治理看作所有利益相关者共同参与、协同行动、责任共担的过程，具有广泛协同治理的基础，主要特点包括所有利益相关者共同参与、权力和权利协调、政府与社会合作、政府与社会组织良性互动、对公共事务共管共治等。[④] 一般地，协同治理指在既定的范围内，政府、经济组织、社会组织和社会民众等以维护和增进公共利益为目标，在政府主导下，以既存的法律法规为共同规范，通过广泛参与、平等协商、通力合作和共同行动，共同管理社会公共事务的过程以及所采用方式的总和。[⑤]

第二，从协同治理到多中心协同治理。多中心协同治理将多中心理论与协同学统合起来并运用到社会治理领域，消除了单一中心治理的局限性，解决了治理主体多元化的理论基础问题。

多中心协同治理理论是在“多中心”概念基础上发展而来。英国学者迈克尔·博兰尼（Michael Polanyi）1951年在《自由的逻辑》一书中提出“多中心”（Polycentricity）概念，认为社会的自发秩序体系通过体系内多中心要素相互调整而自发实现。20世纪70年代，美国学者埃莉诺·奥斯特罗姆（Elinor Ostrom）与文森特·奥斯特罗姆（Vincent Ostrom）夫妇将“多中心”概念引

---

① Bartley T，“Institutional Emergence in an Era of Globalization：The Rise of Transnational Private Regulation of Labor and Environmental Standards，” *American Journal of Sociology*，No. 13（2007）：297.

② 刘伟忠：《我国地方政府协同治理研究》，山东大学2012年博士学位论文，第1~24页。

③ Green J. F，*Rethinking Private Authority*：*Agents and Entrepreneurs in Global Environmental Governance*（Princeton，NJ：Princeton University Press 2014）.

④ 燕继荣：《社会资本与国家治理》，北京大学出版社2015年版，第201~210页。

⑤ 李汉卿：《协同治理理论探析》，载《理论月刊》2014年第1期，第138~142页。

入公共事务治理研究领域，研究公共事务治理的“多中心”问题，强调自主组织与自主治理在公共事务治理中的重要性，认为公共事务治理应摆脱政府或市场单一中心的治理方式，建立政府、市场、社会三维架构的“多中心”模式，避免市场失灵或政府失灵。多中心理论在多中心体制与制度安排上与人类社会的复杂性相适应，强调制度的自发秩序、复合层级、单元交叉，形成复杂的适应性系统。①

在多中心协同治理的框架下，国家和社会两个治理主体的关系尤其值得重视。已有研究认为，国家代表了统合性力量，社会代表了自主性力量，两者结合的强弱构成形成“强国家—强社会”“强国家—弱社会”“弱国家—强社会”“弱国家—弱社会”四种作用类型，体现了社会结构发挥功能作用的程度，反映了国家的治理水平和社会现代化水平。②③

第三，多中心协同治理理论的启示。协同治理有助于治理效果的改善，从而促进社会协同发展。

首先，要更新对多元治理主体之间关系的认识。社会有序状态的形成在于一个微小的力量，有序状态的破坏也在于一个微小的力量。任何一个治理主体的任何弱小的力量都可能发挥极端关键的作用，也不能根据治理主体力量的强弱对其治理能力进行排序。因此，要破除国家中心主义的治理模式、市场中心主义的治理模式、社会中心主义的治理模式、公民个人中心主义的治理模式的单一主体、单一模式思维。

其次，要正确认识竞争。协同治理理论尊重竞争，更强调不同子系统或者行为体的协同，以发挥整体大于部分之和的功效，这对于克服和解决因片面强调竞争带来的环境破坏、贫富差距加大等社会问题具有现实意义。④

最后，要注重形成协同效应。在社会安全治理过程中，注重发挥所有治理主体、安全利益诉求主体的作用和积极性，强化治理主体内部各要素之间的协同，以及各治理主体之间的协同，调动各个治理主体拥有的资源与力量参与治理过程，发挥其在复杂公共事务中的协同治理作用，从而形成同向的协同效

---

① 王亚华主编：《增进公共事物治理：奥斯特罗姆学术探微与应用》，清华大学出版社 2017 年版，第 136 页。

② 燕继荣：《协同治理：社会管理创新之道——基于国家与社会关系的理论思考》，载《中国行政管理》2013 年第 2 期，第 58~61 页。

③ 燕继荣：《社会资本与国家治理》，北京大学出版社 2015 年版，第 203~205 页。

④ 李汉卿：《协同治理理论探析》，载《理论月刊》2014 年第 1 期，第 142 页。

应，降低治理成本，提高治理效果。

需要注意的是，协同治理的核心要义并不在于主体的多元化，而是在于主体之间职能定位、模式架构、角色扮演等关键内容组成的协同效应关系，然而这方面的研究揭示尚不够充分。

### （三）现代化理论

社会安全治理现代化是在现代化理论指导下实现社会安全治理创新升级的过程。现代化理论对于理解社会安全治理现代化、推进社会安全治理现代化实践具有重要理论指导意义。

1. 现代化的一般理论观点

第一，如何理解现代化。现代化（Modernization）是内涵极其丰富的概念术语，多用来描述一种社会变迁的过程。作为一个历史性、世界性的概念，现代化构成了数百年来世界各国社会变革与发展的基本趋向，它既是自工业革命以来，人类社会由传统农业文明向现代工业文明转变的历史过程，[①] 也集中反映了人们对工业化、城市化，乃至识字率、教育水平、富裕程度、社会动员程度等各方面理想形态的规定，是一个革命进程。[②] 就学界既有研究而言，“现代化”一词通常指代两种意涵：一是“过程概念”，即人类从传统社会向现代社会的转变历程；二是“状态概念”，即人类对经济、政治、文化、社会、生态各方面理想状态的构想和定位。[③] 按照经典现代化的理论观点，现代化指自 18 世纪 60 年代工业革命以来从传统经济向现代经济、传统社会向现代社会、传统政治向现代政治、传统文明向现代文明等经济社会变迁的过程。[④] 现代化反映科学技术在生产过程中广泛应用而带动社会生产力巨大发展以及社会经济结构发生的根本转变，具有“工业化”“城市化”“教育普及化”与“政治民主化”等特征，“是人类历史上最剧烈最深远，并且显然是已不可避免的社会革命”。[⑤] 人们将这段历史进程发生之前的社会称为“传统社会”，将此后的社会

---

① 罗荣渠：《“现代化”的历史定位与对现代世界发展的再认识》，载《历史研究》1994 年第 3 期。

② ［美］亨廷顿：《文明的冲突与世界秩序的重建》，周琪等译，新华出版社 1998 年版，第 47、48 页。

③ 张亚光、毕悦：《中国式现代化的百年探索与实践经验》，载《管理世界》2023 年第 1 期，第 41~55 页。

④ 孙涛：《我国农村城镇现代化标准初探》，载《乡镇经济》2005 年第 4 期，第 27~30 页。

⑤ ［美］吉尔伯特·罗兹曼著：《中国的现代化》，国家社会科学基金“比较现代化”课题组译，江苏人民出版社 2010 年版，第 4~7 页。

称为“现代社会”，并将从“传统社会”向“现代社会”转变的过程称为“现代化”。

现代化在社会的经济、政治、社会、文化方面表现出特定发展阶段特征。例如，在经济方面，工业和服务业占据绝对优势；在政治方面，普遍采用理性化和世俗化的程序制定政策和作出决策，并以法律为基础；在社会方面，各组织间的专业化程度和相互依赖程度高，人口向大城市集中，社会流动率高，科层制普遍应用；在文化方面，强调理性主义、个性自由、效率至上、功能至上等。[①] 现代化涵盖社会各个要素以及社会发展的各个层面，经济发展是物质层面，政治发展是制度层面，而思想与行为模式则是社会深度层面。现代化既包括国家的现代化、社会的现代化、人的现代化，也包括教育、科技、农业、军事等特定领域的现代化。

英国社会学家安东尼·吉登斯（Anthony Giddens）在《现代性的后果》一书中强调，制度变化在现代化进程中具有决定性意义，认为现代化包括人类思想和行为在各个领域变化的多方面进程。钱乘旦基于全球视域对现代化进程进行理论分析时提出，现代化意味着对社会进行全方位的调整，意味着社会的整体变化，至少包括建立现代国家、发展现代经济、建设现代社会三个方面，并且这些领域之间既相互衔接又彼此重叠。[②]

现代化是充满不确定性的，并不完全意味着理想境界的出现，有时它会带来更多问题、更大挑战。例如，19 世纪英国在实现现代化发展过程中就出现过严重社会问题，贫富分化、阶级对立、环境污染、道德败坏、治安情况恶化、人际关系淡漠，原有的社会治理模式明显失效，传统价值体系迅速瓦解，国家的社会功能不足以应对层出不穷的严重问题。

第二，中国式现代化的特色内涵与实践要求。2021 年，习近平总书记在庆祝中国共产党成立 100 周年大会上指出：“我们坚持和发展中国特色社会主义，推动物质文明、政治文明、精神文明、社会文明、生态文明协调发展，创造了中国式现代化新道路，创造了人类文明新形态。”这为我们理解和剖析中国式现代化提供了一个“文明新形态”的崭新视角。[③] 在党的十九届五中全会上，习近平总书记深刻阐明了中国式现代化的五大特征：“我国现代化是人口规模

① 谢立中：《论中国特色社会主义现代化》，载《学习与探索》2018 年第 5 期，第 1~12 页。

② 钱乘旦：《从全球视阈看现代化进程》，载《人民日报》2017 年 11 月 22 日，第 7 版。

③ 董志勇：《中国式现代化开创人类文明新形态》，载《光明日报》2021 年 8 月 9 日，第 2 版。

巨大的现代化，是全体人民共同富裕的现代化，是物质文明和精神文明相协调的现代化，是人与自然和谐共生的现代化，是走和平发展道路的现代化，这是我国现代化建设必须坚持的方向。”党的二十大报告指出，中国式现代化的本质要求体现为9个方面，即“坚持中国共产党领导，坚持中国特色社会主义，实现高质量发展，发展全过程人民民主，丰富人民精神世界，实现全体人民共同富裕，促进人与自然和谐共生，推动构建人类命运共同体，创造人类文明新形态”。

从全面建成小康社会到基本实现现代化、把我国建成社会主义现代化国家，到全面建成社会主义现代化强国，是以习近平同志为核心的党中央对推进新时代社会主义现代化建设作出的新的顶层设计。中国式现代化是工业化、信息化、城镇化、农业现代化叠加发展的现代化，是一项复杂而又巨大的系统工程，对创新现代化发展进程具有重要启示意义。作为一个极具综合性的学理概念，中国式现代化又必然与实现共同富裕、建设现代化经济体系、全面建成小康社会等国家重大战略或目标发生密切联系。

中国式现代化新道路，归根结底是一条现代化新路。从创新意义上来说，中国式现代化摒弃了西方现代化所遵循的生产力发展单纯服从于资本的逻辑，摒弃了西方以资本为中心的现代化、两极分化的现代化、物质主义膨胀的现代化、对外扩张掠夺的现代化老路，既实现了对西方现代化理论的超越，又丰富和发展了马克思主义发展理论。习近平总书记在学习贯彻党的二十大精神研讨班开班式上发表重要讲话时指出，“中国式现代化蕴含的独特世界观、价值观、历史观、文明观、民主观、生态观等及其伟大实践，是对世界现代化理论和实践的重大创新。”“中国式现代化，打破了‘现代化=西方化’的迷思，展现了现代化的另一幅图景，拓展了发展中国家走向现代化的路径选择，为人类对更好社会制度的探索提供了中国方案。”

第三，社会现代化的标准研究。社会现代化的评价标准是现代化的重要研究领域。美国社会学家英格尔斯（Alex Inkeles）1983年在北京大学社会学系演讲时提出社会现代化的11个指标，主要包括人均国民生产总值3000美元以上，农业产值占国民生产总值比例低于15%，服务业产值占国民生产总值比例45%以上，非农劳动力占劳动力比例70%以上等，[①] 这是较早关于社会现代化标准

① 孙立平：《社会现代化》，华夏出版社1988年版，第24~25页。

的研究观点。国家统计局等部门于 20 世纪 90 年代联合制定了《全国人民小康生活水平的基本标准》，设计了包括经济发展水平、物质生活水平、人口素质、精神生活、生活环境在内的 5 大类 16 项指标，为当前构建和完善现代化的新型指标体系提供了参照。许耀桐认为，“现代化”指从农业社会转型为工业社会的变迁过程，表现为手工劳动转向机器操作、自然经济转向市场经济、社会固态转向社会流动、信息封闭转向信息传播、习俗惯例转向规章制度、保守单一转向开放多元、乡村分散转向都市集中、文盲转向知识、愚昧转向科学、人治转向法治、专制转向民主等方面，概括为机械化、信息化、科技化、市场化、社会化、城镇化、知识化、民主化、法治化、制度化、多元化等①。孙涛研究提出，社会现代化具体包括居民家庭收入水平的恩格尔系数、社会保障覆盖率、居民收入的基尼系数，以及每万人拥有医生数、婴儿死亡率、人口平均寿命等可比较指标。② 这些研究观点形成了关于现代化的立体观，揭示了现代化在不同政治、经济、文化、法治等领域的变革要求。

第四，基于国际比较的现代化。现代化是人类社会的最新形态和发展趋势，秦刚认为，社会主义与现代化都是世界性的历史进程，是人类社会文明进步的重要标志。③ 根据中国科学院中国现代化研究中心的观点，现代化既是一个世界现象、一种文明进步，还是一个发展目标，一种追赶、达到和保持世界先进水平的国际竞争。④ 现代化现象大致起步于 18 世纪，拓展于 19 世纪，流行于 20 世纪和 21 世纪，现代化的内涵和特征也在发展变迁中发生了巨大变化。目前，世界上绝大多数国家都在自觉或不自觉地经历某种现代化过程，都直接或间接地把实现现代化作为发展目标。⑤ 西方国家率先进入现代化社会，但现代化不等于“西方化”，没有“标准的”“唯一正确的”现代化模式。任何国家的社会现代化过程都是现代化普遍特征与本国的历史文化有机结合的产物，每个国家实现现代化既要借鉴其他国家的成功经验，又要在实践中探索适合自己的道路。需注意的是，现代化并非一种价值判断，不必然代表着先进的理念或价值。社会现代化的关键不是别的而是人的现代化，并且无论哪一方面

① 许耀桐：《国家治理现代化的若干认识》，载《民主与科学》2014 年第 2 期，第 6~8 页。

② 孙涛：《我国农村城镇现代化标准初探》，载《乡镇经济》2005 年第 4 期，第 27~30 页。

③ 秦刚：《社会主义是当代中国实现现代化的成功之路》，载《求是》2018 年第 2 期，第 41 页。

④ 何传启：《如何成为一个现代化国家》，载《世界科技研究与发展》2018 年第 2 期，第 5~16 页。

⑤ 何传启：《现代化强国建设的路径和模式分析》，载《中国科学院院刊》2018 年第 3 期，第 274~283 页。

的现代化，均以实现和服务人的现代化为前提和归宿。[①]

2. 现代化理论与社会安全治理

第一，社会安全治理要适应和服务社会现代化发展。现代化实践尤其是社会现代化发展，对社会安全治理具有深刻影响。美国当代政治学家亨廷顿在《变革社会中的政治秩序》一书中提出“现代性产生稳定，但现代化过程却会引起不稳定”的著名命题。[②] 例如，英国19世纪的现代化发展过程中出现了严重的社会问题，如贫富分化、环境污染、道德败坏、治安情况恶化、人际关系淡漠等，传统的社会价值体系瓦解，原有的社会治理模式失效，国家的社会功能不足以应对现代化转型中的各种挑战。

世界各国现代化的经验表明，当城镇化率处于50%上下的时候，是现代化转型最为艰巨的时期。[③] 截至2022年，我国常住人口城镇化率为65.22%，9.21亿人口在城镇工作生活，上海、北京、天津的城镇化率均已超过85%，社会安全治理要为实现一条既充满活力又保持秩序的现代化转型之路而服务。现代化的发展指向充满了不确定性，并不意味着理想境界的必然出现，有时会带来更多问题、更大挑战。现代化过程还表现为一个“选择”复杂性不断增加的过程，包括最优机制的选择和最优主体的选择，对“选择”的组织成为现代化治理理论的核心，涉及现代化动力机制、治理模式、优先序的选择等。[④]

第二，我国社会安全治理现代化的实践探索。过去100多年来，我国积极推进具有中国特色的现代化实践。特别是新中国成立以来，我国的现代化实践从经济上的“一化”（工业化现代化）、“四化”（农业、工业、国防和科学技术现代化），发展到强调“富强、民主、文明”（政治、经济、文化的三位一体），再到“富强、民主、文明、和谐”（政治、经济、文化、社会的四位一体），进而到党的十九大确定的“富强、民主、文明、和谐、美丽”（政治、经济、文化、社会、生态文明的五位一体），这一历史过程遵循了世界范围内现代化的普遍规律及中国现代化的特殊规律，体现了中国特色现代化目标的横

① 高清海、余潇枫：《“类哲学”与人的现代化》，载《中国社会科学》1999年第1期，第70~79页。

② ［美］塞缪尔·亨廷顿：《变革社会中的政治秩序》，李盛平、杨玉生等译，华夏出版社1998年版，第51~57页。

③ 李强：《中国特色社会学的形成与发展（构建中国特色哲学社会科学）》，载《人民日报》2019年5月20日，第13版。

④ 朱四海：《国家治理现代化理论发凡》，载《改革》2014年第9期，第135~146页。

向协调。[①] 改革开放以来，我国用了 40 多年的时间，实现现代化的历史性跨越，同时也承受着快速工业化与城市化的冲击对社会安全治理带来的挑战。

2013 年，党的十八届三中全会将“完善和发展中国特色社会主义制度、推进国家治理体系和治理能力现代化”作为全面深化改革的总目标，并提出到 2020 年形成“系统完备、科学规范、运行有效的制度体系，使各方面制度更加成熟更加定型”。2017 年，党的十九大着眼进一步推动全方位的现代化，作出分两步走，在 21 世纪中叶建成富强、民主、文明、和谐、美丽的社会主义现代化强国的战略安排，丰富和发展了我国现代化建设的战略思想，破除了可能产生的“2020 年全面深化改革大功告成”的片面理解，也避免将 2020 年全面深化改革的阶段性要求等同于全面深化改革的全部内容，降低国家治理体系和治理能力现代化的标准，防止犯急于求成的错误。[②]

综上分析，现代化是当代社会发展的鲜明特征，具有不同的国情特色和发展阶段特征。中国式现代化开创了人类文明新形态，体现了“中国之治”的综合优势和独特模式，揭示了经济社会长期保持高速发展、安全稳定两大治理奇迹的独特动力，为社会安全治理现代化建设提供了根本保障。现代化理论提升了社会安全治理现代化研究的战略视野，将社会安全治理现代化统一到全面深化改革的总体目标要求，统一到现代化强国建设，统一到中国式现代化建设和“中国之治”的历史进程中，为研究社会安全治理现代化的核心内涵、典型特征、关键动力、影响因素等提供了理论指导。

## 四、本章小结

本章的文献研究部分，从社会安全治理的内涵演进、社会安全治理主体和利益相关者分析、社会安全治理的创新实践与典型模式、社会安全治理的影响因素与评价实践等方面，进行了较为系统的研究综述。研究发现，社会安全治理是理论界长期关注的重要领域，相关理论与实践研究丰富且近年来进一步得到加强，呼应并反映了国家治理现代化的最新实践。存在的一些薄弱领域主要包括基于战略视域和主观性社会安全心理因素的研究，以及对社会安全治理作用机理深入分析的量化实证研究等。

---

① 宋吉玲：《中国特色现代化理论体系研究》，陕西师范大学 2007 年博士学位论文，第 12~30 页。

② 郭强：《开启新时代全面深化改革新征程》，载《求是》2018 年第 3 期，第 21 页。

本章的战略视域理论溯源部分，重点从安全利益相关者、多中心治理参与者、协同治理和协同效应以及社会现代化理论出发，结合社会安全治理实践进行系统的理论梳理。

本章获得了一些比较有意义的研究发现：

首先，树立社会安全“互动建构”的指导理念。安全的哲学观从传统以风险等客观属性为基点的“威胁论”，转变为以认同等主观属性为基点的“建构论”，强调社会安全治理活动的主体间的互动建构。在传统研究的概念体系中，往往把社会安全视为社会的消极因素、威胁因素、被控制因素，在社会安全治理中形成固化的对立思维。而战略视域和治理视角下的社会安全研究将社会安全作为社会系统的基本要素和客观存在，强调通过行为主体间的社会互动共建，实现安全、达到动态平衡。这种安全哲学观的转变对于社会安全治理研究具有先导性和根本性影响，并且为社会安全治理提供了安全哲学的理论基础，为社会安全治理的主体参与提供了理论基础。

其次，把握社会安全治理研究注重“主观化感知”的新趋势。安全治理的研究从注重客观属性的“安全性”研究转向注重主观属性的“安全感”、互动属性的“安全化”转变，注重参与、话语、认同等心理因素和互动、协同、建构等过程属性，强调社会安全治理现代化最终要回归服务人的现代化等，这些理论观点与郑杭生先生提出的社会互构论所强调的“多元性参与”“互构共变”等具有融合互构性。这既为治理研究提供了社会安全心理因素基础、参与的理论基础，也为贯通客观安全性和主观安全感研究提供了理论支持。

最后，提倡积极社会安全实践观。社会安全治理既要面向社会问题的过程性治理和结果性治理，更需要预防性、源头性应对。通过加强社会保障，消除社会安全产生的隐患因素，推行积极的社会安全治理实践，以实现理想的社会安全治理效果。通过建设强有力的社会保障体系以实现积极的可持续的社会安全，推进基于“共建共治共享”的安全共同体、利益共同体、治理共同体和信任共同体建设，探索社会安全治理现代化的多元化机制和模式等，是从根源上治本式提升社会安全治理现代化水平的朴素启示。

# 第三章

# 社会安全的本源影响因素及其作用机理

社会安全是社会发展的基本保障，是社会建设水平和运行健康程度的直接体现。实现社会安全有序、提升社会治理现代化水平、达到长治久安，是社会治理追求的重要价值目标。实现社会安全治理及其现代化，是国家治理能力现代化建设在安全领域的重要体现，是贯彻落实党的十九大、二十大战略部署特别是新时代中国特色社会主义思想和高质量发展要求的重要举措，是贯彻落实"总体国家安全观"和大安全时代国家安全战略的重要内容。

社会安全的影响因素是与社会发展伴生的，是永恒存在、客观存在、动态变化的，在客观上发挥着促进社会发展的原始动力作用。按照传统的安全研究范式，社会安全属于非传统安全，是重要而基本的社会公共品。一个良好运行和发展的社会，首先是安全的、有秩序的，并充满发展活力的。社会安全治理的核心任务，就是要消除不安全因素，提高人民群众的社会安全感。党的十九大报告提出，中国特色社会主义进入新时代，要贯彻以人民为中心的发展思想，将增强人民群众的获得感、幸福感、安全感作为一切工作的出发点，完善党委领导、政府负责、社会协同、公众参与、法治保障的社会治理体制，提高社会治理社会化、法治化、智能化、专业化水平，打造共建共治共享的社会治理格局。要深刻认识我国社会主要矛盾发生的历史性变化，主动适应人民群众在安全、法治、公平、正义等方面日益增长的新需要，不断提高人民群众的"获得感、幸福感和安全感"（也称"民生三感"），精练全面地概括了我国社会安全治理的本质诉求，也是本章研究的重心所在。

对社会安全的内涵本质、本源影响因素的探析和理解，是进行社会安全治理现代化研究的逻辑起点。实现社会安全治理现代化，推进社会安全治理的系统治理、依法治理、综合治理、源头治理，推进平安中国、法治中国建设，一个重要的维度就是从探究影响社会安全的本源性因素着手。可以说，识别社会安全的本源性影响因素，探究这些因素与社会安全水平之间的作用机理，为社会安全预测、预警、预防和治理提供理论支持和实践遵循，是社会安全治理实践实现源头治理、主动治理的重要前提。本章在第二章理论和文献回顾的基础上，重点基于战略视域下的理论逻辑，推导社会安全本源影响因素（公平感、获得感、秩序感）及其与社会安全水平之间的内在作用关系。在此基础上，进一步基于公平感、获得感、秩序感及其各自维度，提出与社会安全水平的作用关系假设。最后，在探索性因子分析和验证性因子分析的基础上，利用898个有效样本对研究假设进行实证检验，得出研究分析结论。

## 一、社会功能系统和社会安全的本源逻辑推导

### （一）社会安全感：总体社会安全水平的测量表达

安全感的概念多见于心理学理论，源于弗洛伊德的精神分析理论，指刺激程度超过个体能够接受外界刺激的上限后产生的创伤感和危险感等负面感知。美国著名心理学家马斯洛创立的“需求层次理论”，将安全的需要列为个体生理需求之上第二层级的心理需要，认为“安全感是一种心理活动状态，是一种从恐惧、焦虑和忧郁中脱离出来的信心、安全和自由的感觉”，甚至把人的整个有机体看作追求安全的机制。

社会安全与否，既表现为一种客观存在的现实和态势（社会安全程度），也表现为一种主观的认知和判断（社会安全感知水平），往往是由社会现象自身的高度复杂性和不确定性引起的。社会安全感是对社会安全程度的感知和判断，是社会个体最基本、最普遍的生活体验。社会安全感具有普遍性、内隐性和利益诉求的敏感性，是幸福感、获得感的基础和前提。提升安全感是提高幸福感整体水平的有效途径，① 也是实现社会稳定的重要保障。随着已有研究不断深入，安全感的研究从心理学拓展到犯罪学、社会学、管理学等领域。维尔在《不安全时代》中提出，安全应涵盖社会与政治生活的个人、经济、社会、

① 张倩红、马献忠：《安全感直接影响“幸福指数”》，载《中国社会科学报》2015年3月6日。

政治和环境等领域。[①] 安全感同时具有心理学和社会学的双重属性，心理学取向的安全感是一种特质安全感，更加注重个人特质；社会学取向的安全感是一种状态安全感，更强调社会环境对个体安全感的影响。[②] 既要看到社会安全程度的客观性，又要重视个体对安全的主观体验，而这种体验会伴随着社会治安状况的好坏而变化。[③] 在西方学术研究中，安全感术语更多采用“Fear of Crime”，即犯罪恐惧感。[④][⑤]

社会安全感的相关研究重在从社会心理学、行为与心理关系等出发，揭示民众安全感的影响因素、作用机理和形成机制。以布赞、维夫、汉森为核心代表的哥本哈根学派将“安全”视为一个客观存在、主观感知并得到公开宣称的过程。公安部公共安全研究所[⑥]研究认为，社会安全感反映了社会民众对公共安全、社会秩序及人身财产安全等合法性权益受到可能侵害和受到保护程度的复杂心态。我国开展的历次大型社会调查结果均显示，刑事犯罪、治安案件等往往是影响公众安全感的主要威胁来源。[⑦] 王大为从个体外部和内部视角出发，认为民众安全感不仅受来自社会治安状况的影响，也与个体精神状态、生理特质以及生活经验有关。[⑧] 罗文进提出，广义的安全感既包括社会治安方面的安全感，也包括自然灾害、军事战争、食品安全等领域；狭义的安全感通常指社会治安安全感，指人们对特定时期社会治安情况的感知和评价，反映对公共安全、公共秩序以及对自身人身、财产安全产生的信心和自由。[⑨] 社会安全的影响因素是多样、多源和多变的，社会安全感一方面来自社会民众的亲身经历和

---

① Vail J, *Insecure Times: Conceptualising Insecurity and Security. in Insecure Times: Living with Insecurity in Contemporary Society*. Eds by J. Vail, J. Wheelock and M. Hill (London and New York: Routledge. 1999).

② 俞国良、王浩：《社会转型：国民安全感的社会心理学分析》，载《社会学评论》2017 年第 5 期，第 11~20 页。

③ 姚本先、汪海彬：《整合视角下安全感概念的探究》，载《江淮论坛》2011 年第 5 期，第 149~153 页。

④ Hale C, “Fear of Crime: A Review of the Literature,” *International Review of Victimology*, No. 4 (Feb 1996): 79-150.

⑤ 王大为、张潘仕：《关于安全感问题研究的综述与构想》，载《青少年犯罪研究》1997 年第 5 期。

⑥ 公安部公共安全研究所：《你感觉安全吗?》，群众出版社 1991 年版，第 22 页。

⑦ 胡鞍钢、王磊：《社会转型风险的衡量方法与经验研究（1993~2004 年）》，载《管理世界》2006 年第 6 期。

⑧ 王大为：《中国居民社会安全感调查》，载《统计研究》2002 年第 9 期，第 23~29 页。

⑨ 罗文进：《安全感概念界定、形成过程和改善途径》，载《江苏警官学院学报》2004 年第 9 期，第 5~9 页。

感受，另一方面来自媒体的宣传报道和周边观察。① 从安全感的产生机理来看，当行为主体受“生存感”（物质利益诉求）、“归属感”（文化心理需求）与“历史感”（荣辱社会记忆）等变量驱动时，其不同的身份认同会引发不同类型的文化认同、民族认同、国家认同、政治认同，并由此产生不同的安全感。②我国的经济和政治体制改革也对社会安全感产生巨大影响，现代化过程使社会开始步入“个体化社会”，社会和个体双重碎片化现象使得风险与安全具有明显的个体化特征。社会中每个个体都在制造并承担社会风险，并在社会互构中化解风险，构建自己的本体性安全。③ 由于人的安全因素在社会安全中的占比不断上升，社会安全治理的关键就取决于政府能否提供更多社会安全公共产品。

综上分析，社会安全感的研究具有以下特点：首先，社会安全感是社会民众关于社会安全状态和程度的主观体验或感受，是客观见之于主观的判断，揭示了安全在客观的安全性、主观的安全感、过程的安全化等不同维度的交互。其次，社会安全感建立在社会民众个体的安全体验基础上，但更强调“群体性”特征，是一种集体视角，反映了特定领域或区域民众的安全意识和能力。再次，传统社会安全感的视角多为心理学，新的视角更加注重社会学、犯罪学和治安学。最后，社会安全感与社会现代化具有紧密联系，世界范围内大部分国家可能都要经历现代化过程所引发的安全感缺失。④ 2019 年 5 月 7 日至 8 日，时隔 16 年之后召开的全国公安工作会议对平安建设成效给予充分肯定，并结合新时代新职责使命进一步提出，坚持政治建警、改革强警、科技兴警、从严治警，使人民群众安全感更加充实、更有保障、更可持续。⑤ 这进一步表明，社会安全感作为社会安全治理绩效和现代化发展水平的综合体现，是反映和衡量国家治理现代化程度的重要指标，也成为社会现代化的基本内涵。

基于以上分析，本研究认为，社会安全感是社会民众对社会特定发展阶段的安全形势总体状态、社会安全秩序化程度、社会安全治理效果的总体性认

---

① 赵芸、赵鹏：《公众安全感的影响因素及其提升对策》，载《贵州警官职业学院学报》2015 年第 11 期，第 106~111 页。

② 谢贵平：《认同能力建设与边疆安全治理研究》，浙江大学公共管理学院 2015 年博士学位论文，第 23~53 页。

③ 王力平：《风险与安全：个体化社会的社会学想象》，载《新疆社会科学》2013 年第 2 期，第 118~123 页。

④ ［德］乌尔里希·贝克著：《风险社会》，何博闻译，译林出版社 2004 年版，第 187~189 页。

⑤ 《习近平在全国公安工作会议上强调　坚持政治建警改革强警科技兴警从严治警　履行好党和人民赋予的新时代职责使命》，载《人民日报》2019 年 5 月 9 日，第 1 版。

知、判断和主观评价。社会安全感既可以作为民众个体或群体的社会安全利益诉求实现程度的表征，也可以作为社会安全治理绩效水平的综合体现。

### （二）社会三大功能系统与总体社会安全的逻辑推导

#### 1. 战略层面的总体社会安全由社会功能系统交互作用决定

第一，社会三大主要功能系统及其作用关系。社会功能系统主要包括社会政治系统、社会经济系统和社会文化系统。根据马克思、恩格斯的唯物主义观，生产关系在社会体系中居于基础地位，“生产关系构成社会关系，进而构成社会”。①广义的社会是一个复杂的有机系统整体，包括政治领域、经济领域、文化领域等，是在一定历史条件下形成的政治、经济、文化、社会等综合体系，是国家统一、社会稳定和发展导向的根本保证，是国家治理体系的基础。②基于唯物辩证法思想，马克思主义政治分析方法把社会划分为经济基础、上层建筑和意识形态三大结构。③类似地，根据金观涛和刘青峰的研究观点，人们在研究中把社会组织视为具有自我维系能力的整体结构，并划分为政治、经济、文化三个主要功能子系统。④各个子系统之间有输入和输出，形成耦合关系和生态系统。在理论研究中，往往把政治系统、经济系统与文化系统作为社会运行系统的基本组成。⑤社会现代化一般涵盖社会各个要素以及社会发展的各个层面，经济发展是物质层面，政治发展是制度层面，而思想与行为模式则是社会深度层面。⑥

美国社会学家帕森斯（Talcott Parsons）在其代表性著作《社会行动的结构》一书中提出，总体社会系统由经济系统、政治系统、社会系统和文化系统等子系统形成，是包含“目的达成”“适应”“整合”和“模式维持”四项基本功能的完整体系，并基于此分析提出了适应—目标达成—整合—潜在的模式维持（Adaptation-Goal attainment-Integration-Latency pattern maintenance，A-G-I-L）社会分析模型。其中，适应（Adaptation）指社会系统对环境的适应功

---

① 《马克思恩格斯文集》（第一卷），人民出版社2009年版，第724页。

② Jon Pierre，“Comparative Urban Governance：Uncovering Complex Causalities，” *Urban Affairs Review*，No. 40（Apr 2005）：460-462.

③ 燕继荣：《现代政治分析原理》，高等教育出版社2004年版，第332~336页。

④ 金观涛、刘青峰：《兴盛与危机：论中国社会超稳定结构》，法律出版社2011年版，第352页。

⑤ 卢建有：《新时期我国高校网络意识形态安全问题研究》，东北师范大学2018年博士学位论文，第23页。

⑥ 罗荣渠：《现代化新论》，北京大学出版社1993年版，第9~16页。

能，包括对环境限制和压力的顺应以及对环境的积极改造。目标达成（Goal-attainment）指社会系统具有确立总目标的功能，最大限度地利用资源去实现目标。整合（Integration）指把社会系统的各组成部分有效联系在一起、协调合作的功能。潜在的模式维持（Latency pattern maintenance）指根据系统内的某些规范与原则等文化要素，维持社会系统的行动秩序与活动方式。分析模型如图 3-1 所示。

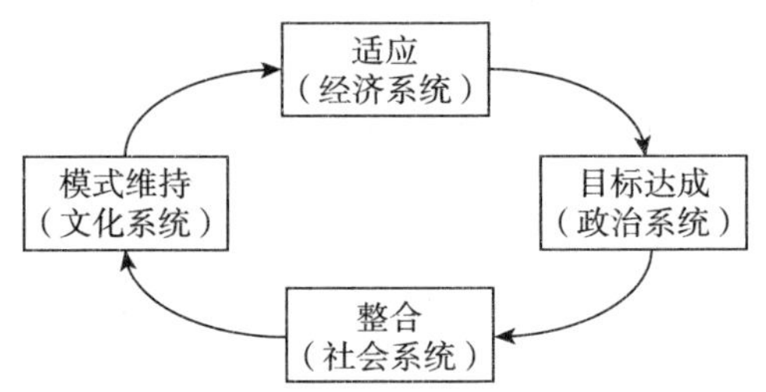


**图 3-1 帕森斯 A-G-I-L 社会分析模型示意①**

该模型是社会系统为保证自身的维持和存在必须满足的四种功能条件，分别对应着经济系统、政治系统、社会系统、文化系统的功能。在宏观上，该模型可以用来分析社会总系统及社会行动系统，也可以用来分析特定的社会子系统。例如，"社会系统"执行整合功能，主要包括功能整合、文化整合、规范整合等，通过调整或协调社会各部分之间的矛盾和冲突，使整个社会成为统一的运行良好的体系。需指出的是，结构功能主义理论从宏观角度关注整个社会，核心是社会如何达到均衡、保持社会体系的稳定性，强调社会体系的协调一致，通过文化进行模式维持，但忽略社会中人与人之间的交往，回避社会中的矛盾与冲突，没有切入社会变革、社会变迁等重大问题，因而在政治上、理论上表现出一定的保守性。

从战略视域来看，A-G-I-L 模型将社会系统与其他功能系统作为同级维度，主要承担社会整合功能，其内涵并非基于宏观的大社会系统。本研究的社会系统则是整体性概念，因此该模型不能直接匹配和应用，而需要对其进行修正性应用，将政治、经济、文化功能系统作为社会整体系统的组成部分，并发挥相应的功能，如政治系统的目标达成、经济系统的适应功能调节、文化系统的模式维持等。社会三个功能子系统之间的关系符合利益相关者理论的基本逻

① ［美］塔尔科特·帕森斯（Talccot Parsons）著：《社会行动的结构》，张明德等译，译林出版社 2003 年版，第 813~820 页。

辑，不同子系统通过不同的利益相关者共同关联在一起。

第二，社会主要功能系统与社会安全。社会系统是一种特殊的控制系统、信息系统、开放系统、动态系统，并表现为一种复杂的自组织、自调节、自控制系统。正如社会矛盾是社会系统的基本组成要素和发展动力一样，社会安全属于社会系统的一部分，是其基本构成要素，直接受到经济安全、政治安全、文化安全等影响。① 从战略视域来看，一个社会如果缺少必要的经济基础、稳定的政治环境、良好的文化自信，是谈不上安全的。社会安全与社会系统的关系特点决定了社会安全的本质，也决定了影响社会安全的本源因素及作用机理。

哈贝马斯的结构功能主义理论认为，社会系统及其相关社会组织都具有特定的结构，在社会运行中发挥着特定功能，进而影响社会安全的实现。1973 年出版的《合法性危机》一书中，哈贝马斯揭示了经济系统、社会文化系统和政治行政系统之间的相互关系。② 政治行政系统的运行需要以民众的忠诚为支撑，而民众的忠诚度取决于政治行政系统提供的社会福利政策。政治行政系统的社会福利政策则需要经济系统的财政税收来保障，这种保障来自对经济系统运行的控制和管理。这一作用机理揭示了社会的经济系统、政治行政系统、社会文化系统之间输入、输出和反馈的交互作用关系，如图 3-2 所示。面向社会民众的社会福利制度（社会福利政策，以获得社会文化系统的忠诚）与社会经济功能（经济增长的政策，获得经济利润的行为动机）之间的矛盾，经济利润（社会经济系统）和公共福利需求（社会文化系统）之间的矛盾，构成了社会政治系统合法性危机的根源，而且这种合法性危机是诱发社会安全问题的重要根源。

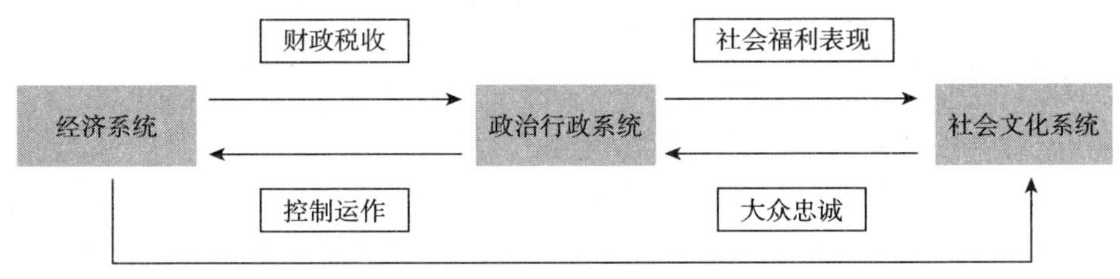


**图 3-2　社会功能系统交互作用机理示意③**

① BartleyT，“Transnational Governance as the Layering of Rules：Intersections of Public and Private Standardss，” *Theoretical Inquiries in Law*，No. 12（2011）：517.

② 王绍光：《治理研究：正本清源》，载《开放时代》2018 年第 2 期，第 153~176 页。

③ 转引自王绍光：《治理研究：正本清源》，载《开放时代》2018 年第 2 期，第 153~176 页。

2. 社会功能系统与社会安全本源影响因素

从国家安全战略层面看，社会安全与社会系统的结构和运行密切相关，需要社会功能系统发挥作用，体现为保持良性运行和协调发展、最小化不安全因素及其影响、稳定持续地得到安全保障的能力和机制。社会的政治、经济、文化三个功能系统在根本上维护社会系统的结构和功能，并在总体上决定着社会安全及其影响因素。社会安全的本源性影响因素具有多样性，但从根本上来说均来源于社会的主要功能子系统。概括起来，社会安全的影响因素主要包括政治因素（如制度体系、决策机制、民主公正等）、经济因素（如发展水平、贫富差距、福利保障等）、文化心理因素（如社会信任、社会认同、主流价值观和道德规范等）。

第一，社会政治系统的制度建构与公平导向。根据美国政治学家戴维·伊斯顿（David Easton）的政治系统理论，政治系统是维系社会政治生活正常运行的有机体，由系统组织、系统成员、组织能力以及成员权威性影响力等要素组成。① 政治系统体现了政治行为主体与政治制度的有机统一，包括政府机构和国家体系及其相互之间的互动关系。政治系统的主要功能是将政治输入转换为官方的政策、决定和执行行动，对社会价值进行权威性分配。从政治体系的运行来看，社会政治组织和政治制度是人们有效聚合政治利益要求，形成和运用政治权力，实现政治权利的重要途径、方式和工具。② 人们常常按照共同利益结成政治组织并制定相应的政治制度，在政治生活中实现自己的利益要求。社会政治系统发挥功能作用的主要形式是通过法律制度、政策机制等维持特定权利，维护公共利益。因此，作为制度建构和运行的根本要求，就是要确保坚持和体现公平的导向和原则，为社会安全有序运行提供制度基础。这种基于公平导向的制度建构要求，直接影响社会民众的公平感认知和体验。

第二，社会经济系统的经济基础与发展保障导向。社会经济系统是人类社会物质资料的生产和消费过程中，由各种不同地区、部门、单位和环节等所构成的社会经济统一体。③ 社会经济系统涉及经济、教育、科技生态等领域人类

---

① 徐湘林：《从政治发展理论到政策过程理论——中国政治改革研究的中层理论建构探讨》，载《中国社会科学》2004 年第 5 期，第 108～120 页。

② 乔玉强、胡红花：《政治行为视域下“四个全面”的内涵解读》，载《理论观察》2016 年第 1 期，第 26～27 页。

③ 任保平：《经济增长质量：经济增长理论框架的扩展》，载《经济学动态》2013 年第 11 期，第 45～51 页。

活动各个方面和生态环境诸多复杂因素，具有不同的利益主体和复杂的层次结构。社会经济系统的整体结构包括相依共存的多个方面，如生产、交换、分配和消费等，是由经济活动环节、物质生产部门、非物质生产部门等组成的有机体系。社会经济系统的主要功能之一就是为国民收入的分配（含初次分配和二次分配）提供济基础和支撑保障，其中，初次分配坚持效率原则，重点是要素价值；二次分配坚持公平原则，重点是资源配置。在发展成果的分配过程中，实现公平合理的分配，可以增加民众的直接收入获得感和间接社会发展获得感，防止出现收入差距悬殊现象，确保社会安全稳定的经济基础。①② 基于发展保障导向的经济基础及其支撑情况，将直接影响社会民众的获得感认知和体验。

第三，社会文化系统的文化传承与秩序导向。社会文化系统主要包括社会的法律体系、价值观念、道德规范、宗教信仰、风俗习惯等。研究表明，社会文化系统使社会系统具有合法性，并使社会系统为社会成员所承认并得以延续。③ 社会文化系统的主要功能是价值塑造、社会规范建立和文化传承，维护社会通用的价值体系、道德规范和社会秩序。积极向上的社会主流文化有助于形成良好的社会舆论导向、文化氛围，增强社会个体的归属感和社会认同感，从而塑造良好的社会文明秩序，这是确保社会安全的文化秩序基础。社会文化系统基于秩序导向的文化传承要求，将直接影响社会民众的秩序感认知和体验。

### （三）社会功能系统与社会安全本源因素的逻辑关系

结合前面分析并根据社会系统基本理论可知，社会安全是社会系统的基本功能，社会的政治、经济、文化三大功能系统，主要通过政治系统的制度建构和目标达成、经济系统的基础支撑和适应功能调节、文化系统的秩序规范和模式维持三个方面实现，体现了公平导向、发展导向、秩序导向，影响社会民众的公平感、获得感和秩序感的认知和体验，进而综合影响民众的社会安全感，并最终影响和决定着社会安全。

---

① CaltonD, WerhaneP. H, HartmanL. P & BevanD, "Building Partnerships to Create Social and Economic Value at the Base of the Global Development Pyramid," *Journal of Business Ethics*, No. 11 (2013): 721.

② PinkseJ. & KolkA, "Addressing the Climate Change - Sustainable Development Nexus: The Role of Multistakeholder Partnerships," *Business & Society*, No. 51 (2012): 176.

③ 燕继荣：《现代政治分析原理》，高等教育出版社 2004 年版，第 183~191 页。

1. 社会政治系统与公平感的逻辑关系

第一，社会政治系统支撑公平的制度建构。政治子系统的主要功能是社会运行的制度建构，包括法律制度、行政政策机制、道德规范和稳定的社会阶层结构等。公正、合理、规范的制度是现代社会安全运行的基本前提，研究者把公平作为表征社会进步的重要指标变量，把社会公平作为社会发展的重要价值原则。社会政治系统主要通过制度建设、维护社会公平来确保社会的安全稳定。公平是一种社会现象，也是现代社会的基本价值遵循和发展理念，代表着社会文明的进步。在阶级社会条件下，天然存在差异、发展不平衡现象，所以公平的实现总是相对的。在这种条件下，社会公平只能通过政治安排来实现。相应地，体现统治阶级意志和不同群体利益诉求实现机制的相关社会政策制度建设就成为维护社会公平的基本工具。公正、合理、规范的治理制度是现代社会安全运行的基本前提。社会公正是社会安全的基础，是人类社会具有永恒价值的基本理念和行为准则，是制度安排的依据，也是表征社会进步的重要指标变量。① 研究表明，受分配不公、社会发展不协调等原因影响，部分社会群体产生紧张心理，在受到外部条件刺激下，具有非主流价值观念的人很容易演化为社会安全事件的引发者。党的十八大报告把“维护社会公平正义”作为坚持和发展中国特色社会主义必须坚持的八项基本要求之一。作为一种内在规定性，社会公平决定着社会发展的性质和方向，是社会发展的核心价值和根本动力，是影响社会安全稳定的根本性因素。目前已经识别影响公平感的因素包括社会认同、情景信息不确定程度、民族文化效应，收入分配的分配主体、分配程序、分配结果的每个环节也会影响公平感。一些实证研究则揭示公平感上升能够显著降低社会冲突意识，从而有利于维护社会安全稳定。②

现代政治体系一般呈现社会民众（个体）—非政府组织和社会团体（社会）—国家或公共权力代表的政府（国家）的三级结构模式。政治系统运行的基本过程原理表明，政治系统包括“输入”和“输出”两个过程，接受来自民众的要求和支持作为“输入”部分，通过政府决策形成政策法律作为“输出”。社会民众的“要求”一般包括提高生活水平、改善就业状况、提供社会

---

① 周怡：《信任与公平：发展语境下的两个中国现实》，载《江苏社会科学》2015 年第 3 期，第 87~96 页。

② 李路路、唐丽娜、秦广强：《“患不均，更患不公”——转型期的“公平感”与“冲突感”》，载《中国人民大学学报》2012 年第 4 期，第 80~90 页。

福利、保护个人权利等。“支持”一般包括社会民众给予政府的物质和非物质支持，如纳税、服从、参与公共生活等。“输出”主要包括决策和行动两个方面，如制定某些政策、通过某项法律、分配公共资金等。社会民众的“需求”和“支持”与政府的“决策”和“行动”形成反馈，支持政治系统的运行，如图 3-3 所示。

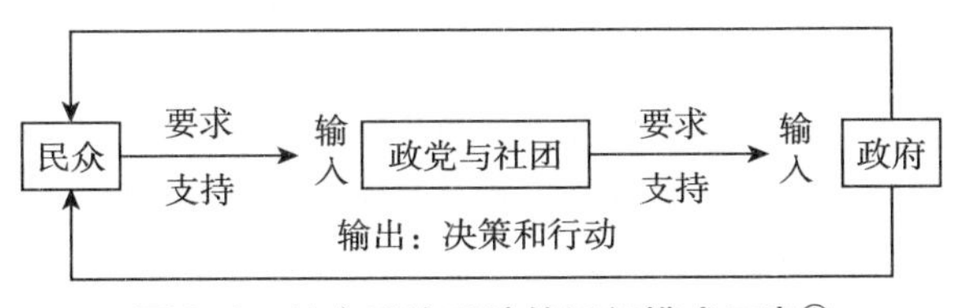


**图 3-3　社会政治系统的运行模式示意**①

政治学研究划分国家与社会的界限，为社会安全治理模式形成提供基础。德国学者哈贝马斯将全部社会生活分为私人领域（市民社会领域、政治公共舆论领域、文化公共舆论领域）和公共权力领域（国家）。② 国家权力通过公共舆论领域获得合法性，民众通过公共舆论领域挑战国家权力的合法性并提出权利要求。在社会结构中，与政治有关的主要功能是社会运行的制度建构，包括法律制度、政策机制、社会阶层结构等。公正、合理、规范的制度是现代社会运行、安全有序的基本前提。公平是现代社会政治系统建设尤其是法律制度建设的基本价值准则，社会民众个体关于公平的体验与社会政治建设发展水平密切相关。

第二，公平感的三个基本维度及社会治理应用价值。公平感是社会民众对于社会公平程度的认知和评价，以及在此基础上产生的情感体验。社会公平及民众的社会公平感体现了社会发展的高层次要求，是社会制度建设、功能发挥、机制运行效果的综合体现，是影响社会安全的深层次、根本性因素。可合理推断，当民众公平感提升时，社会秩序感对民众获得感的影响力也可能随之提升。

社会公平作为一种内在规定性，是社会发展的核心价值和根本动力，决定着社会发展的性质和方向，也是现代社会的重要特征，是影响社会安全稳定的根本性因素。社会公平的基本规则包括以维护每个社会成员的基本权利为出发

① 燕继荣：《现代政治分析原理》，高等教育出版社 2004 年版，第 196 页。
② 燕继荣：《现代政治分析原理》，高等教育出版社 2004 年版，第 200、201 页。

点，保证社会成员的基本权利、机会平等，按照贡献进行分配并进行合理的社会调剂。现代社会公认的社会公平基本维度包括机会公平、程序公平和结果公平。①

首先，机会公平指社会成员获得的生存与发展机会起点的平等和机会实现过程的平等，即每个人获得的生存与发展之机会（如接受教育、就业、创业等）不因其种族、出身、贫富、性别等因素不同而有所差异。

其次，程序公平是指事件的处理与决策的过程与程序对事件利益相关方都是公平的，如在司法领域强调的执法程序，在行政管理和服务领域强调的政策制度设计和决策，在一些社会关注度高的领域（公务员招录考试等）的政策与程序设计等。

最后，结果公平主要指社会个体参与社会活动之后获得的待遇、分配等具有公正性，涉及收入、资产、资源、能力和参与等，追求实质公平，要求有价资源在社会成员之间相对均等分配，是公平观念的终极体现。机会公平、程序公平是结果公平的必要条件，但并非充分条件。我国传统社会思想文化中强调的“不患寡而患不均”，就是结果公平思想的重要体现。由此，笔者推断：民众公平感是确保社会安全、秩序的重要遵循，是确保秩序感对民众获得感产生作用的重要“枢纽”，也即秩序感会通过公平感对民众获得感产生正向影响。

现代意义的社会公正的基本规则包括四个方面，基本权利保证规则（保证规则）、机会平等规则（事前规则）、按照贡献进行分配规则（事后规则）、社会调剂规则（调剂规则）等内容。社会公正的基本规则要求整体性实现，要求这四项规则要完整实现，否则容易陷入某种偏颇境地，成为片面的公正；另外，这四项基本规则之间要遵循依次优先实施的原则，前一项规则构成后一项规则的前提。从社会公平的价值取向来看，主要包括两个方面：一是让全体社会成员共享社会发展成果（能兜底），二是为每个社会成员自由发展提供充分的空间（不封顶）。缺少任何一项，社会公正就不具备完整的意义，偏颇任何一项，就会导致平均主义或贫富差距过大，从而导致社会动荡不安。

社会政治系统的重要功能是制度建设，将维护公平作为制度建设的基本准则和价值导向，以维护每个社会成员的基本权利为出发点，保证社会成员的基本权利、机会平等、按照贡献进行分配、进行合理的社会调剂。这样的制度安

---

① 吴忠民：《社会学理论前沿》，中共中央党校出版社 2015 年版，第 52~83 页。

排可以使社会结构保持动力、激发活力，有利于提升社会民众的整体公平感，为社会发展与安全稳定提供公平的制度基础支撑。

2. 社会经济系统与获得感的逻辑关系

第一，社会经济系统是支撑社会运行的保障基础。创造社会价值的经济活动是社会最基本的活动。社会经济系统的基本功能是通过经济生产、交换和消费活动，为社会运行和发展提供各种福利保障。社会经济系统涉及人类生活各个方面，是自然环境和社会条件的组合，为社会运行和功能发挥提供经济支撑。社会经济系统的核心主体要素是人，社会民众通过社会经济发展而受益，增加经济收入，改善生活条件，提高保障能力，这是社会发展进步的应有之义，也是保持社会安全稳定的必要条件。

在社会经济活动过程中，如何分配收益、维护正当权益、确定实际利益获得，则是一种利益博弈结果的综合体现。经济利益的分配结果、实现程度和平衡情况，会形成一定的差距（如行业差距、地区差距等）。如衡量一个国家或地区居民收入分配差异程度的基尼系数，衡量一个家庭收入发展水平的恩格尔系数（购买食物等基本支出占比），可以从不同角度表征经济社会发展、社会个体（群体）的实际获得情况，当这种差距超过了社会或特定群体的承受程度，则会影响社会安全。以恩格尔系数为例，国际上通常用其来衡量一个国家和地区人民生活水平。经济社会发展可以有效增加广大城乡居民的收入水平，提高非食品消费支出，抑制食品物价上涨，进而有效降低恩格尔系数。因此，具有决策权或影响决策权的机制，与社会经济系统紧密联系，为总体社会安全提供基础保障。

第二，获得感及其社会治理应用价值。获得感是近年来我国政治经济生活中应用较广泛的一个新兴词汇。获得感是多元利益主体（个体、群体、社会组织）在改革和发展客观过程中对自身实际所得出的主观评价。① 2015 年 2 月 27 日，习近平总书记在中央全面深化改革领导小组第十次会议上首次提出“获得感”，之后该术语便迅速流行、广泛应用。作为一种典型而普遍的社会心理，获得感反映了社会个体或群体因物质层面和社会精神层面获得某种利益而产生的可以长久维持的满足感，强调在为我所用基础上一种实实在在的得到，是基

---

① 王浦劬、季程远：《新时代国家治理的良政基准与善治标尺——人民获得感的意蕴和量度》，载《中国行政管理》2018 年第 1 期，第 6~12 页。

于自身客观实际收益得失结果的主观评价。获得感既包括显性的物质层面的获得，如人均收入、居住条件、就医健康、受教育程度、消费水平、人均寿命、社会保障、出行便捷等，也包括隐性的精神层面的获得，如知情权、参与权、表达权、监督权等，以及社会个体实现自我价值、参与到经济社会发展进程的机会等方面的获得。获得感不仅包括“当下获得”，还包括“未来维度”可持续的、不断发展的获得。①

在我国全面深化改革、推动经济社会发展模式转变、实现共享发展的新时代条件下，获得感是中国特色社会主义伟大事业根本宗旨的现实体现，是党领导人民有效治理国家、实现社会公平正义的客观指标，是进行经济社会发展和国家治理研究的重要分析工具。2016 年 12 月 23 日，中央全面深化改革领导小组第二十一次会议提出，把是否促进经济社会发展，是否给人民群众带来实实在在的获得感，作为改革成效的评价标准。② 党的十九大报告进一步提出，要贯彻以人民为中心的发展思想，将增强人民群众的获得感、幸福感、安全感作为一切工作的出发点。③

新时代以人民为中心的思想和人民对美好生活的向往具有丰富内涵，社会民众的获得感既重视物质的获得，同时也更多体现在对民主、法治、公平、正义、安全、生态、环保、健康等更高层级需求的获得方面。从这个意义上理解，获得感具有了衡量社会发展的特征属性，明确了发展和改革的目标、落脚点和突破口，既是对人民改革红利享有程度的判断，也是事实上评价社会安全治理成效和成败的重要价值维度和评价标准。

3. 社会文化系统与秩序感的逻辑关系

文化是社会发展的积累和沉淀，通过社会价值体系、道德规范、法律制度等进行传播并发挥作用。一个健康文明、积极向上的社会，需要共同认同的、主流的价值体系，从而形成广泛的社会认同基础。这种社会认同往往能够为治理权威提供合法性支撑，是维护社会安全的长效机制。共同的价值取向和认同是维系社会秩序最深层的力量，人与人之间具有强烈的认同和信任，每个社会

---

① 曹现强、李烁：《获得感的时代内涵与国外经验借鉴》，载《人民论坛·学术前沿》2017 年第 2 期。

② 何显明：《习近平国家治理体系和治理能力现代化重要论述的理论创新意蕴》，载《观察与思考》2019 年第 1 期，第 5～18 页。

③ 石晶：《新的美好生活，新的感受期盼——当前公众获得感幸福感安全感情况及影响因素调查报告》，载《国家治理周刊》2017 年第 2 期，第 15～36 页。

个体都能够得到社会秩序的接受和认可，从而建立特定的秩序感。因此，作为文化建设最为核心的社会认同，包括公共参与、社会信任以及社会秩序感，成为与社会文化系统的链接纽带。具有良好社会认同和社会秩序的社会，才是具有凝聚力的社会、安全有序而持久的社会。

第一，社会文化系统支撑有序的文化传承和主流的价值观认同。社会秩序是影响社会安全的重要变量。良好的社会秩序能够建立稳定的价值观导向、根本的道德规范约束、广泛的社会信任，增强社会个体的归属感、社会认同感，是构成秩序感的社会安全心理机制。文化是人类改造世界的结果的沉淀和积累，也是人类生存和永续发展的工具载体。社会文化繁荣和社会文明是社会发展进步的体现，具有强大的向心力和凝聚力，影响和塑造社会主流价值观和社会道德规范。社会秩序主要凭借国家权力、通过强制手段得以维护，其变迁过程反映了社会发展和文化差异。

第二，秩序感的三个基本维度。社会秩序感是社会个体对社会价值体系和道德规范、社会关系模式、社会结构状态、社会秩序程度的认知和判断。与社会秩序感相关的社会信任、社会认同、社会凝聚等社会资本，是影响社会安全更加基础和根本的因素。形成秩序感的核心是基于广泛的社会认同，主要包括法律制度认同、社会价值体系认同和社会道德规范认同。

首先，法律制度认同是维护社会秩序、形成秩序感的主要力量。从基本定义可知，法律是由国家制定或认可并依靠国家强制力保证实施，反映由特定社会物质生活条件所决定的统治阶级意志，以权利和义务为内容，以确认、保护和发展对统治阶级有利的社会关系和社会秩序为目的的行为规范体系。① 法律是一系列规则，是最高的社会规则，是体现统治阶级意志、由国家制定和认可的规范，其作用在于维护特定人群的社会关系和社会秩序。法律认同体现在社会民众对法律发自内心的认可、崇尚、遵守和服从，体现了对公平正义理念的维护和对公民基本人权的保障。

其次，社会价值体系认同是社会文化系统的核心内容。社会价值体系是一个民族在特定时代和社会条件中形成发展起来的社会意识的集中反映，包括指导思想、理想信仰、信念价值取向等，具有政治性、社会性、时代性、民族

---

① 张文显：《法理学》（第四版），高等教育出版社 2011 年版，第 47 页。

性。[①] 当一个社会存在多种价值观体系时，主导并居于统领地位的价值体系就是核心价值体系。例如，当前我国社会有居于主流地位的社会主义核心价值体系，也有传统文化价值体系以及网络文化价值体系等。价值体系认同是人们对某类价值体系和价值观的认可、同意、接受并形成相应行为的过程，是一种满足个人或群体归属感的心理机制，包括由外到内、由认知经由情感再到意志、由观念到行为的连续推进过程。[②] 社会价值体系通常通过社会舆论、传统习惯和信念影响等方式发挥塑造引领作用。

最后，社会道德规范认同是社会文化系统的重要组成部分。社会道德规范体系是一种特定的社会意识形态，是特定社会经济基础的产物，具有阶级性、时代性和民族性，并因地区、文化、传统等差异而不同。社会道德体系是道德原则、行为规范和范畴系统的集成，反映特定社会或阶级价值取向，如封建主义道德体系、资本主义道德体系、社会主义道德体系等。社会道德体系通常通过社会道德规范等影响社会观念、社会舆论，发挥社会秩序的柔性塑造功能。

4. 社会功能系统与社会安全本源因素的作用机理

社会系统功能结构和社会安全影响因素通过客观的安全性和主观的安全感之间的相互作用形成映射关系，表现为主观的安全感和客观的安全性相互作用。社会系统的政治、经济、文化三个功能子系统，分别主要通过发挥制度建构、运行保障和社会认同与文化传承的基本功能，影响社会的公正、保障和认同的实现，进而影响社会民众的公平实现感知、保障获得感知、认同秩序感知。

作为社会民众常见的社会心理，公平感（社会制度规范和价值导向层面）、获得感（社会机制运行及结果层面）、秩序感（文化传承、社会认同及表现层面），比较典型地反映了社会民众对社会价值导向、功能作用、运行秩序、价值观认同等方面的基本感知，构成了支撑社会民众对社会安全形势总体状态、社会安全秩序化程度、社会安全治理效果的整体性认知和判断，即社会安全感，是表征社会运行状态、安全水平的重要指标。这体现了社会安全属性的辩证关系特点，为从主观性指标着眼研究客观社会安全影响因素奠定了社会心理

---

① 易寿生：《自觉践行社会主义核心价值体系 深入推进央行文化建设》，载《金融与经济》2013年第8期，第4~7页。

② 李建华：《情感认同与价值观认同》，载《光明日报》2018年5月28日，第14版。

基础。因此，我们可以把公平感、获得感和秩序感视为社会安全的本源影响因素和社会安全心理基础。

根据社会安全具有社会系统性和主客观统一属性的特点，客观的社会安全属性通过主观的社会安全感，具体化为公平感、获得感、秩序感等主要社会安全心理。这体现了社会安全的辩证思想，为本研究从主观性因素（安全感）着眼研究客观社会安全影响因素（安全性）提供了社会心理基础。正如社会三大功能系统之间相互作用一样，社会安全的三种心理因素也相互影响，共同构成社会安全本源影响因素的心理变量。

其中，秩序感是最基础性的心理，反映了社会个体对社会价值层面和社会运行基本状态的感知和判断，是关于社会安全状况变化的直接表征。秩序感被打破，社会陷于混乱无序状态，社会缺乏系统、健全的规范体系，或已有的社会规范体系不能有效发挥作用，[①] 如规则与制度之间相互冲突、政治伦理秩序缺失与腐败现象蔓延、职业道德缺失和行业不正之风盛行、犯罪呈现持续增长的趋势等，将直接影响公平感的实现。

而获得感是经济因素方面获得在心理上的直接体现，反映了社会发展和运行的效果，关涉社会个体对社会发展成效的判断，关系到对自身在社会利益坐标中地位的认识和判断。获得感的复杂性在于，在社会矛盾尤其是社会利益矛盾错综复杂的条件下，利益诉求博弈成为治理活动的核心，利益诉求的满足程度直接影响获得感，成为影响社会安全的心理因素。

公平感是社会价值层面的心理因素，核心诉求是政治利益和权益的实现，即具有参与重大政策或决策的机会，影响重大政策或决策的渠道，政策设计或执行是否兼顾差异化需求等。公平感与获得感之间是因果关系，但公平感不能替代获得感。公平感具有高度敏感和低容忍度的特点，是影响社会安全的基础性社会心理。社会功能子系统与社会安全本源因素作用关系如图3-4 所示。

---

① 高峰：《社会失序的机理探析》，载《北京工业大学学报（社会科学版）》2014 年第 8 期，第27~30 页。

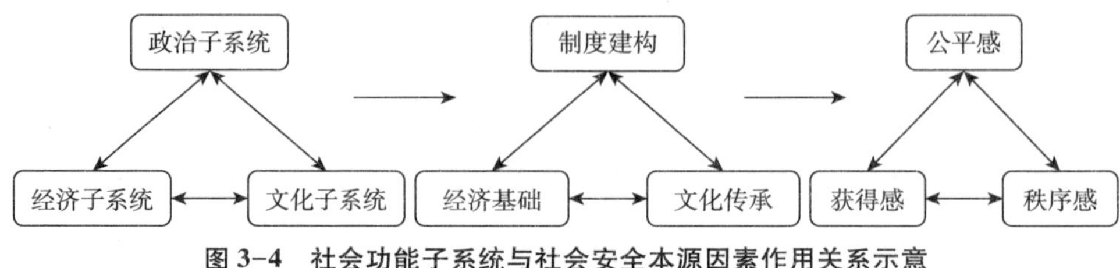


**图 3-4　社会功能子系统与社会安全本源因素作用关系示意**

## 二、社会安全本源影响因素与社会安全的作用关系推演

社会安全治理现代化的一个重要的研究维度就是从探究影响社会安全的本源影响因素着手，在多元和多变的因素中确定最为根源和本质因素，为实现社会安全的预测、预警、预防和解决提供理论指导。抓主要矛盾、抓主要矛盾的主要方面，从而实现源头治理和治本治理。

社会安全的本源性影响因素由社会主要功能系统决定。社会的政治系统、经济系统、文化系统，一方面既发挥社会基本功能系统的支持作用，为社会安全稳定提供保障；另一方面又是社会安全本源影响因素的主要来源。思想观念、社会结构和社会分化、经济政治和文化的协调发展等是对社会安全稳定构成真正影响的根源所在，也是影响社会安全的根本性因素。从历史经验来看，社会安全治理好的时期，往往表现为：社会秩序稳定而充满活力，社会价值导向相对公平（法律因素），广大民众有较强的获得感（经济因素），不同群体之间具有包容性和认同感（文化因素），普通社会个体具有广泛的社会参与和表达权利（政治因素）。从最广泛和最基础意义上来说，来自社会秩序有效运行的秩序感（基础层面）、公平感（社会制度规范和价值导向）、获得感（社会机制运行及结果），为社会安全提供了根本性支撑。

本研究重在从社会建构的基本价值理念（如公正）、社会发展的结果共享（如获得）、社会运行的基本条件（如秩序）等基本维度出发，将其作为维系社会安全运行的根源性因素进行验证分析。

### （一）公平感与社会安全水平

从本质属性来看，公平感的根本目的在于要有利于提升民众获得感，进而确保社会安全。社会发展水平越高，其社会治理的制度体系和治理能力建设就愈加注重公平和效率，进而影响民众的社会公平感，这是公平感的社会安全心理作用机制。已经研究识别的影响公平感的因素包括社会认同、情景信息的不确定程度、民族文化效应（不同文化背景影响）等。[①] 另外，收入分配也是影响公平感的重要方面，分配主体、分配程序、分配结果的每个环节都会影响公平感。已开展的一些实证研究也揭示了公平感与社会冲突意识之间的紧密联系，公平感上升能够显著降低其社会冲突意识，有利于维护社会安全稳定。[②]

首先，起点公平会影响民众的社会安全水平感知。本研究以社会关注度高、关联群体广泛的教育公平为例进行讨论。教育公平是社会公平的基础，是保障社会阶层流动的重要制度设计，直接体现在社会公平保障体系的建设之中。2012 年 11 月，党的十八大提出“逐步建立以权利公平、机会公平、规则公平为主要内容的社会公平保障体系”。2014 年 10 月，党的十八届四中全会进一步提出，加快完善体现权利公平、机会公平、规则公平的法律制度。2015 年 12 月，国家颁布新修订的《教育法》，强调采取措施促进教育公平，推动教育均衡发展，以法律的形式固化教育公平的发展意志。国家相关顶层设计和政策制度均强调将教育公平作为起点公平的重要价值。

从教育治理政策实践效果来看，党的十八大以来，政府作为教育公平的“第一责任人”，不断推进保障教育权利平等和教育机会均等，以公平合理、统筹兼顾为价值取向，致力于通过教育改革落实教育领域的“精准扶贫”。[③] 例如，改善贫困地区义务教育薄弱学校的基本办学条件，对集中连片特殊困难地区儿童健康和教育实施教育扶贫工程，在高等教育招生工作中实施专项招生计划等。从经费投入来看，根据教育部发布的《2017 年全国教育经费统计快报》，2017 年我国教育经费总投入为 42562.01 亿元，比 2016 年的 38888.39 亿元增长 9.44%，占国内生产总值的 4.14%；其中公共预算教育经费达 29919.78 亿元，比 2016 年增长 8.01%，连续多年保持在 4%以上，为教育发展和教育公平提供经费保障。根据教育部发布的《2017 年全国教育事业发展统计公报》，人民群众底线层次的教育权利平等已基本实现，学前教育毛入园率达 79.6%，小学学龄儿童净入学率达 99.91%，初中阶段毛入学率达 103.5%，高中阶段毛入学率达 88.3%，高等教育毛入学率达 45.7%，各级教育入学率都已达到或超

① 陶梦馨：《我国社会公平感影响因素的探析》，载《中国健康心理学杂志》2014 年第 2 期，第 309~312 页。

② 李路路、唐丽娜、秦广强：《“患不均，更患不公”——转型期的“公平感”与“冲突感”》，载《中国人民大学学报》2012 年第 4 期，第 80~90 页。

③ 程天君：《以人为核心评估域：新教育公平理论的基石——兼论新时期教育公平的转型》，载《华东师范大学学报（教育科学版）》2019 年第 1 期，第 116~170 页。

过世界中高收入国家的平均水平。根据《2022年全国教育经费执行情况统计快报》，全国教育经费总投入为61344亿元，比2021年增长6%。根据《2022年全国教育事业发展统计公报》，学前教育毛入园率达89.7%，高中阶段毛入学率达91.6%，高等教育毛入学率达59.6%，较5年前有了显著提高。这种举全国之力对教育资源进行宏观配置，利用"补偿原则"促进教育起点公平，具有"工具理性"特征，在满足民众教育安全感和满意度层面具有重要意义。教育制度设计和经费调配方式的共同目的，就是满足社会民众对教育起点公平的基本需求。由此，本研究提出以下假设：

假设1：公平感正向影响社会安全水平。

假设1a：起点公平正向影响社会安全水平。

其次，程序公平会影响民众的社会安全水平感知。仍以教育公平为视角，新中国成立以来对教育公平的发展评价，经历了从强调满足政治、经济等"社会"片面需求，到逐步侧重服务人的全面发展的历史性转变。我国的教育投入和教育发展成效显著，但教育投入水平并不能全部决定教育公平的程度。经济水平对教育的影响与促进教育公平是两个不同性质的问题，前者主要意味着教育投入总量增加与否，后者主要是如何通过科学程序分配和使用教育经费。① 教育公平评价不仅关注起点意义上受教育的权利和机会公平（常以入学率来衡量），而且还重视受教育过程中的公共教育资源配置情况（常以生均教育经费、生师比、办学条件等来衡量）。② 新时代我国教育制度设计、资源配置等重视程序设计和优化，以增强教育公平感为基本原则，体现人在推进教育公平进程中的核心地位。相关研究表明，随着社会不平等程度的提高，流动的质量会被削弱，而社会筛选机制中先赋因素重要性的下降、自致因素作用的提高则利于提高社会公平程度。③ 由此，本研究提出以下假设：

假设1b：程序公平正向影响社会安全水平。

最后，结果公平会影响民众的社会安全水平感知。公平感作为个体的主观感受，是多种社会因素不断叠加作用的结果，既要满足主体的内在需求，也要

---

① 杨东平：《教育公平是一个独立的发展目标——辨析教育的公平与效率》，载《教育研究》2004年第7期，第26~31页。

② 王善迈：《教育公平的分析框架和评价指标》，载《北京师范大学学报（社会科学版）》2008年第3期，第93~97页。

③ 李煜：《社会流动的"质"与"量"》，载《社会科学评价》2019年第1期，第29~31页。

具有满足需要的外在表现，是主观感受与客观获得的统一，如接受教育的机会和质量、参加就业的机会和质量、享有医疗保障方面的机会和质量等。相关的制度设计、资源供给、过程程序、最终效果等，都会影响社会个体对社会发展水平和社会公平水平的判断。一般而言，结果公平是相对的，既强调“能兜底”也强调“不封顶”，既体现社会的基本保障功能，又利于激发社会的创造活力。①

需要注意的是，公平感具有非常鲜明的个体关涉性特征。仍以教育公平感为例，当教育资源的分配与自身利益不相关时，即使存在分配不均的现象，人们也往往不会很在意。但是当教育资源分配对自身的生存和发展产生重大利益影响时，则会由于产生相对剥夺感而强烈抨击教育不公平。② 换言之，社会民众的感知和认识能力对于公平感非常重要。公平感受主体的感知能力和认知水平影响，受教育程度越高，其认知水平就越高，其对公平感的要求会越高、公平感的满意度相对会较低。如果缺乏感受公平的必要条件和能力，即便得到了实质公平，也不会必然产生公平感。③ 这一特点对于加强社会安全治理尤其是政策制度设计具有重要的指导意义。

公平不等于公平感，但却是建立、获得公平感的前提条件。结果公平作为社会发展水平、文明程度和重要保障，维护公正的秩序，确保制度体现平等、权利等核心价值，是社会制度建设、功能发挥、机制运行效果的综合体现，也是维护社会安全的深层次、根本性因素。由此，本研究提出以下假设：

假设 1c：结果公平正向影响社会安全水平。

### （二）获得感与社会安全水平

社会经济系统为社会发展提供经济基础，同时为社会安全提供保障支撑。社会经济系统功能发挥与社会个体的获得感紧密相关，是影响社会安全稳定的重要因素。就获得感这一社会心理因素来说，要关注社会个体或群体的“相对剥夺感”“失落感”。社会矛盾错综复杂，最主要的就是社会利益矛盾错综复杂，利益诉求满足程度（获得程度）是直接影响社会安全稳定的重要因素，进

---

① 吴忠民：《社会学理论前沿》，中共中央党校出版社 2015 年版，第 52~83 页。

② 杨桂青：《中国的教育公平及其新的理论假设——访清华大学谢维和教授》，载《中国教育报》2009 年 1 月 17 日，第 3 版。

③ Frank Hendriks, “Understanding Good Urban Governance: Essentials, Shifts, and Values,” *Urba-nAffairs Review*, No. 50 (Apr 2013): 553-576.

而成为影响社会安全稳定的心理因素。2006年，《中共中央关于构建社会主义和谐社会若干重大问题的决定》指出，城乡、区域、经济社会发展不平衡，由此派生了诸多经济社会问题，包括社会安全问题。研究表明，经济方面的贫富差距是影响社会安全的重要因素。社会资源配置过程的程序或分配结果的不公正，使社会弱势群体处于“相对剥夺”甚至是“绝对剥夺”状态，是诱发社会安全事件的经济根源。① 尽管不能说贫富差距小的社会就一定是一个稳定的社会，但是可以肯定地说，一个贫富差距过大的社会必定是一个不稳定的社会。② 对于社会个体来说，获得感更加强调社会发展和分配的结果，纵向基于时代发展变化的个人发展与获得的对比、基于国家发展的个人发展与获得的对比，横向基于个人发展与周围群体的对比等。

获得感是社会安全经济方面影响因素的直接反映。社会安全稳定促进社会发展，提升社会群体（个体）的经济收入和生活水平，反映为社会个体对社会利益坐标中地位的认识和判断，对社会发展成效的判断，可以有效转化为经济方面和心理方面的满足感，这是获得感心理作用机制。

首先，从物质获得感层面来看，物质获得感是影响民众安全水平感知的重要决定因素。物质获得感主要包括显性的物质层面获得，如工资收入、居住条件、就医情况、健康保障、受教育程度、消费水平、人均寿命、社会保障、出行便捷等。获得感是一种心理状态的表征，也是一个比较性概念，其高低多基于时间、空间、条件的综合比较。对于社会个体来说，获得感更加强调社会发展的利益分配结果。从纵向来看，获得感是基于时代发展变化、国家的经济社会发展进步情况，与社会个体的前后阶段获得多少、优劣等变化情况的比较。从横向来看，获得感则是基于个人与周围群体的对比。因此，当社会民众在物质获得感层面得到满足之后，他们会基于物质获得感来客观反映对周围社会安全水平的认知。换言之，当社会民众的工资收入提升、居住条件变好、就医情况向好、健康保障完善、出行便捷高效、消费水平提升之后，其社会安全感也会随之提升。由此，本研究提出以下假设：

假设2：获得感正向影响社会安全水平。

假设2a：物质获得感正向影响社会安全水平。

---

① 周定平：《社会安全事件的本质分析——兼论当前我国社会安全事件的引发因素》，载《湖南省社会主义学院学报》2008年第2期，第55~57页。

② 吴忠民：《以社会公正奠定社会安全的基础》，载《社会学研究》2012年第7期，第17~24页。

其次，从精神获得感层面来看，精神获得感同样是影响民众安全水平感知的重要决定因素。精神获得感主要指除物质获得感之外的隐性的社会精神层面的获得，如参与权、知情权、表达权、监督权，以及社会个体实现自我价值、参与经济社会发展进程的机会等。从更广泛意义上来说，随着人们对美好生活向往的提质升级，获得感更加实实在在拓展到与个体生活相关的外部条件方面，如社会的生态环境发展水平、城乡文明的发展水平、社会文化生活的丰富程度及需求满足程度、社会人文面貌发展情况等。尤其是随着我国社会经济发展到一定水平之后，民众对政府治理的满足感已经不再局限于经济层面的物质获得感，他们更加关注精神获得感，即获得感更加综合、更加强调非物质层面的获得。由此，我们推断：在社会的综合人文环境发生显著提高和变化之后，社会民众也会将心理满足的获得感外化为对社会安全水平高低的感知。

由此，本研究提出以下假设：

假设 2b：精神获得感正向影响社会安全水平。

### （三）秩序感与社会安全水平

社会秩序是维护社会稳定、安全状态的一种重要推动力和内驱力，影响民众的获得感和安全感。秩序是人类社会生存发展的基本条件，是社会重要的价值载体，表现为一种动态平衡状态，而建立、维护和巩固特定社会制度所需的社会秩序是社会政治的首要任务。① 储著源认为，社会秩序是一种常态社会关系，集中反映了人们的交往实践关系和物质生产关系。② 社会安全表现为一种良好的社会秩序，社会民众在社会体系里享有安全和谐的生活、工作环境及秩序，其民主权利、生命财产、身心健康和自我发展都能够得到充分保障，最大限度避免受到伤害。③ 良好社会秩序的基础在于，人与人之间具有强烈的认同和信任，每个社会个体都被纳入一定的社会关系体系，社会具有共同认同、遵循的价值观和道德规范，置于确定的社会地位，得到社会接受和认可。

社会秩序还表现为一种社会控制因素和约束要求，把无序和冲突控制在一

① 张兆端：《警察哲学——哲学视域中的警察学原理》，中国人民公安大学出版社 2011 年版，第 555~567 页。

② 储著源：《德治、法治与和谐社会秩序》，载《湖北经济学院学报》2018 年第 1 期，第 98~105 页。

③ 王盼盼、樊继福：《转型时期中国公共安全问题的对策探析》，载《西安邮电大学学报》2011 年第 7 期，第 131 页。

定范围内，在国家强制能力建设和社会管理控制中发挥重要作用。① 例如，经济秩序（主要表现为人们在生产过程中形成关系及相应社会规范及规则）、政治秩序（主要表现为统治与被统治关系及国家政治法律制度）的稳定对社会秩序稳定发挥着决定性作用。

社会秩序反映了相对稳定的社会结构，每个社会个体都被纳入一定的社会关系体系、被置于确定的社会地位，各成员及各种社会地位之间关系都被明确规定。原始社会的社会秩序表现为通过自发形成的风俗习惯，被全体社会个体自愿维护。其后的各个社会阶段，社会秩序主要凭借国家权力、通过强制手段得以维护。除国家权力的合法化渠道之外，来自民间社会组织的社会治理也是社会秩序的重要补充，如封建社会的家族治理、乡绅治理，现代社会计划经济时期的单位治理，当代社会的社区参与治理等。从社会秩序的建立现实过程来看，社会秩序并不必然是在基于公平的基础上建立，如印度的族群治理、欧洲国家基于宗教的治理等，但因为能够得到社会各阶层的普遍认可和遵守，也形成了基本的社会秩序。

从家族治理、单位治理到社区治理的社会治理模式变迁，体现了社会秩序的变化，也形成了不同的秩序感，体现了秩序感的变迁。从小说《白鹿原》中典型的乡绅治理，发展到现代社会的社会治理，体现了社会秩序和社会治理模式的互动作用和变迁轨迹。从一个历史时期发展到另一个历史时期，原有社会秩序被打破，也意味着新的社会秩序的建构。破立并举，构成了社会秩序变迁的基本力量。从历史来看，五四运动对传统社会秩序的变革冲击、引导走向现代社会秩序，发挥了向现代社会变革的革命性作用。解放伊始以阶级斗争为纲的社会秩序、改革开放对社会秩序的调整、对法治和道德在社会治理中作用的同等重视，以及当前从社会管理到社会治理的重大改革，都反映了社会秩序与社会治理模式匹配的重要性。

秩序感主要是指社会个体对社会价值体系和道德规范认同、社会关系模式、社会结构和状态的感知和判断，体现了对社会治理方案和效果等社会秩序的认可程度。社会秩序感是一种重要的社会安全心理机制，反映社会的法律文明、核心价值、主流文化、社会道德规范得到共同认同和遵守。秩序感的核心

---

① Clarence N. Stone, "Reflections on Regime Politics: From Governing Coalition to Urban Political Order," *Urban Affairs Review*, No. 51 (Jan 2015): 101-137.

是建立社会认同，在社会交互中对于某些价值理念、文化内涵和思维信念形成共识，构建相互情感与意识上的“归属感”。

社会文化系统是形成良好社会秩序的关键，社会通用的价值体系、道德规范、法律制度等形成主流价值观认同，进而引导和建立良好的社会文明秩序。研究表明，社会安全治理的政策供给之间存在联动效应，也存在“制衡”关系，某些政策举措会因在公平感和秩序感之间的不同侧重而交互影响、削弱政策预期效果。例如，国家当前在教育、医疗、住房等领域的社会治理政策，将面向社会民众的普惠性公平作为优先的政策价值导向，以更好地适应社会转型期、利益交织期、社会“原子化”及社会信任重塑条件下民众对公平的高灵敏度和低容忍性特点。社会安全治理在进行制度设计时要精准施策，政策实践应将公平优先于秩序作为基本导向，重视秩序感与公平感之间供给政策的联动与“制衡”关系，针对性考虑如何减少两者的“制衡约束”，破除制约和弱化民众获得感的外部不利因素，增强联动协同，共同提升民众的秩序感。

社会秩序的反面是社会失序，往往意味着社会处于不安全、不稳定的状态，涵盖了制度变迁、秩序转换和行为模式变化，突出表现为社会缺乏系统健全的规范体系，或已有的社会规范体系不能有效发挥作用，如规则、制度之间相互冲突与混乱，社会主体行为失范，政治伦理秩序缺失与腐败现象蔓延，职业道德缺失和行业不正之风盛行，犯罪呈现持续增长趋势等。在个体层面上，社会失序表现为内在精神世界彷徨无助和外在行为的无章可循；在非个体层面上，表现为社会联系减弱或社会关系杂乱。①

如前推导分析，建立社会秩序感的社会认同主要包括社会价值认同、社会道德规范认同、社会法律认同。

首先，从价值认同来看，伴随着全面深化改革不断深入和社会信息化、流动性强化，社会利益主体出现多元化，社会阶层不断分化，利益诉求、价值观呈现多元倾向。不同社会个体在表达和追求各自切身利益时就转化为利益诉求的特定个体，而不同群体之间的利益诉求和社会价值观的差异甚至冲突，不利于保持稳定的社会秩序。随着网络技术与社会生产运行等深度整合，网络文化快速发展并且其影响力、覆盖面大大增强，成为社会生活的主要组成部分。人

---

① 潘华：《社会转型、社会失序与腐败——加强反腐倡廉建设的社会学思考》，载《河北青年管理干部学院学报》2012 年第 2 期，第 32~34 页。

们在网络条件下进行工作、学习、交往、沟通、休闲、娱乐等活动方式及所反映的价值观念和社会心态等，对传统社会文化及价值观产生冲击和挑战，带来价值观的多元化和主流价值观彰显度不足。社会民众的秩序感是确保社会安全水平的重要心理机制，是社会安全的重要影响因素。同时，若社会民众的价值认同感增强，则其心理安全稳定性水平也会随之提升，亦会促进社会安全水平的提高。由此，本研究提出以下假设：

假设 3：秩序感正向影响社会安全水平。

假设 3a：价值认同正向影响社会安全水平。

其次，从社会道德认同来看，共同的价值取向和认同是维系社会秩序最为深层的力量。社会信任既是一种不易把握和测量的社会心理，也是一种重要的社会安全机制和社会整合机制。社会信任是社会认同的重要基础，是维系社会秩序的重要凝聚力，也是影响社会安全的基础性、根本性因素。[①] 社会信任出现危机会导致社会整合和控制的失败，增加社会运行的不确定性，从而影响社会安全。社会道德规范具有持久性、基础性和广泛约束性，反映了特定社会共同的价值取向，也是形成社会认同的基础。社会民众的社会道德意识越强，认同感越高，社会的凝聚力就越高，就越有利于形成稳定的社会秩序。按照此逻辑推断，提升社会的道德水平和社会民众的道德认同，会促进社会安全水平的提升。由此，本研究提出以下假设：

假设 3b：道德认同正向影响社会安全水平。

最后，从法律认同来看，法律认同作为社会民众运用实践经验和理性，对社会中运行中的法律制度是否符合社会生活事实进行理性价值判断后产生的一种内心情感体验，蕴含着民众对法律及其价值、内容、尊严的遵循与信任。[②] 法律认同是社会民众对社会安全水平的一种重要的认同表达，是社会个体与法律规范之间保持一种归属性的互动，基本内容包括建立体现公平正义理念、维护人民利益的法律制度，推动法律实施并展示实用价值，符合法的意蕴和价值追求、符合实体法的规定和要求，并通过认知获取、内在评价、情感融合进而达到认同的效果。当社会民众的法律认同达到一定程度，意味着对社会秩序的

---

① 冯仕政：《我国当前的信任危机与社会安全》，载《中国人民大学学报》2004 年第 2 期，第 25~31 页。

② 郑鹏程、陈力：《法律认同内在意蕴的生成逻辑》，载《沈阳师范大学学报（社会科学版）》2018 年第 4 期，第 90~94 页。

底线性限制、惩戒性规范得到认可，并认可其对于调节社会关系、维护权利和利益诉求、维护社会秩序、体现公平价值等方面的支撑作用。由此，本研究提出以下假设：

假设 3c：法律认同正向影响社会安全水平。

综上分析，本部分形成关于社会安全本源因素的理论推导模型，作用机理如图 3-5 所示。通过社会安全与社会功能系统的总体作用关系推导，确定了导向、保障、认同三个基本功能维度，进而推导出公平感、获得感、秩序感三个本源影响因素，它们共同影响社会民众的社会安全感（社会安全水平）。

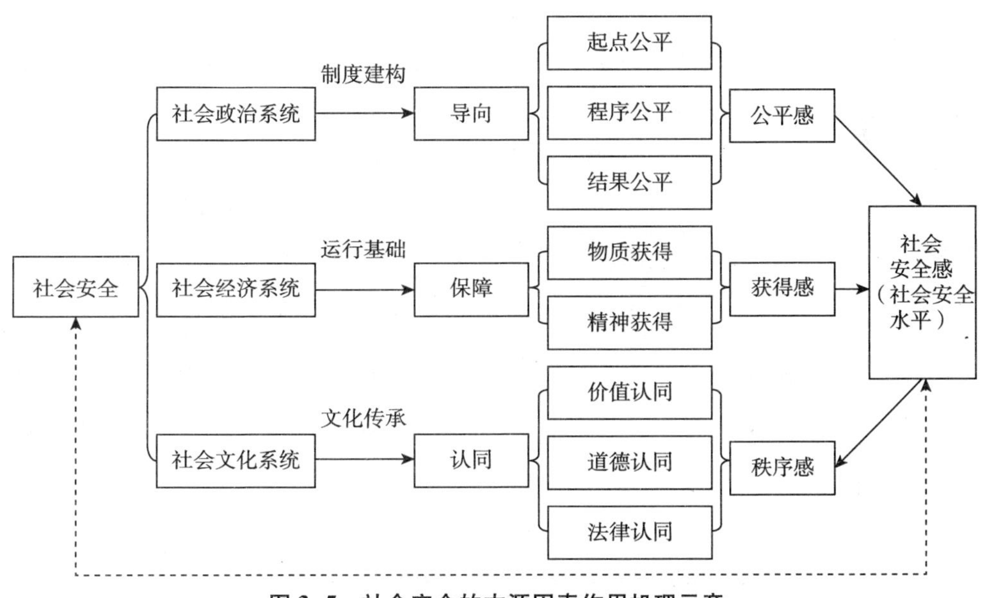


**图 3-5　社会安全的本源因素作用机理示意**

## 三、实证检验与分析

### （一）问卷设计与预调研分析

本研究对社会安全、社会安全治理、社会现代化典型情景条件下的安全治理策略等多个维度进行假设验证和量化实证分析，设计调查问卷、集中进行问卷调查和数据采集，并在本书的第三章、第四章、第五章分别验证分析。为追求整个实证分析的简洁，本书在本小节完成对本研究中涉及的所有研究变量的来源说明，包括预调研中的探索性因子分析和正式调研中的验证性因子分析。其中，探索性因子分析和后文回归分析采取 SPSS18.0 软件进行，验证性因子分析采用 LISRAL 软件进行。

1. 变量来源

在变量设计方面，考虑到本研究中公平感、秩序感、获得感以及后续章节中的话语权、包容性、参与度以及社会安全水平等大部分变量，重在考量被调查对象的“主观感受”，且根据已有公开统计数据资料和文献资料可知，尚无完全对应和精确的公开二手数据能够测量本研究的所有相关变量，故借鉴已有文献做法，本研究利用一手调查数据进行主要变量测量。利用调查问卷获取一手数据的优势在于，能够相对精确地了解社会民众的真实态度和想法，且这也是大部分文献测量主观性较强的“潜变量”的通行做法。

鉴于此，本研究在充分借鉴已有研究成果的基础上确定测量变量，并在征求本领域相关研究专家意见的基础上，最终完成调查问卷设计。其中，民众公平感重点借鉴 Colquitt 等①、Barsky 和 Kaplan②、郑功成③、方学梅和陈松④等学者研究成果完成，测量问项 9 个；民众获得感重点借鉴石晶⑤研究成果完成，测量问项 6 个；民众秩序感重点借鉴哈耶克⑥、赵万里和徐铁梅⑦、周庆智⑧等学者研究成果完成，测量问项 9 个；民众参与度重点借鉴 Colquitt 等⑨、Barsky

① Colquitt, Greenberg & Scott. *Organizational justice: Where do we stand?* In J. Greenberg & J. A. Colquitt (Eds.) Handbook of organizational justice (Mahwah, NJ: Erlbaum, 2005). p. 589.

② Barsky & Kaplan, “If you feel bad, it's unfair: A quantitative synthesis of Affect and Organizational Justice,” *Journal of Applied Psychology*, No. 9 (Jan 2007): 286-295.

③ 郑功成：《中国社会公平状况分析——价值判断、权益失衡与制度保障》，载《中国人民大学学报》2009 年第 2 期，第 1~11 页。

④ 方学梅、陈松：《我国公民社会公正感量表的编制及信效度检验》，载《华东理工大学学报（社会科学版）》2016 年第 1 期，第 125~132 页。

⑤ 石晶：《新的美好生活，新的感受期盼——当前公众获得感幸福感安全感情况及影响因素调查报告》，载《人民论坛：国家治理周刊》2017 年第 2 期，第 15~36 页。

⑥ ［英］弗里德里希·冯·哈耶克（Hayek）著：《个人主义与经济秩序》，邓正来编译，复旦大学出版社 2012 年版，第 2 页。

⑦ 赵万里、徐铁梅：《制度理性：制度变迁、行为选择与社会秩序》，载《经济学家》2018 年第 3 期，第 52~56 页。

⑧ 周庆智：《官民共治：关于乡村治理秩序的一个概括》，载《甘肃社会科学》2018 年第 2 期，第 2~10 页。

⑨ Colquitt, Greenberg & Scott. *Organizational justice: Where do we stand?* In J. Greenberg & J. A. Colquitt (Eds.) Handbook of organizational justice (Mahwah, NJ: Erlbaum, 2005). p. 589.

和 Kaplan①、郑功成②、方学梅和陈松③等学者研究成果完成，测量问项 3 个；民众话语权重点借鉴哈耶克④、赵万里和徐铁梅、周庆智等学者的研究成果完成，测量问项 3 个；民众包容性重点借鉴石晶⑤研究成果完成，测量问项 3 个；高流动性治理策略重点借鉴杨雪冬⑥研究成果完成，测量问项 3 个；高网络化治理策略重点借鉴熊光清研究成果完成，测量问项 3 个；高知识化治理策略重点借鉴范晓娜⑦研究成果完成，测量问项 3 个；社会安全水平重点借鉴石晶、宫志刚⑧等学者的研究成果完成，测量问项 10 个。

2. 问卷收集及预调研样本结构

受到人力与物力的局限，本研究采取便利原则简单随机抽样的方式（尽可能兼顾区域分布），根据社会安全本源影响要素的三个基本维度设计基础调查问卷，并通过专门网络调查网站发布、实施调查。正式调查实施前，组织进行了小范围的试测，安排参加调查的对象包括不同学历层次（从研究生到初中生）、不同区域（东部、中部、西部区域城市）、不同群体（公务员、大学教师、企业管理人员、在校学生、进城务工人员、农民等），对调查问题描述的可理解性、表意准确性进行检验，并进行多轮次必要的打磨修改。2019 年 1 月，通过个人和朋友的社会关系支持，随机组织 200 人进行问卷预调研，共回收有效问卷 189 份。预调研样本结构如表 3-1 所示。

---

① Barsky & Kaplan, "If you feel bad, it's unfair: A quantitative synthesis of Affect and Organizational Justice," *Journal of Applied Psychology*, No. 9 (Jan 2007): 286-295.

② 郑功成：《中国社会公平状况分析——价值判断、权益失衡与制度保障》，载《中国人民大学学报》2009 年第 2 期，第 1~11 页。

③ 方学梅、陈松：《我国公民社会公正感量表的编制及信效度检验》，载《华东理工大学学报（社会科学版）》2016 年第 1 期，第 125~132 页。

④ ［英］弗里德里希·冯·哈耶克（Hayek）著：《个人主义与经济秩序》，邓正来编译，复旦大学出版社 2012 年版，第 2 页。

⑤ 石晶：《新的美好生活，新的感受期盼——当前公众获得感幸福感安全感情况及影响因素调查报告》，载《人民论坛：国家治理周刊》2017 年第 2 期，第 15~36 页。

⑥ 杨雪冬：《全球化、治理失效与社会安全》，载《中国人民大学学报》2004 年第 2 期，第 17~24 页。

⑦ 范晓娜：《博弈视角下的多中心治理模式研究》，南京农业大学 2007 年硕士学位论文，第 39~51 页。

⑧ 宫志刚：《平安中国蓝皮书：平安北京建设发展报告（2018）》，社会科学文献出版社 2018 年版，第 312~324 页。

表 3-1　预调研有效样本的总体结构（N=189）

| 变量 | 类别 | 占比（%） |
|---|---|---|
| 年龄 | 18 岁以下 | 1.1 |
| | 18~25 岁 | 22.8 |
| | 26~30 岁 | 14.8 |
| | 31~40 岁 | 28.0 |
| | 41~50 岁 | 26.5 |
| | 51~60 岁 | 6.3 |
| | 60 岁以上 | 0.5 |
| 性别 | 男 | 66.1 |
| | 女 | 33.9 |
| 婚姻状况 | 未婚 | 32.8 |
| | 已婚 | 64.6 |
| | 离婚 | 2.6 |
| 受教育程度 | 研究生 | 31.8 |
| | 大学本科 | 45.5 |
| | 大学专科 | 13.2 |
| | 高中（中专） | 5.8 |
| | 初中 | 3.7 |
| 工作性质 | 政府机关 | 23.8 |
| | 事业单位 | 32.8 |
| | 国有企业 | 2.6 |
| | 私营企业 | 16.4 |
| | 无固定职业 | 7.4 |
| | 未工作 | 17.0 |
| 工作年限 | 1 年及以下 | 23.7 |
| | 2 年 | 3.2 |
| | 3~5 年 | 6.9 |
| | 5~10 年 | 21.2 |
| | 10~20 年 | 24.9 |
| | 20 年以上 | 20.1 |

续表

| 变量 | 类别 | 占比（%） |
| --- | --- | --- |
| 个人月收入 | 3000 元及以下 | 22.2 |
| | 3001～8000 元 | 45.0 |
| | 8001～10000 元 | 13.2 |
| | 10001～20000 元 | 14.3 |
| | 20001～50000 元 | 3.2 |
| | 50000 元以上 | 2.1 |
| 居住区域 | 东部地区 | 40.2 |
| | 中部地区 | 49.7 |
| | 西部地区 | 10.1 |

3. 探索性因子分析

第一，信度检验。本研究采用学界通用的 Cronbach's α 系数进行信度检验。本研究变量的信度检验结果如表 3-2、表 3-3、表 3-4、表 3-5 所示。从信度系数来看，公平感中的起点公平、程序公平和结果公平的 Cronbach's α 系数分别为 0.918、0.882、0.848，均大于临界值 0.7，说明公平感各个维度具有较高信度；获得感中的物质获得感和精神获得感的 Cronbach's α 系数分别为 0.916、0.929，均大于临界值 0.7，说明获得感各个维度具有较高信度；秩序感中的价值认同、道德认同和法律认同的 Cronbach's α 系数分别为 0.895、0.927、0.949，均大于临界值 0.7，说明秩序感各个维度具有较高信度。社会安全治理影响因素中的参与度、包容性和话语权的 Cronbach's α 系数分别为 0.862、0.939、0.902，均大于临界值 0.7，说明社会安全治理各个维度具有较高信度。社会安全治理现代化策略中的高流动性治理策略、高网络化治理策略和高知识化治理策略的 Cronbach's α 系数分别为 0.961、0.898、0.893，均大于临界值 0.7，说明社会安全治理现代化策略各个维度具有较高信度。社会安全水平的 Cronbach's α 系数为 0.956，大于临界值 0.7，说明社会安全水平具有较高信度。综上所述，本研究所有变量均具有较高信度。

表 3-2 社会安全本源影响因素探索性因子分析结果（N=189）

| 变量名称 | 测量指标 | 因子 1 | 因子 2 | 因子 3 | Cronbach's α 系数 | KMO 值 | Bartlett's Test | 解释方差（%） |
|---|---|---|---|---|---|---|---|---|
| 起点公平 | A1 | 0. 890 | 0. 174 | 0. 220 | 0. 918 | 0. 838 | 0. 000 | 56. 368 |
| | A2 | 0. 877 | 0. 246 | 0. 195 | | | | |
| | A3 | 0. 846 | 0. 224 | 0. 234 | | | | |
| 程序公平 | A5 | 0. 168 | 0. 922 | 0. 186 | 0. 882 | | | 13. 300 |
| | A6 | 0. 214 | 0. 884 | 0. 234 | | | | |
| | A4 | 0. 468 | 0. 632 | 0. 219 | | | | |
| 结果公平 | A9 | 0. 180 | 0. 082 | 0. 894 | 0. 848 | | | 12. 453 |
| | A8 | 0. 174 | 0. 296 | 0. 841 | | | | |
| | A7 | 0. 373 | 0. 303 | 0. 689 | | | | |
| 精神获得感 | B5 | 0. 946 | 0. 242 | — | 0. 929 | 0. 796 | 0. 000 | 67. 053 |
| | B4 | 0. 938 | 0. 198 | — | | | | |
| | B6 | 0. 915 | 0. 268 | — | | | | |
| 物质获得感 | B3 | 0. 203 | 0. 942 | — | 0. 961 | | | 23. 537 |
| | B1 | 0. 169 | 0. 932 | — | | | | |
| | B2 | 0. 350 | 0. 838 | — | | | | |
| 法律认同 | C8 | 0. 918 | 0. 231 | 0. 177 | 0. 949 | 0. 877 | 0. 000 | 63. 890 |
| | C9 | 0. 899 | 0. 207 | 0. 216 | | | | |
| | C7 | 0. 890 | 0. 213 | 0. 249 | | | | |
| 道德认同 | C4 | 0. 274 | 0. 839 | 0. 311 | 0. 927 | | | 15. 879 |
| | C5 | 0. 191 | 0. 831 | 0. 409 | | | | |
| | C6 | 0. 268 | 0. 817 | 0. 345 | | | | |
| 价值认同 | C1 | 0. 239 | 0. 301 | 0. 855 | 0. 895 | | | 7. 462 |
| | C2 | 0. 278 | 0. 357 | 0. 822 | | | | |
| | C3 | 0. 185 | 0. 378 | 0. 748 | | | | |

表 3-3　社会安全治理影响因素探索性因子分析结果（N=189）

| 变量名称 | 测量指标 | 因子 1 | 因子 2 | 因子 3 | Cronbach's α 系数 | KMO 值 | Bartlett's Test | 解释方差（%） |
|---|---|---|---|---|---|---|---|---|
| 包容性 | D5 | 0. 872 | 0. 315 | 0. 205 | 0. 939 | 0. 855 | 0. 000 | 67. 222 |
| | D6 | 0. 855 | 0. 322 | 0. 264 | | | | |
| | D4 | 0. 782 | 0. 332 | 0. 377 | | | | |
| 话语权 | D7 | 0. 303 | 0. 812 | 0. 387 | 0. 902 | | | 9. 593 |
| | D9 | 0. 316 | 0. 808 | 0. 209 | | | | |
| | D8 | 0. 337 | 0. 773 | 0. 340 | | | | |
| 参与度 | D2 | 0. 149 | 0. 289 | 0. 876 | 0. 862 | | | 7. 883 |
| | D3 | 0. 346 | 0. 363 | 0. 770 | | | | |
| | D1 | 0. 458 | 0. 226 | 0. 669 | | | | |

表 3-4　社会安全治理现代化策略探索性因子分析结果（N=189）

| 变量名称 | 因子 1 | 因子 2 | 因子 3 | Cronbach's α 系数 | KMO 值 | Bartlett's Test | 解释方差（%） |
|---|---|---|---|---|---|---|---|
| 高流动性治理策略 | 0. 910 | 0. 231 | 0. 216 | 0. 961 | 0. 854 | 0. 000 | 61. 369 |
| | 0. 910 | 0. 180 | 0. 244 | | | | |
| | 0. 902 | 0. 225 | 0. 262 | | | | |
| 高网络化治理策略 | 0. 179 | 0. 889 | 0. 289 | 0. 898 | | | 15. 562 |
| | 0. 169 | 0. 876 | 0. 289 | | | | |
| | 0. 301 | 0. 755 | 0. 243 | | | | |
| 高知识化治理策略 | 0. 267 | 0. 205 | 0. 870 | 0. 893 | | | 9. 577 |
| | 0. 271 | 0. 319 | 0. 816 | | | | |
| | 0. 220 | 0. 413 | 0. 754 | | | | |

表 3-5 社会安全水平探索性因子分析结果汇总表（N=189）

| 变量名称 | 测量指标 | 因子 1 | Cronbach's α 系数 | KMO 值 | Bartlett's Test | 解释方差（%） |
|---|---|---|---|---|---|---|
| 社会安全水平 | F7 | 0.905 | 0.956 | 0.921 | 0.000 | 69.699 |
| | F6 | 0.885 | | | | |
| | F1 | 0.879 | | | | |
| | F2 | 0.877 | | | | |
| | F3 | 0.871 | | | | |
| | F4 | 0.857 | | | | |
| | F8 | 0.819 | | | | |
| | F10 | 0.797 | | | | |
| | F5 | 0.772 | | | | |
| | F9 | 0.742 | | | | |

第二，效度检验。本研究分别对采用量表做内容效度和结构效度的检验。由于本研究量表的设计基于已有成熟研究成果完成，并征求了多位相关领域专家的意见，故一般而言本研究量表的内容效度较高。

此外，探索性因子分析检验结果如表 3-2、表 3-3、表 3-4、表 3-5 所示。其中，各个变量的 KMO 值（大于 0.7）和巴特利球形检验（$p<0.05$）均在临界值以内，说明适合做探索性因子分析。各个变量不同维度的因子载荷均大于 0.5，且没有出现跨因子载荷现象，说明本研究量表具有较高的结构效度。

上述分析结果表明，本研究所设计的测量量表，能够较好地体现其背后潜变量的基本内涵，可以用来进行正式的问卷调研。

### （二）正式调研与验证性因子分析

1. 正式调研数据来源与样本结构

基于预调研探索性因子的分析结果，形成正式的调研问卷（具体见附录）。本研究基于社会安全治理相关部门的研究课题支持，以普通民众为调查对象，利用问卷星专业网络调查平台，采取便利原则简单随机抽样的方式（尽可能兼顾区域分布）收集数据。为确保问答参与便捷和唯一性，对作答设备和网络 IP 地址进行技术设置，限制在同一台手机或电脑上只能作答 1 次，最大限度地避免重复作答的因素干扰。因调查问卷问题数量较多、答题项文字阅读量较大，为节约答题时间、提高答题效率，在质量控制环节将问题关键词设置为加粗标示或在关键内容下显示重点符号，便于作答者快速把握问题项的要点。在抽样过程中尽量考虑到样本在我国东部地区、中部地区、西部地区的地区分布。网络调查时间自 2019 年 2 月 15 日至 3 月 15 日，数据收集过程历时一个月，共收集问卷 1000 份。经过仔细筛查，将明显随意填写或所有题项都选择同一数字的问卷视为无效问卷，最终获得有效问卷 898 份，作为本研究的有效样本。正式调研样本结构如表 3-6 所示，表明覆盖面较为广泛，具有一定的代表性。

**表 3-6　正式调研样本总体结构（N=898）**

| 变量 | 类别 | 占比（%） |
|---|---|---|
| 性别 | 男 | 59.5 |
| | 女 | 40.5 |
| 年龄 | 18 岁以下 | 0.8 |
| | 18~25 岁 | 21.8 |
| | 26~30 岁 | 13.1 |
| | 31~40 岁 | 30.4 |
| | 41~50 岁 | 21.6 |
| | 51~60 岁 | 9.5 |
| | 60 岁以上 | 2.8 |
| 婚姻状况 | 未婚 | 36.0 |
| | 已婚 | 45.1 |
| | 离婚 | 8.8 |
| | 丧偶 | 10.1 |
| 受教育程度 | 研究生 | 27.4 |
| | 大学本科 | 48.0 |
| | 大学专科 | 11.2 |
| | 高中（中专） | 7.7 |
| | 初中 | 5.0 |
| | 小学及以下 | 0.7 |
| 工作性质 | 政府机关 | 17.8 |
| | 事业单位 | 29.3 |
| | 国有企业 | 3.9 |
| | 私营企业 | 21.8 |
| | 无固定职业 | 9.0 |
| | 未工作 | 18.2 |

续表

| 变量 | 类别 | 占比（%） |
| --- | --- | --- |
| 工作年限 | 1年及以下 | 23.8 |
| | 2年 | 5.8 |
| | 3~5年 | 7.9 |
| | 5~10年 | 17.9 |
| | 10~20年 | 24.9 |
| | 20年以上 | 19.7 |
| 个人月收入 | 3000元及以下 | 27.6 |
| | 3001~8000元 | 43.7 |
| | 8001~10000元 | 13.7 |
| | 10001~20000元 | 11.4 |
| | 20001~50000元 | 2.3 |
| | 50000元以上 | 1.3 |
| 居住区域 | 东部区域 | 42.3 |
| | 中部区域 | 47.3 |
| | 西部区域 | 10.2 |
| | 港澳台区域 | 0.2 |

2. 验证性因子分析

限于篇幅，与前面进行探索性因子分析的思路一样，本部分对本研究中涉及的所有变量全部进行验证性因子分析。检验结果如表3-7所示。其一，从各个变量的Cronbach's α系数来看，均大于或等于0.7的临界要求。据此可得，本研究的各个变量具有较好的信度。其二，由各个变量的效度检验结果可知，其平均方差提取量（即AVE）均高于0.5，说明各个测量变量均具有较高聚合效度。其三，从各个变量测量模型适配度检验结果可知，各个变量的维度因子中的RMSEA值均大于或等于0.08，符合学界临界值要求。从各个变量的NFI、NNFI、CFI、IFI、GFI指数值来看，其指标值均大于0.9，且$\chi^2/df$值介于1到5之间，拟合较好，说明各个测量模型的拟合值比较符合学界研究的临界值要求。

**表 3-7　主要变量验证性因子分析结果（N=898）**

| 主要变量 | 维度 | Cronbach's α 系数 | AVE | 测量模型适配度检验结果 |
| --- | --- | --- | --- | --- |
| 公平感 | 起点公平 | 0.823 | 0.641 | RMSEA=0.059<0.08；$1<\chi^2/df=4.16<5$；NFI=0.99、NNFI=0.99、CFI=0.99、IFI=0.99、GFI=0.98 |
| | 程序公平 | 0.802 | | |
| | 结果公平 | 0.859 | | |
| 获得感 | 物质获得感 | 0.901 | 0.791 | RMSEA=0.08=0.08；$1<\chi^2/df=4.5<5$；NFI=0.99、NNFI=0.98、CFI=0.99、IFI=0.99、GFI=0.98 |
| | 精神获得感 | 0.930 | | |
| 秩序感 | 价值认同 | 0.700 | 0.622 | RMSEA=0.066<0.08；$1<\chi^2/df=4.87<5$；NFI=0.99、NNFI=0.99、CFI=0.99、IFI=0.99、GFI=0.97 |
| | 道德认同 | 0.887 | | |
| | 法律认同 | 0.879 | | |
| 社会安全治理 | 参与度 | 0.937 | 0.648 | RMSEA=0.078<0.08；$1<\chi^2/df=4.95<5$；NFI=0.99、NNFI=0.98、CFI=0.99、IFI=0.99、GFI=0.95 |
| | 包容性 | 0.908 | | |
| | 话语权 | 0.883 | | |
| 社会安全治理现代化应对策略 | 高流动性治理策略 | 0.896 | 0.656 | RMSEA=0.073<0.08；$1<\chi^2/df=4.92<5$；NFI=0.96、NNFI=0.95、CFI=0.97、IFI=0.97、GFI=0.93 |
| | 高网络化治理策略 | 0.728 | | |
| | 高知识化治理策略 | 0.888 | | |
| 社会安全水平 | — | 0.930 | 0.671 | RMSEA=0.000<0.08；$1<\chi^2/df=2.57<5$；NFI=0.98、NNFI=0.97、CFI=0.97、IFI=0.97、GFI=0.95 |

### （三）假设检验

这里采用多元回归分析方法，对本章提出的研究假设进行实证检验，即验证假设 1、假设 1a、假设 1b、假设 1c、假设 2、假设 2a、假设 2b、假设 3、假设 3a、假设 3b、假设 3c。具体检验结果如表 3-8 所示。

表 3-8　社会安全诸因素对社会安全水平产生影响的检验结果（N=898）

| 模型 | M1 | M2 | M3 | M4 | M5 | M6 | M7 | M8 | M9 |
|---|---|---|---|---|---|---|---|---|---|
| 变量 | 社会安全水平 | 社会安全水平 | 社会安全水平 | 社会安全水平 | 社会安全水平 | 社会安全水平 | 社会安全水平 | 社会安全水平 | 社会安全水平 |
| 年龄 | 0.266*** | 0.194*** | 0.210*** | 0.181*** | 0.152*** | 0.121*** | 0.098** | 0.092** | 0.094** |
| 性别 | 0.035 | 0.066* | 0.084** | 0.085** | 0.096*** | 0.091*** | 0.081*** | 0.082*** | 0.082*** |
| 婚姻状况 | -0.026 | 0.015 | -0.003 | -0.002 | -0.013 | -0.024 | -0.022 | -0.015 | -0.013 |
| 受教育程度 | 0.035 | -0.005 | -0.005 | -0.001 | -0.009 | 0.010 | 0.015 | 0.021 | 0.021 |
| 政府机关 | 0.041 | 0.015 | -0.027 | -0.023 | -0.008 | -0.004 | 0.020 | 0.033 | 0.032 |
| 事业单位 | 0.052 | 0.025 | 0.016 | 0.018 | 0.019 | 0.019 | 0.034 | 0.037 | 0.036 |
| 工作年限 | -0.183** | -0.120** | -0.141** | -0.126*** | -0.089* | -0.060 | -0.061 | -0.061 | -0.061 |
| 收入 | 0.032 | -0.009 | 0.025 | 0.023 | 0.023 | 0.012 | 0.025 | 0.026 | 0.027 |
| 东部地区 | 0.082** | 0.076 | 0.045 | 0.047 | 0.021 | 0.031 | 0.035 | 0.033 | 0.033 |
| 西部地区 | -0.040 | 0.000 | 0.001 | 0.003 | 0.008 | -0.002 | -0.001 | 0.009 | 0.009 |
| 起点公平 | — | 0.508*** | 0.216*** | 0.154*** | 0.093*** | 0.053 | 0.024 | 0.019 | 0.021 |
| 程序公平 | — | — | 0.432*** | 0.350*** | 0.288*** | 0.286*** | 0.251*** | 0.213*** | 0.215*** |
| 结果公平 | — | — | — | 0.192*** | 0.158*** | 0.059 | 0.027 | 0.006 | 0.007 |
| 物质获得感 | — | — | — | — | 0.299*** | 0.356*** | 0.320*** | 0.253*** | 0.256*** |

续表

| 模型 | M1 | M2 | M3 | M4 | M5 | M6 | M7 | M8 | M9 |
|---|---|---|---|---|---|---|---|---|---|
| 变量 | 社会安全水平 | 社会安全水平 | 社会安全水平 | 社会安全水平 | 社会安全水平 | 社会安全水平 | 社会安全水平 | 社会安全水平 | 社会安全水平 |
| 精神获得感 | — | — | — | — | — | 0.201*** | 0.166*** | 0.130*** | 0.131*** |
| 价值认同 | — | — | — | — | — | — | 0.208*** | 0.157*** | 0.160*** |
| 道德认同 | — | — | — | — | — | — | — | 0.194*** | 0.207*** |
| 法律认同 | — | — | — | — | — | — | — | — | -0.023 |
| F | 5.40 | 35.71 | 50.48 | 50.19 | 61.07 | 62.89 | 65.61 | 64.97 | 61.32 |
| $R^2$ | 0.057 | 0.307 | 0.406 | 0.425 | 0.492 | 0.517 | 0.544 | 0.557 | 0.557 |
| $\Delta R^2$ | — | 0.250 | 0.099 | 0.018 | 0.067 | 0.025 | 0.027 | 0.013 | 0.000 |
| DW 值 | 1.826 | | | | | | | | |

注：* 表示 $p<0.05$；** 表示 $p<0.01$；*** 表示 $p<0.001$；$R^2$ 为调整后的值，$\Delta R^2$ 为未经调整的值。

第一，从模型 M1 中各控制变量的分析结果来看，主要有以下发现：一是社会民众的年龄显著正向影响社会安全水平（$\beta=0.266$，$p<0.001$），即社会民众的年龄越大，其社会安全水平感知越高。换言之，不同年龄群体间的社会安全水平感知具有明显差异。二是社会民众的工作年限与社会安全水平感知呈现显著负相关关系（$\beta=-0.183$，$p<0.01$），即社会民众的工作年限越长，其社会安全水平感知越低。三是从区域性差异及地区间的比较情况来看，东部地区社会民众的社会安全水平感知显著高于其他地区（$\beta=0.082$，$p<0.01$）。

第二，模型 M2 的结果表明，在控制变量模型 M1 的基础上，将起点公平变量放入回归模型 M2 后，M2 的单独解释力增加（$\Delta R^2=0.250$，$p<0.001$）。同时，模型 M2 结果表明，起点公平对社会安全水平具有明显的正向影响（$\beta=0.508$，$p<0.001$），假设 1a 得到验证。同理，模型 M3 的结果表明，M3 具有单独解释力（$\Delta R^2=0.099$，$p<0.001$），且程序公平对社会安全水平具有明显的正向影响（$\beta=0.432$，$p<0.001$），假设 1b 得到验证。模型 M4 的结果表明，M4 具有单独解释力（$\Delta R^2=0.018$，$p<0.001$），且结果公平对社会安全水平具有明显的正向影响（$\beta=0.192$，$p<0.001$），假设 1c 得到验证。由此，假设 1 得到验证，即社会民众的公平感正向影响社会安全水平。

第三，模型 M5 结果表明，M5 具有单独解释力（$\Delta R^2=0.067$，$p<0.001$），且物质获得感对社会安全水平具有明显的正向影响（$\beta=0.299$，$p<0.001$），假设 2a 得到验证。模型 M6 的结果表明，M6 具有单独解释力（$\Delta R^2=0.025$，$p<0.001$），且精神获得感对社会安全水平具有明显的正向影响（$\beta=0.201$，$p<0.001$），假设 2b 得到验证。由此，假设 2 得到验证，即社会民众的获得感正向影响社会安全水平。

第四，模型 M7 结果表明，M7 具有单独解释力（$\Delta R^2=0.027$，$p<0.001$），且价值认同对社会安全水平具有明显的正向影响（$\beta=0.208$，$p<0.001$），假设 3a 得到验证。模型 M8 的结果表明，M8 具有单独解释力（$\Delta R^2=0.013$，$p<0.001$），且道德认同对社会安全水平具有明显的正向影响（$\beta=0.194$，$p<0.001$），假设 3b 得到验证。M9 的结果表明，法律认同对社会安全水平没有显著解释力（$\Delta R^2=0.000$，$p>0.05$），且法律认同对社会安全水平的影响在统计学意义上并不显著（$\beta=-0.023$，$p>0.05$）。由此，假设 3 仅得到部分验证，即社会民众秩序感中的价值认同和道德认同会显著正向影响社会安全水平，但法律认同则没有影响，并不显著。

从本部分研究各个模型的多种共线性检验结果来看，其容忍度均小于 10，且方差膨胀因子（VIF 值）均小于 3，符合学界研究普遍要求。从 Durbin-Watson 值来看，其 DW 为 1.826，比较接近 2，由此表明各变量残差无自相关现象。

## 四、本章结论与启示

### （一）本章主要结论

本研究基于社会系统理论，分析提出社会的政治、经济、文化功能系统总体上决定着社会安全，并将社会安全感作为总体社会安全水平的典型代表。基于理论推导和思辨分析，在综述社会政治系统主要功能与公正的制度建构、社会经济系统主要功能与社会保障运行基础、社会文化系统主要功能与社会认同文化传承的基础上，集中抽象为公平感、获得感、秩序感三个社会安全心理维度，形成了社会功能系统与社会安全本源因素的作用关系机理。在理论推导基础上，基于已有文献和相关理论推演，提出公平感与社会安全、获得感与社会安全、秩序感与社会安全三组相互作用关系的假设。基于 898 个有效样本，对社会安全影响诸因素中民众的公平感、获得感、秩序感与社会安全感影响的研究假设进行了实证检验，主要得到以下结论：

第一，社会安全的心理基础是公平感、获得感和秩序感在一定规则下交互作用的结果。基于社会安全的主观性因素和客观性因素的映射关系，社会安全可以从社会功能子系统、社会安全心理因素两个维度进行关联表征。社会政治子系统维度和公平感、社会经济子系统维度和获得感、社会文化子系统维度和秩序感，共同构成了现代社会条件下社会安全根源因素和作用机理的基本分析框架，这为进行根源式社会安全治理、实现社会安全治理现代化提供了根本遵循。

第二，民众的公平感正向影响社会安全水平。经公平感与社会安全的直接效应实证检验，公平感中的起点公平、程序公平、结果公平三个维度均正向影响社会安全水平，由此支持了关于社会民众的公平感正向影响社会安全水平的假设。公平感是秩序感影响民众物质获得感和心理获得感的“枢纽”，进一步揭示了公平感因素在秩序感与获得感之间的深层次作用机理，在物质获得感、精神获得感两个维度均发挥了中介作用。公平感不仅体现了社会安全治理的更高层面心理要求，也是社会制度建设、功能发挥、机制运行、秩序维护、社会发展效果的重要“中枢”，是民众秩序感积极影响民众获得感的关键传导和中介力量。同时，这一假设获得验证，表明公平感可以在起点公平、程序公平、结果公平等不同维度转化或者增强民众的社会安全感。

在社会安全治理实践方面，这一作用机理的重要理论价值在于，为践行以人民为中心的社会治理思想、完善社会治理制度体系、促进社会文化子系统和社会政治子系统整合，在社会秩序建设管理中注重公平正义规则，并为落实公平正义基本准则，基于安全感的“内在视域”解释民众获得感提供直接的理论依据。

第三，获得感正向影响社会安全水平。经获得感与社会安全的直接效应实证检验，获得感中的物质获得感、精神获得感均正向影响社会安全水平，由此支持了关于社会民众的获得感正向影响社会安全水平的假设。获得感在实践中已经成为衡量经济社会发展和全面深化改革成效的重要标准和导向，通过增加物质获得或精神获得可以直接提高民众的获得感，进而提升社会安全水平。随着民众感知到的公平感的提升，民众的物质获得感和精神获得感也会随之改善，这意味着我们可以通过强化社会政治子系统因素的公平感来增强社会经济子系统因素的获得感。获得感的基本含义中也包括对社会公平正义的直接“获得”。

公平感可以在起点公平、程序公平、结果公平等不同维度转化或者增强民众的获得感。公平感是影响秩序感发挥作用的外在边界条件，可以为基于安全感的“外在视域”解释民众的获得感提供理论依据。在社会治理实践方面，这一作用机理的重要理论价值在于，在社会安全治理实践上为通过增强获得感、提高社会安全水平提供了直接的理论依据。

第四，秩序感部分正向影响社会安全水平。经秩序感与社会安全的直接效应实证检验，其中，价值认同、道德认同正向影响社会安全水平，法律认同对社会安全水平的正向影响的子假设没有得到验证。秩序感是一种最基础和普遍的社会心理，具有鲜明的时代性和时代特征，能够表征社会安全水平和状态。本研究揭示了秩序感与社会安全水平的作用关系，既要看到社会的价值认同和道德认同在凝聚社会共识方面的基础性作用，也要看到当前因为种种原因导致本应在社会建设中发挥基础性、规范性、根本性调节作用的法律认同未得到验证，这在某种程度上反映出当前的社会法治建设成效仍不高，法治建设需要较长的周期，法治化社会治理实践还有待进一步加强。例如，在社会安全治理实践中，尽管已经建立了公平、科学、完善且具有中国特色的法律体系，但在社会治理实践中司法渠道往往成为维护秩序、维护权益的后置选项。究其原因，通过法治方式维护权益往往需要付出较高的时间成本、经济成本，再加上判决后的执行难问题尚未得到根除，某些人为因素影响判决的公平性等，会在一定程度上影响社会个体对法律权威的信仰和认同。这一作用机理检验的重要理论价值在于，在社会安全治理实践上为通过增强秩序感特别是加强基于法治的社会秩序感、提高社会安全水平提供了直接的理论支撑。

研究结论进一步表明，社会秩序的建设和治理是社会安全的根本性基础，社会安全治理尤其是依法治理的现代化建设既是薄弱环节，也是当前影响社会安全治理现代化水平的瓶颈。既要加强德治，发挥社会价值体系、道德规范的作用，更要进一步加强法治建设，发挥法律制度在治理建设中的规范性作用。不仅要注重制度体系建设，更要注重制度建设的法治导向和制度的执行力建设。

另外，要把握社会安全治理注重“主观化感知”的趋势特征。社会安全具有主客观统一的属性，强调客观上没有威胁、主观上没有恐惧、主体间没有冲突，这为社会安全治理的社会心理机制研究奠定了基础。党的十九大提出，牢固树立以人民为中心的理念，提高人民群众的获得感、幸福感、安全感。人民对美好生活的向往，反映了典型的社会心理机制，成为国家治理、深化改革的重要目标。由此，以安全感提升为导向、深化社会安全治理改革，为安全治理研究提供新的指南导向和评价标准，也是社会安全治理实践应特别重视和强化的方面。

### （二）社会安全本源因素的安全治理实践启示

我们对社会安全影响因素的作用机理研究，对于社会安全治理实践可以获得以下重要启示[①]：

第一，社会安全治理实践需要多维施策，重视发挥社会安全本源心理要素的联动协同效应。社会安全治理要基于社会安全的本质要求来开展，围绕社会安全的主要影响因素（主观因素和客观因素）来实施。我国当代社会处于经济、社会双重转型的关键时期，社会全局和个体利益结构发生重大快速变化，

---

① 王龙、霍国庆：《社会安全的本源影响因素及其交互作用机理实证研究》，载《管理评论》2019年第11期，第255~266页。

呈现流动化、信息化、法治化、现代化的显著特征，这些客观要素会通过特定心理机制如公平感、获得感、秩序感转化为影响社会安全的增量因素，进而对民众的社会安全心理产生影响。因此，社会安全治理政策供给除了本源性视角以外，也需要用动态的、主客观联动的、互动建构和协同的观点，来认识社会安全心理要素及其作用规律。这利于能够基于理论和规律指导进行政策供给，更好适应和推进实践。根据社会安全的社会系统属性、社会安全的主客观一体性和主体间互动的“安全性”（客观）、“安全感”（主观）、“安全化”（建构）等核心特征，基于公平感、获得感、秩序感等最基础、最常见、最重要的民众社会安全心理进行多维度的政策供给与改善，是抓好社会安全治理和现代化建设的根本之道。

第二，社会安全治理实践要科学施策，通过提升秩序感层面的社会安全服务来切实增强民众获得感。党的十九大报告深刻揭示了新时代以人民为中心的思想和人民对美好生活向往的丰富内涵，社会民众的公平感、获得感将随着社会发展进步更多体现在对民主、法治、公平、正义、安全、生态、环保、健康等更高层级需求的获得方面，社会民众的秩序感更多反映在社会的主流文化、主流核心价值观、主流社会道德规范能够得到全社会的认同、遵守等社会信任和社会认同方面。社会安全治理实践要善于综合运用法律和道德两种基本手段，加强社会认同建设，提高社会资本储备，发挥社会信任的整合机制作用，不断提升民众的秩序认同感，进而综合提升获得感。

第三，社会安全治理实践要重点突破，通过培育、增加公平感来直接促进或通过关键支柱因素提升民众获得感。公平感对社会安全本源因素影响具有多维属性特点，公平感一方面对获得感具有正向促进作用，另一方面也对秩序感与民众获得感之间的关系具有中介效应，随着公平感增强而减弱秩序感对获得感的影响。这种多维属性特点和内在作用机理，要求社会安全治理实践要高度重视公平感的培育和提升，把握好机会公平、程序公平、结果公平等关键因素，在社会安全治理政策的制定、宣讲、执行、评估、优化等环节都能够高度重视民众的公平感、安全利益的实现和维护情况。

第四，社会安全治理实践要精准施策，重视秩序感与公平感之间供给政策的联动与“制衡”关系，有针对性地破除制约和弱化民众获得感的外部不利因素。本研究揭示了公平感、获得感、秩序感三种主要社会安全心理之间的作用机理，公平感可能是当前阶段影响民众获得感的最重要因素，同时也是影响秩序感发挥作用的外在边界条件，这是本研究一个比较有意义的发现。这意味着社会安全治理的有关政策供给之间存在联动效应，也存在“制衡”关系。某些政策举措因在公平感和秩序感之间有不同侧重而产生交互影响，从而会削弱政策的预期效果。例如，国家当前在教育、医疗、住房等领域的社会治理政策，将面向社会公众的普惠性公平作为优先的政策价值导向，这可以看作公平感优先的体现。根据本研究的初步结论，当前阶段处于社会转型期、利益重构期、社会“原子化”现象加剧和社会信任重塑关键期，社会安全治理政策实践应将公平优先于秩序作为基本导向，以更好适应民众对公平价值的高灵敏度和低容忍性特点，并在制度设计方面有针对性地考虑如何减少两者的“制衡约束”、增强联动协同，共同提升民众的获得感。

## 五、本章小结

社会安全是社会系统的组成要素，与社会发展伴生，在客观上发挥着促进社会发展的原始动力作用。社会安全的本源性影响因素研究，是社会安全治理尤其是源头治理、系统治理的重要基础。本章在理论推导分析的基础上，进行有关公平感、获得感以及秩序感等社会安全心理要素机理的实证检验与分析，利用 898 份有效问卷对研究假设进行了实证检验。研究假设检验结果如表 3-9 所示。

**表 3-9　研究假设检验结果**

| 社会安全本源影响因素假设 | 检验结果 |
|---|---|
| 假设 1：公平感正向影响社会安全水平 | 支持 |
| 假设 1a：起点公平正向影响社会安全水平 | 支持 |
| 假设 1b：程序公平正向影响社会安全水平 | 支持 |
| 假设 1c：结果公平正向影响社会安全水平 | 支持 |
| 假设 2：获得感正向影响社会安全水平 | 支持 |
| 假设 2a：物质获得感正向影响社会安全水平 | 支持 |
| 假设 2b：精神获得感正向影响社会安全水平 | 支持 |
| 假设 3：秩序感正向影响社会安全水平 | 部分支持 |
| 假设 3a：价值认同正向影响社会安全水平 | 支持 |

续表

| 社会安全本源影响因素假设 | 检验结果 |
| --- | --- |
| 假设 3b：道德认同正向影响社会安全水平 | 支持 |
| 假设 3c：法律认同正向影响社会安全水平 | 不支持 |

本章分析了社会安全的社会系统属性、国家强制能力属性、主客观统一属性、社会公共物品属性、社会安全利益主体互动建构的人本属性等多重属性，深化了关于社会安全本质、社会安全的绝对性和安全感相对性的认识，并为引入社会安全治理提供了理论基础。社会安全的社会系统属性，从系统分析和功能系统构成的角度，为确定公平、共享、认同的社会理念提供了系统要素依据。社会安全具有的国家强制能力建设属性，可以通过社会安全行为主体间的互动建构强化社会安全保障的能力机制，在社会安全治理领域具体体现国家强制能力要求。社会安全的主客观统一性，为通过主观性的社会安全心理因素来研究测评客观的社会安全性、社会安全治理水平提供了社会心理依据。社会安全的社会公共物品属性，内在要求社会安全供给主体的多元化、供给和生产的分离，为推动社会安全治理走向多元主体参与的协同治理提供理论支撑。通过理论分析推导，得出公平感（社会制度规范和社会价值导向层面）、获得感（社会机制运行结果及发展保障层面）、秩序感（文化传承和社会认同层面）这三个根本性社会安全心理因素，典型反映了社会民众对社会政治制度的价值导向、运行秩序与发展支撑、社会主流价值观和社会认同等与社会安全水平影响关系的感知判断。这体现了社会安全属性的辩证法思想，为从主观性指标着眼研究客观社会安全影响因素提供了社会心理基础，如表 3-10 所示。

**表 3-10　社会功能子系统和社会安全心理要素**

| 社会功能子系统 | 社会安全心理因素 | 社会价值理念 | 核心诉求 |
| --- | --- | --- | --- |
| 政治子系统 | 公平感 | 公平 | 政治利益 |
| 经济子系统 | 获得感 | 共享 | 经济利益 |
| 文化子系统 | 秩序感 | 认同 | 价值观与认同 |

通过实证检验，揭示了公平感、获得感、秩序感对社会安全的正相关影响关系，进一步说明社会安全心理的本质是公平感、获得感和秩序感在一定规则下交互作用的结果。这些研究结论启发我们，要坚持安全的辩证观，坚持社会

安全系统性的整体建设，将社会安全作为社会系统的基本变量，作为一种可以因势利导、积极利用的力量，而非一味将社会安全与威胁隐患对立，视为负面因素、威胁因素而贴上标签。通过安全利益主体之间的社会互动建构，增强对社会公平度的感知、对社会发展度和获得度的感知、对社会凝聚力和认同度的感知。这种理念认识的转变对于准确认识社会安全本质、抓好社会安全治理实践，发挥社会安全影响因素的正向动力功能和建设性作用，进而推动社会安全治理现代化建设，则是首要和重要的。

# 第四章

# 社会安全治理的内在逻辑及其作用机理

基于“互动建构论”的安全哲学观，社会安全治理是包括所有社会安全治理参与主体（也即安全利益诉求行为主体）通过相互间共同的协商合作、互惠共建而维护与实现社会安全的动态平衡过程。社会安全治理是治国理政的重要内容，是维护社会安全稳定的根本保障。从协同治理理论的战略视域来看，社会安全治理既要把握社会安全的本源性影响因素、符合社会安全的特性和内在规律，也要遵循社会安全治理的运行机理和本质要求，通过专项治理和系统治理、依法治理、综合治理、源头治理，并辅以技术治理支撑，提高社会安全治理的效果和效能。这是推进社会安全治理现代化建设的内在要求和根本路径。

在第三章的理论推导和分析研究基础上，本章重点基于理论逻辑推导社会安全与社会安全治理的内在作用关系，进一步基于已有文献和相关理论提炼社会安全治理主体的治理关键要素对社会安全水平作用影响的假设。最后基于898个有效样本对相关研究假设进行实证检验，得出分析结论。

## 一、社会安全与社会安全治理的内在逻辑推导

社会安全治理是由政府主导、社会组织与民众参与，基于社会安全、聚焦社会安全、维护和服务社会安全的社会治理活动，体现为政府、市场和社会（含个体）的多元利益主体、多种力量、多种机制，通过交互作用、相互博弈、互动协同、协调容错，共同维护与实现社会公共安全利益最大化、达到治理目标的动态过程。从多中心协同治理理论的战略视域看，社会安全治理体现为社会安全利益的诉求表达、博弈、平衡和满足，体现为相关参与主体的协同参与、形成协同效应，也体现为对社会冲突和风险的识别、预警、化解等综合

应对。

越来越重视主观性的社会安全心理因素对治理活动的影响，重视通过安全利益主体间的互动建构以实现和维护安全、赢得持久安全，是当前社会安全治理领域的最新实践。社会安全治理要基于社会安全本源性影响因素及其心理基础。根据第三章有关研究分析可知，社会的政治系统、经济系统、文化系统三个功能系统和社会民众的公平感、获得感、秩序感三个社会安全本源性心理因素，是社会安全治理的重要基础和影响变量。因此，能够实现和提升社会民众公平感、获得感、秩序感的保障措施，正是社会安全治理需要重点加强的方面。

### （一）公平感及其实现与保障

由第三章分析可知，平等、自由、共享、普惠、合作已经成为现代社会的通用理念。社会公正是社会发展的核心价值和根本动力，决定着社会发展的性质和方向。社会公平首先指一种客观制度安排的合理性，如社会资源分配和获得的差别是否合理，机会对每个社会成员是否都是自由开放和充分竞争的，等等。民众的社会公平感主要基于机会公平、程序公平、结果公平三个维度来实现。从加强社会安全治理来说，公平感的实现和保障有赖于在治理实践中注重公平理念导向的政策制度、治理运行机制和行为规范建设，保证社会民众在安全治理活动中公平、有效的参与度。

#### 1. 机会公平及其实现与保障

机会公平在很多时候是与起点公平通用的，确保每一个社会个体的基本权利或权益的平等。这种起点往往与每个社会个体的最基本、最广泛的权益相关，如本人或子女接受基础义务教育、接受医疗救治服务、参与就业竞争的机会等。

在医疗保障方面，社会治理的政策实践坚持把广大社会民众享有医疗服务作为一项基本权益，享有公平可及、系统连续的预防、治疗、康复、健康促进等健康服务。从更广泛意义上来说，能够以较低的成本全方位、全周期地实现全民享有基本医疗保障，维护人民健康，避免“福利陷阱”，减少因病致贫、返贫。在制度建设方面，将医疗保障和健康管理融入所有政策设计，实现政府、社会和个人三方共同参与，建设包括自我健康管理和公共健康管理的新时期健康管理体系，推动健康中国建设。

在劳动就业方面，将就业作为最大的民生，作为维护社会公正、社会公共秩序的底线。在政策实践方面，2007 年国家颁行的《中华人民共和国就业促进法》（2015 年修订）第三条规定，劳动者依法享有平等就业和自主择业的权利，不因民族、种族、性别、宗教信仰等不同而受歧视。国务院于 2014 年颁布实施《事业单位人事管理条例》，确定民主、公开、竞争、择优的整体工作方针，实行公开招聘和竞争上岗。在促进创业实践方面，加强政策导向、资金投入、税收扶持、社会保障等系统性的创业支持体系，降低创业门槛、降低创业成本、确保参与机会公平，最大限度提高创业成功率，实现更加公平、更加充分、更有质量的就业。[①] 国家统计局数据显示，近年来我国大力推进“大众创业、万众创新”，新增城镇就业连续 6 年保持在 1300 万人以上，城镇调查失业率、全国城镇登记失业率均在宏观控制指标范围内。[②] 而针对社会相关行业领域在就业招聘过程中存在的“限定名校及第一学历”“萝卜招聘”“托关系”等影响公平参与的歧视或违纪等现象，同样需要综合施策，维护就业机会公平。

其他方面，如在法律制度建设过程中体现法律面前人人平等，基础教育特别是义务教育的制度设计确保公平而有质量的受教育机会等，均体现了维护机会公平的制度建设理念。

2. 程序公平及其实现与保障

程序公平是为了保障与实现公平而针对事件处理过程的制度设计，它能够保证事件处理与决策程序对事件利益相关方都是公平的，不存在因人为因素造成处理与决策产生不公正不合理的结果。程序公正具有狭义和广义两种理解。广义的程序公平指为了保障与实现公平、针对事件处理过程的制度设计。狭义的程序公平指司法过程中的程序公正，从立案到审理再到判决遵循完整的司法程序。

美国社会学家锡博特（John W. Thibaut）和华尔克（Lanren walker）20 世纪 70 年代中期创立的程序公正性理论认为，程序公正性指决策制定者使用政策、程序、准则达成某一争议或协商结果的公平知觉。人们会依据决策结果的产生程序对决策结果作出反应，并且当人们无法直接操控某项决策时，公正程

① 丁怡婷、吕莉、孙超、齐志明、尹晓宇、赵贝佳：《就业如何更公平更充分》，载《人民日报》2018 年 3 月 16 日。

② 《政府工作报告（2019）》，http：//www.gov.cn/zhuanti/2019qglh/2019lhzfgzbg/index.htm，访问日期：2019 年 4 月 10 日。

序则是首要的，可作为一种间接的控制工具。美国哲学家罗尔斯（John Bordley Rawls）的正义理论将程序正义分为纯粹的、完善的、不完善三种类型，不仅关注结果的正当性，也关注其形成过程或者结果形成程序是否符合客观标准。这有助于发挥公平公正机制对社会各群体利益要求进行协调的功能，也有助于限制国家、政府的公共权力的不当干扰，减少社会公正实现过程中的技术性失误①，建立社会民众的普遍认同和信任。

由前分析可知，程序公平的实现关键在于把握以下几个方面：首先，综合考虑影响程序过程的各种因素，制定能保证透明与公正的制度机制，利益攸关方能够在同一程序中实现各自的利益诉求与合法权利保障。其次，利益攸关方的地位平等，能够直接有效地参与到过程中，拥有充分、平等、有效的机会和手段保护自己或争取利益。最后，加强程序制度公开，使程序实施与监督达到开放、透明的程度。

以社会关注度较高的公务员考试招录为例，国家建立一套公务员考试与招录制度，保证招录程序的公平。综合考虑影响不公平竞争的因素与可能，通过制度设计与透明监督来保证参与方的公平竞争地位，明确对不公平情况的有效反馈与惩罚，从而保证程序实施的公平，最终确保能够择优选录公务员。从多年的实践来看，公务员招录成为实现程序公平的典型范例。又如，以对程序公正要求很高的司法活动来说，程序公正是确保司法公正的基本条件，如拥有公平的参与和表达的机会、以事实为依据、自我权利得到承认、基于坦诚的交流等，这些公正举措或理念有助于建立恪守法律和责任的法律文化，加强和实现程序公正和基于程序公正的实质公正。

3. 结果公平及其实现与保障

结果公平意味着人们参与社会活动之后获得的待遇、分配等具有公正性。结果公平是最终衡量公平与否的重要指标，是人们追求公平的根本目的，是公平理念的终极体现。我国传统的社会思想文化强调的“不患寡而患不均”，就是结果公平思想的生动体现，也是确保社会安全和秩序的重要遵循。结果公平与否和实现程度会影响社会安全，社会纠纷、矛盾和冲突往往是由某一群体试图侵占或损害另一群体的合理利益或基本权利，而受到受损方的抵制、反抗所

① 颜广明、李玢、何勇：《当代西方正义理论的几个问题——以罗尔斯的正义理论为视角》，载《中共山西省委党校学报》2013年第8期，第23~26页。

引发的。[①] 受分配不公、社会发展不协调等原因影响，部分社会群体在受外在刺激条件下，容易转化为社会安全事件的引发者。[②]

当前，全面深化改革进入深水区，我国的全面建设小康社会、精准扶贫等社会治理政策实践也体现了致力于促进结果公平的价值取向。这里以脱贫攻坚工作为例做简要分析。党和国家一直十分关心和重视扶贫工作，通过扶贫消除贫困、改善民生、实现共同富裕，是社会主义的本质要求，是全面建成小康社会的根本要求。扶贫开发始于20世纪80年代中期，经过全国范围有计划有组织的大规模开发式扶贫，贫困人口大量减少，贫困地区面貌显著变化。精准扶贫是新时期党和国家扶贫工作的精髓和亮点。党的十八大以来，把脱贫攻坚摆到治国理政的突出位置，推动减贫事业取得巨大成就。经过持续奋斗，到2020年年底，中国如期完成新时代脱贫攻坚目标任务，现行标准下9899万农村贫困人口全部脱贫，832个贫困县全部摘帽，12.8万个贫困村全部出列，区域性整体贫困得到解决，完成消除绝对贫困的艰巨任务。[③] 通过扶贫攻坚的实践可知，结果公平对于社会安全和社会安全治理的重要意义在于，维护了公平的利益分配结果，坚持了公平的社会政策维度，消除了发展不平衡带来的差距，增加了整体的获得感，并可以有效解决和缓解社会矛盾，这是从根本上消除社会安全隐患、维护社会安全的治本举措。

4. 从公平感实现到参与度

公平感是社会政治系统功能的直接体现，与社会公平的机会、程序、结果三个维度的实现程度均密切相关。程序公平的实现必然要求起点公平，而结果公平必然要求实现机会公平和程序公平。只有基于公正的理念和准则，才能形成互惠互利的社会互动结构，进而有效维护社会安全。从社会公平的价值取向来看，主要包括两个方面：一是让全体社会成员共享社会发展成果，这是兜底性功能。二是为每一名社会成员自由发展提供充分空间，做到上不封顶。缺少任何一方面，社会公正就不具备完整的意义；偏颇任何一方面，就会导致平均主义或贫富差距过大，从而容易导致社会的不安定。

① 吴忠民：《以社会公正奠定社会安全的基础》，载《社会学研究》2012年第7期，第17~24页。

② 周定平：《社会安全事件的本质分析——兼论当前我国社会安全事件的引发因素》，载《湖南省社会主义学院学报》2008年第2期，第55~57页。

③ 国务院新闻办公室：《人类减贫的中国实践》（白皮书），https://www.gov.cn/zhengce/2021-04/06/content_5597952.htm，访问日期：2021年4月6日。

参与是社会安全治理活动的核心要素。基于利益相关者理论的战略视域来看，治理主体或利益相关主体的社会参与是实现社会公平的基本前提。起点公平、程序公平和结果公平，构成了社会公平的基本框架，覆盖了社会治理活动的参与机会、参与过程机制和参与实现结果三个重点环节。从社会公平的实现来看，无论是起点公平、程序公平还是结果公平，都需要相关主体（利益相关方）能够充分参与（机会是否公平）、公平参与（程序是否公平）、有效参与（结果是否公平）。参与对象的多少，参与方式和实现程度，以及最终实现的结果，影响相关主体对治理活动的程序、机制等综合性认知和效果评价。因此，公平感的实现，需要通过治理活动的参与机会、参与程序、参与结果的整体性保障来达到，进而提高社会安全水平。这是通过公平感提升参与度的内在作用机理。

### （二）获得感及其实现与保障

获得感是一种重要的社会安全心理维度，是社会经济系统功能发挥的直接体现，主要体现在物质获得和社会精神获得两个方面。获得感更加强调具体的“实惠”，指向内容相对客观，如住房、收入、教育、养老、医疗、生态、健康等方面。获得感来源于对既有改革发展中享受到发展红利的感受，受具体的经济收入、生活条件、工作状态改善等体验影响，进而转化为对社会治理的政策制度、发展成果的满意程度。

#### 1. 物质获得感及其实现与保障

经济因素是物质获得感实现的重要支撑。《人民论坛》2017 年的调研显示，现阶段我国民众对物质层面的获得要求超过精神层面，而且当物质层面的获得感得到较好满足时，对于情感、精神、文化生活方面的获得感将逐渐凸显。① 大数据应用、电子商务、现代物流等社会治理支撑技术升级和实践应用，实实在在提升了社会民众的参与度、便捷度和个性化需求满足程度，并转化为社会民众的获得感。

在公共管理服务方面，随着网络购物巨头阿里巴巴集团、社交巨头腾讯公司、通信巨头华为公司等大型技术公司的快速发展和技术产品在生活场景中多样化应用，更新了传统的生产方式、沟通交流方式、消费方式、社会资源配置

① 石晶：《新的美好生活，新的感受期盼——当前公众获得感幸福感安全感情况及影响因素调查报告》，载《国家治理周刊》2017 年第 2 期，第 15~36 页。

方式，渗透介入公共交通、生活消费、行政管理服务等公共事务领域，“让数据多跑腿，让群众少跑腿”，提高了社会民众的生活便捷程度，在无形中提高了民众的获得感。

在电子商务方面，网络购物的便捷程度、可购物品丰富程度不断提高，民众的消费更加便捷实惠。据中国互联网络信息中心（CNNIC）第52次《中国互联网络发展状况统计报告》显示，截至2023年6月，我国网民规模达10.79亿人，较2022年12月增长1109万人，互联网普及率达76.4%。网络购物用户规模达8.84亿人，较2022年12月增长3880万人，占网民整体的82.0%。网络购物作为数字经济的重要业态，在助力消费增长中持续发挥积极作用。2023年上半年，全国网上零售额达7.16万亿元，同比增长13.1%。①

在物流服务方面，以京东、阿里等为代表的互联网科技企业注重通过科技手段提升物流效率，整个行业正由自动化、无人化向数据化、智能化发展，无人机、机器人、智能快递柜、可穿戴设备、3D打印、大数据分析等技术已经开始商用。大力发展智能物流，强调信息流与物质流快速、高效、通畅运转，从而降低社会运行成本，整合社会资源，提高生产效率。物流业快速发展，利于社会个体的消费，利于社会的生产流动，转化为推动社会发展的整体获得感。

2. 精神获得感及其实现与保障

精神获得感是一种间接的整体性获得，体现了社会个体获得与社会发展进步的关系。社会个体的工作条件、生活条件、收入情况等，无论是纵向方面与自身变化的对比，还是横向方面与相近群体变化的对比，均能够得到明显提升。精神获得感的提升更多需要有关社会政策兼顾不同群体的差异性，控制发展不平衡带来的影响。

以转移支付为例，转移支付是市场经济较发达国家处理中央与地方政府之间财政关系的普遍做法。我国财政领域使用的转移支付，是一种平衡经济发展水平和解决贫富差距的政策实践。转移支付是通过政府将收入在不同社会成员之间进行再分配，包括政府的转移支付和企业的转移支付。其中，政府的转移支付大都带有福利支出性质，如社会保险福利津贴、抚恤金、养老金、失业补

① 中国互联网络信息中心：第52次《中国互联网络发展状况统计报告》，https://cnnic.cn/n4/2023/0828/c199-10830.html，访问日期：2023年8月28日。

助、农产品价格补贴、救济金以及各种补助费等。转移支付制度坚持公平原则、效率原则和法治原则，不断把“蛋糕”做大，把不断做大的“蛋糕”分好，增加人民群众的获得感。为此，国家出台有关深化收入分配制度改革的政策文件，完善再分配调节机制，调整收入分配格局，平衡不同社会群体的收入水平差距，以更好地落实维护社会公平的任务。

关于精神获得感的另一典型案例是我国“春运”现象发生巨大变化。30多年来，我国的春运已经悄然发生了重大变化，网络购票迅速普及、高铁里程迅速增长、社会民众直接刷身份证或刷脸进站等，从最初的全民一票难求到如今走得越来越从容、走得越来越多元化，实现了“即到即走”“智能春运”。在巨大变化的背后，则是我国交通基础设施进步和运输能力的巨大提升。春运的变迁意味着通过社会发展提高社会保障服务能力，进而提高民众的获得感，是解决包括社会安全问题在内的一切问题的“总钥匙”。

3. 从获得感实现到话语权

根据多中心协同治理理论的战略视角分析，社会民众个体是社会治理活动的重要参与主体和利益相关方，通过特定渠道、载体或机制，表达特定的利益诉求，与相关治理主体进行交互、建构、博弈，最终实现协同。[①] 物质获得感和精神获得感本质上体现了社会民众个体或特定群体的影响力的实现程度。影响力的大小，直接决定了能够获得收益的高低，也决定了获得感的高低。由第三章有关分析可知，影响力的关键在于话语权的实现程度。因此，获得感实现的关键，在于提升社会民众在社会安全治理实践活动中的话语权。通过行使和表达话语权，实现和维护特定权益，增加在物质和社会精神方面的综合收益，并转化为具体的获得感，是通过话语权提升获得感的内在作用机理。

### （三）秩序感及其实现与保障

秩序感根本上表现为主流意识形态和社会文化因素的作用发挥和实现。文化因素是影响社会安全最为基础的内隐性的要素，社会文化系统在社会秩序建设方面发挥根本性作用。社会文化系统和意识形态是用来赢得民众认同、支持与服从的强大工具，具有辩护、约束、激励、节约等功能，是获得信仰权威、

---

① Gulbrandsen L. H, “Dynamic Governance Interactions: Evolutionary Effects of StateResponses toNon-state Certification Programs,” *egulation & Governance*, (Aug 2014): 74.

建立合法性的重要基础。[①] 社会价值观体系、社会道德规范体系、法律制度体系等构成社会秩序建设和治理的主体内容。

形成秩序感的核心是基于广泛的社会认同，包括价值体系认同和道德体系认同。价值体系是一个民族在特定时代背景和社会条件下形成发展起来的社会主流意识的集中反映，代表了一定的社会价值观，如社会主义核心价值体系、资本主义核心价值体系、传统社会儒家文化价值体系等。道德体系是一定社会或阶级价值取向、客观道德关系的反映，是一定社会经济基础的产物，具有时代性、民族性和阶级性，如封建主义道德体系、资本主义道德体系、社会主义道德体系等。价值体系认同和道德体系认同具有相似性，均表现为人们对某类价值体系（价值观）的认可、同意、接受并形成相应行为的过程，是满足个人或群体归属感的心理机制，包括由外到内、由认知经由情感再到意志、由观念到行为的连续推进过程。[②]

1. 价值认同及其实现与保障

加强社会核心价值观体系建设，提高秩序感的制度保障和政治保障，这些在我国社会安全治理过程中得到了最为充分的体现。社会核心价值体系在社会文化建设中居于核心和统领地位，是社会制度在价值层面的本质规定。2006年，党的十六届六中全会作出《中共中央关于构建社会主义和谐社会若干重大问题的决定》，第一次明确提出“建设社会主义核心价值体系”的重大命题和战略任务。2007年，我国强调要大力建设社会主义核心价值体系，包括马克思主义指导思想、中国特色社会主义共同理想、以爱国主义为核心的民族精神和以改革创新为核心的时代精神、社会主义荣辱观四个方面。2012年，党的十八大首次提出积极培育和践行社会主义核心价值观，基本内容包括富强、民主、文明、和谐，倡导自由、平等、公正、法治，倡导爱国、敬业、诚信、友善。习近平总书记指出，“社会主义核心价值观是当代中国精神的集中体现，凝结着全体人民共同的价值追求”。[③] 从具体实践路径来看，则是将具有政治方向定位和精神动力源作用的社会主义核心价值观融入中国式现代化的信仰确立及培

① 陈松友、巩瑞波：《十六大以来中共开发执政合法性资源探析》，载《理论探讨》2011年第3期，第19~21页。

② 李建华：《情感认同与价值观认同》，载《光明日报》2018年5月28日。

③ 习近平：《论党的宣传思想工作》，中央文献出版社2020年版，第11页。

育机制，融入中国式现代化的伟大实践之中。①

2. 道德认同及其实现与保障

同一民族或国家有不同的道德体系，社会中占主导地位的往往是居于统治地位的阶级的道德体系。加强社会道德规范体系建设对于强化民众的道德认同具有重要影响。重点要加强社会主义道德规范体系建设，形成与社会主义经济、政治制度相适应并能促进社会主义事业健康发展的道德原则和规范。根据1996年《中共中央关于加强社会主义精神文明建设若干重要问题的决议》，社会主义道德规范体系框架包括一个核心（为人民服务）、一个原则（社会主义集体主义）、五个基本规范（爱祖国、爱人民、爱劳动、爱科学、爱社会主义）、一个主要领域（社会公德、职业道德和家庭美德）、一个总目的（在全社会形成一种团结互助、平等友爱、共同前进的新型人际关系）。

3. 网络文化建设及其实现与保障

网络文化是现实社会文化在网络空间的延伸和多样化展现，具有自身独特的文化行为特征、文化产品特色、价值观念和思维方式特点。网络文化具有开放性、虚拟性、互动性、即时性、个性化等特点，也面临个人隐私保护、知识产权保护、民族文化传播以及信息污染、信息欺诈、公共信息安全等挑战。这些挑战集中体现为以意识形态为核心的政治文化安全、承继优秀传统文化的民族文化安全、传播健康内容的大众娱乐文化安全等。② 应加强对网络文化现象的研究和应对，深化对互联网在文化建设中的地位、作用和特点的认识，加强技术基础升级和精细化服务能力提升，加强网络伦理与制度建设，加强网络文化法规建设，突出网络文化的教育、引导功能，应对信息网络化、网络社会化、全社会信息化的综合挑战。

另外，国际因素正在对社会安全秩序产生越来越明显的关联性影响，要重视其对社会安全的关联性影响及其应对策略。全球化同时带来人口、粮食、能源、环境、债务、难民、失业、核扩散、恐怖主义、国际人权等一系列国际性问题。尽管近年来世界上出现了“逆全球化”的现象和论调，但全球化仍在不断拓展，力量不断增强，国家之间的联系进一步加深，国际间交往互动主体不

---

① 徐梓彦：《社会主义核心价值观融入中国式现代化的信仰确立及培育机制》，载《南京社会科学》2023年第11期，第32~40页。

② 惠志斌、唐涛：《中国网络空间安全发展报告（2015）》，社会科学文献出版社2015年版，第114~142页。

断增多，来自国界之外的因素已经成为影响社会安全的重要力量。① 国内社会安全稳定因素与国际因素相互转化、产生联动，成为全球化阶段社会安全特别是社会秩序安全的重要影响变量。

4. 从秩序感实现到包容性

秩序感是治理主体对社会秩序主观方面的感知，本质上反映了社会主流价值观、道德规范、法律体系、文化影响力等社会文化功能系统的综合影响。由第三章有关分析可知，秩序感的关键在于社会运行机制的包容性及其实现程度。社会安全治理活动的基础是参与，核心是博弈，但关键在于能够接受差异、形成认同，这需要社会安全治理机制具有广泛的包容性，容纳差异化、增强多样性、实现多元共治。文明是包容的，人类文明因包容才有交流互鉴的动力。秉持包容精神，就不会存在“文明冲突”，这样才能实现文明和谐。一般地，良好的包容性机制可以化解或减少冲突，提高治理主体的社会秩序感。因此，社会秩序感实现的关键，在于不同社会群体之间在治理实践中相互接纳、考虑到对方的利益、懂得相互让步，发挥社会价值观、道德规范和法律制度在治理过程中的调节或约束作用，基于人际信任、社会认同等凝聚柔性支撑力量，通过治理活动的协调机制、容错机制实现利益协调。通过社会安全治理机制的包容性，强化对社会核心价值体系、道德规范和法律制度的认同，进而增加社会秩序感，是通过包容性提升秩序感的内在作用机理。

## 二、社会安全治理的机理分析

根据社会安全治理活动的基本规律进行治理实践，各相关治理主体的参与情况、影响力发挥情况、互动协同情况，是治理实践取得成功和成效的关键，构成社会安全治理实践的关键机理要素。

### （一）参与度与社会安全治理

参与度（Participation degree）是对主体参与程度的度量。对参与度的测量表征具体包括参与主体的多元性（参与主体的地位可以不平等）、参与机会的公平性和丰富程度、参与渠道方式的灵活性（如直接/间接，听证、公示、公开制度）、参与的深度（进入议程设置、把握政策窗口期、发挥建设作用等）、

① 杨雪冬：《全球化、治理失效与社会安全》，载《中国人民大学学报》2004 年第 2 期，第 17~24 页。

参与领域的覆盖度、参与内容与主体利益的相关度、参与的有效度（有效发挥作用、履行责任）、参与的责任承担（权利获得与责任匹配）、参与的制度化（是否成为一种常态化机制）等。[①] 根据美国学者谢里·安斯坦的研究，社会民众参与社会活动的程度从低到高分为操纵、引导、告知、咨询、劝解、合作、授权、民众控制8个递进的层次，据此提出“参与阶梯模型”，认为实践中大多数公共政策的参与度设计都以中间梯级作为参与制度建构的目标，即民众被“告知”、被“咨询”或与决策机关形成伙伴关系开展“合作”。[②]

参与是社会个体的基本权利，是社会安全治理实现的前提。人类社会进入知识社会、信息社会，治理创新活动不再是少数科技精英的专利，而且能够成为更为广泛的大众参与活动，推动了社会治理的民主化进程，有利于提高社会民众的普遍参与度。[③] 维护和实现社会安全与国家安全，要充分体现参与性，确保民众参与的权利。[④] 社会民众参与并非社会安全治理的最终目的，其核心在于参与的过程和参与后的实质效果。

从更广泛意义上来说，参与是权利公平的体现，是获得感的构成内容，是形成秩序感和社会认同感的前提。参与主体的本体性特征因素也是影响社会安全治理的重要变量。[⑤][⑥] 随着社会发展和文明进步，社会民众的公平意识、民主意识、权利意识不断增强，对社会安全治理的公正性、透明度的要求越来越高。社会群体（个体）作为社会安全治理的利益相关方和治理力量，能够实现

① 王莹、王义保：《社会公共安全治理中公众参与的模式与策略》，载《城市发展研究》2015年第2期，第101~106页。

② Sherry Arnstein R, “A Ladder of Citizen Participation,” *JAIP*, No. 35 (Apr 1969): 216-224.

③ Ponte S. & T. J. Sturgeon, “Explaining Governance in Global Value Chains: A Modular Theory-building Effort,” *Review of International Political Economy*, No. 21 (2014): 208.

④ 朱武雄：《转型社会的公共安全治理——从公民社会的维度分析》，载《东北大学学报（社会科学版）》2010年第9期，第415~419页。

⑤ Arun Agrawal & Maria Carmen Lemos, “A Greener Revolution in the Making? Environmental Governance in the 21st Century,” *Environment*, No. 49 (May 2007): 36-45.

⑥ Kirk Emerson & Peter Murchie, “Collaborative Governance and Climate Change: Opportunities for PublicAdministration”, in R. O’ Leary, D. Van Slyke, and S. Kim, eds., “The future of Public Administration, PublicManagement, and Public Service Around the World: The Minnowbrook Perspective” (*Georgetown University Press*, 2010): 141-153.

广泛、有序、制度化、组织化的参与，[①②③] 是形成良好社会安全治理的基本要求。相应地，要求政府部门扩大社会民众有序的政治参与，保障其知情权、参与权、表达权和监督权。

例如，发源于浙江省诸暨市基层社会治理实践的“枫桥经验”，作为新时代政法战线的旗帜和我国社会基层治理的宝贵探索经验，其成功的核心就在于坚持把“发动和依靠群众”作为根本途径。随着社会发展进步，群众路线实践不断深化，全面促进群众的参与、发挥治理主体作用、鼓励发表意见建议。在基层政治选举、民主评议、重大事项决策论证、决策活动过程公开、培育支持“红枫义警”社会组织助力治理等活动中，重视和支持群众参与，实现了社会基层治理的过程群众参与、成果群众获得、成效群众评判，把党的群众路线贯彻在基层社会治理全过程。[④]

社会民众参与是社会安全治理的基本要求，也是提高社会安全治理绩效水平的重要前提。社会民众随着参与实践不断深入，能够实现从被动参与转向主动参与、从消极参与转向积极参与、从浅度参与转向深度参与、从常规型参与转向创新型参与等转变。也可以说，社会民众的参与积极性越高、参与程度越深，社会安全治理多元主体间的互动融合程度就越高，进而发挥的治理协同作用就越大，对社会安全治理的贡献就会越多，也就越有利于提高社会安全的整体水平。鉴于此，本研究提出以下假设：

假设4：参与度正向影响社会安全水平。

社会安全治理人人有责，它是每个人而不仅是政府部门的事情。更广泛地看，参与主体的多元化程度，不同主体的参与机会和参与渠道，参与的深度，参与内容领域的广泛程度，参与是否形成了制度化设计等，均会影响社会安全治理效果。根据前面的分析可知，参与既是治理活动的核心要素，参与机会、参与程序、参与结果也是公平感实现的重要保障。对于参与实践来说，最根本

---

① Mayer F & Gereffi G, “Regulation and Economic Globalization: Prospects and Limits of Private Governance,” *Business and Politics*, No. 12 (Mar 2010): 1.

② Esbenshade J, “A Review of Private Regulation: Codes and Monitoring in the Apparel Industry,” *Sociology Compass* (Jun 2012): 541.

③ LeBaron G & Lister J, “Benchmarking Global Supply Chains: The Power of the ‘Ethical Audit’ Regime,” *Review of International Studies*, No. 41 (2015): 905.

④ 石杨：《“枫桥经验”从地方“盆景”上升为全国“风景”》，载《人民公安报》2018年11月13日，第2版。

的就是要实现对关涉核心利益诉求方面活动的充分、深度和有效参与，如政治权益诉求的表达，重大决策的论证咨询，社会安全治理活动的辅助或信息公开等。也要注意在实践中存在的一些浅层参与或无效参与情况，如在官本位下许多民众无缘参与决策过程，或“被动参与”，使得民众缺乏参与的愿望和责任感。① 社会安全治理活动参与的内涵丰富，如政治方面的选举参与、管理方面的决策论证参与、法治方面的执法监督参与，也包括社会安全治理部门的政务公开接受监督，等等。根据理论推导分析，本研究集中用选举参与度、决策参与度和执法参与度三个方面的作用机理进行深入研究。

第一，参与选举是民众参与社会安全治理的重要政治渠道，对其自身社会安全水平感知具有重要影响。选举权是我国法律赋予民众的一项重要权利，也是社会民主法治进步的重要体现。随着我国社会经济水平不断提高，民众的政治参与意识显著增强，有更强意愿参与社会安全治理决策。同时，民众也更加注重参与选举的形式并付诸行动。民众的政治选举参与度越高，说明其参与社会安全治理的热情越高，越利于表达政治方面的权益诉求，这能够在一定程度上促进社会安全水平的提升。鉴于此，本研究提出以下假设：

假设 4a：选举参与度正向影响社会安全水平。

第二，参与决策是民众参与社会安全治理的重要利益表达，对其自身社会安全水平感知具有重要影响。本研究所指的决策参与主要是将民众参与社会安全治理决策作为聚集点。从当前实践来看，社会民众的参与在社会安全治理决策方面发挥了重要作用，社会民众通过网络或听证会等形式参与和推动社会安全治理的案例也不在少数。与此同时，我国政府社会安全治理政策的制定和优化过程中，也非常注重吸收民众的意见建议，并且大部分的政府决策都将民众参与讨论和听证意见作为其优化制度设计的一个“必选项”。在民众参与意愿与政府推动意愿的共同促进下，我们可以推断：民众在社会安全治理过程中参与度越高，其安全利益诉求的表达就会越充分，能够感知的社会安全水平也会随之提升。鉴于此，本研究提出以下假设：

假设 4b：决策参与度正向影响社会安全水平。

第三，参与执法是民众参与社会安全治理的重要行为表现，对其自身社会

---

① 林卡：《中国社会发展的新时代与包容性发展》，载《社会科学评价》2019 年第 1 期，第 32～34 页。

安全水平感知具有重要影响。在社会安全治理过程中，民众因为执法权问题，很难直接参与到执法过程中。但是，在政府社会安全治理创新日益进步的时代背景下，民众可以通过多种途径“间接”参与执法，或是在辅助司法机关推动社会安全治理水平方面发挥越来越大的作用。以北京为例，“朝阳群众”“西城大妈”“海淀网友”“丰台劝导队”等民众群体在辅助司法机关有效、高效执法方面发挥了无可替代的重要作用。执法参与能够最为“直接”地体现民众对社会安全水平的感知，成为深度参与的重要体现。因此，民众的执法参与度越高，其可能感知到的社会安全水平就越客观真实。鉴于此，本研究提出以下假设：

假设 4c：执法参与度正向影响社会安全水平。

此外，根据前文推导可知，参与主体的本体性特征因素也是影响社会安全治理的重要变量，公平感作为重要的社会安全心理因素在参与过程中对参与活动、治理活动产生直接影响，并最终影响社会安全治理的绩效——社会安全水平。社会民众对起点公平、程序公平以及结果公平的感知不仅直接影响其对治理活动公平性的判断，而且可能会影响其参与积极性，进而对社会安全水平产生影响。换言之，民众公平感会通过其参与过程和参与后的实质效果来影响治理绩效（社会安全水平）。起点公平、程序公平、结果公平都将作为公平感实现程度的直接体现，对应参与机会、参与过程和参与结果，通过参与度这一特定维度对社会安全水平产生影响。鉴于此，本研究提出以下假设：

假设 5：公平感通过参与度正向影响社会安全水平。

假设 5a：起点公平通过参与度对社会安全水平产生影响。

假设 5b：程序公平通过参与度对社会安全水平产生影响。

假设 5c：结果公平通过参与度对社会安全水平产生影响。

### （二）话语权与社会安全治理

话语权（Discourse power）是现代社会意识形态领域的常用术语，指话语主体的意见主张、利益诉求、思想文化、价值观念、思想理念、制度模式的权重与影响力。话语权具体包括参与主体（利益相关方）表达安全利益诉求的权利、能够表达诉求的渠道和机制、具有影响或引导舆论的能力或影响力等。话语权具体可分为个体话语权、群体或阶层话语权、国家话语权等，是软实力的重要组成部分。张国祚提出，话语权往往与争取经济、政治、文化、社会地位和权益的话语表达密切相关，如对事态的解释权、对自我利益要求的申诉权、对违法违规的举报权、对欺骗压迫的抗议权、对政治主张的阐发权、对虚假事件的揭露权、对罪恶事实的控诉权、对错误观点的批判权等。[①] 一个新兴趋势是，随着社会信息化、网络化不断深入，在微博、微信等自媒体高度发达的应用条件下，话语权的构成要素、作用方式、传播渠道与互动模式均已发生重大变化，并深刻影响其建立和作用发挥。建立适应信息时代要求的社会安全治理话语权建设与作用发挥的新模式，突出对社会安全治理活动的教育、引导、服务、凝聚等影响力，是新时代社会安全治理话语权建设的重要方面。

社会安全治理是一个复杂的系统过程，需要在不同的组织体系，在相互作用环节建立话语权、行使话语权。社会安全治理主体通过行使话语权产生影响力，这是安全治理主体进行利益博弈的关键能力。社会安全治理主体通过建立话语权、使用话语权来施加利益博弈的影响力，维护自身的安全利益，从而更好地参与社会安全治理活动并发挥作用。鉴于此，本研究提出以下假设：

假设 6：话语权正向影响社会安全水平。

社会安全治理效果核心在于社会安全利益主体的影响力发挥，以及是否具有较强的话语权，是否均能够自由而充分地表达自己的意见，在服务治理决策、引导和影响社会舆论、事关社会安全稳定的社会民生领域是否能够发挥影响作用等。话语权既体现为权利（表达的自由），也体现为权力（观点的影响力），是表达意见的话语自由和权威性的综合体现。根据郑杭生、白蕾有关研究，作为“权利”的社会安全治理话语权，主要指话语构建、表达的主体性和自主性，包括解释权、传播权、创新权。[②][③] 作为“权力”的社会安全治理话语权的核心主要包括引导权、评价权、行动权。综合而言，话语权本质在于强调话语影响决策、引导舆论以及影响行动。综上所述，社会安全治理实践最根本的是要对关涉核心利益诉求的方面具有影响力、能够行使话语权，如参与决策或影响决策（决策话语权）、引导舆论或影响舆论（舆论话语权）、参与或影响重大民生价格政策或决策（价格话语权）等。根据推导分析，本研究将社会安全治理视域的话语权进一步划分为决策话语权、舆论话语权以及价格话语

① 张国祚：《关于“话语权”的几点思考》，载《求是》2009 年第 9 期，第 43~46 页。

② 郑杭生：《学术话语权与中国社会学发展》，载《中国社会科学》2011 年第 2 期，第 27~34 页。

③ 白蕾：《高校微博思想政治教育话语权提升研究》，华中师范大学 2015 年硕士学位论文，第 4~5 页。

权三个方面提出研究假设，即话语权正向影响社会安全水平，且话语权对获得感和社会安全水平具有中介作用。具体而言：

第一，决策话语权与社会安全水平的作用机理。所谓决策话语权，与评价话语权类似，主要强调对决策话语体系的权威性解释能力和驾驭能力，维护其独特性和相对独立性。决策话语权能够建立在权威性、合法性、相对独立性基础上，从而把握主体权威性（权威身份）、话语权威性（学术话语）、机构权威性（权威性的社会地位），进而影响社会安全治理。因此，当民众决策话语权得到充分体现和实施时，其能够有效辅助社会安全治理更加体现“以人民为中心”的宗旨。换言之，可以合理推断，当民众的决策话语权达到一定水平，其能够更加积极地影响社会安全水平的改善。鉴于此，本研究提出以下假设：

假设 6a：决策话语权正向影响社会安全水平。

第二，舆论话语权与社会安全水平的作用机理。所谓舆论话语权主要是指民众能够通过特定的渠道和载体，通过舆论、思想观点等对有关领域的思想和行动予以制约和规定，从而有效影响行动取向及过程。尤其是在网络高度普及和发达的当下，大多数民众舆论话语权成为其影响社会安全治理决策的最重要途径之一。舆论话语权会将民众的安全治理思想观点转化为受众对象现实行为的效果，体现为政策主张、理论观点的吸引力、凝聚力和感召力等。由此可以合理推断，当民众舆论话语权达到一定水平之后，可以实现对社会安全治理的深度参与，转化为推动社会安全水平提升的重要动力。鉴于此，本研究提出以下假设：

假设 6b：舆论话语权正向影响社会安全水平。

第三，价格话语权与社会安全水平的作用机理。所谓价格话语权，主要是指民众能够通过科学合理的议价途径，对社会生活领域形成渗透性影响，明确哪些定价做法是“应当的”和“必须的”，哪些是“不应当的”和“要避免的”，从而达到对社会行动过程进行支配和控制的效果。[①] 也可以通过有目的、有计划地设置相关价格议题，使参与者围绕议题进行思考和讨论，引导参与者进入特定话语体系，逐步达到对话语体系背后所承载价值观的认同。之所以选

---

① 本研究中，价格话语权也同行动话语权，侧重指典型的参与型行动及其产生的“行动力”和“影响力”。

择价格话语权作为典型代表来分析话语权对“行动”的影响力，主要原因在于：我国民众在议价和定价能力方面的话语权相对“薄弱”，个体“讨价还价”式的能力尚未上升至能够达到集体议价的程度，话语权的行动力较弱。价格话语权是一种最为典型的参与型行动表达，随着我国电子商务的流行和普及，“大众点评网”“京东商城”等商品领域的定价权越来越受到民众自身推动力量的影响而发生改变，即由商家垄断定价逐步转向大众议价。例如，2009年由阿里巴巴公司创立的“双十一购物狂欢节”，在实现销售额、参与商家、技术升级、大力度促销等巨大进步的同时，也体现了网民和网络购物者在商品定价权方面影响力的提升。当民众价格话语权达到一定程度，也就是其话语权产生“行动力”的能量增强以后，民众话语权在社会安全治理领域催生的“行动派”将会越来越多。因此，当民众价格话语权提升时，其对社会安全水平的影响也会随之提升。鉴于此，本研究提出以下假设：

假设6c：价格话语权正向影响社会安全水平。

如前分析，获得感作为社会安全的重要本源性心理因素，影响社会安全治理活动，并通过话语权对社会安全水平产生影响。治理活动的核心是治理参与主体之间的影响力博弈，其主要方式就是通过话语权的行使来实现。话语权的实现，本质上是民众获得感增强的重要体现；反之，当民众获得感显著增强后，民众话语权随之增强的可能性较大。我们可以合理推断，获得感既是话语权表达的重要支撑，也是增强话语权的重要因素，会显著影响社会安全水平。换言之，无论是物质获得感还是精神获得感都将是民众安全利益实现的诉求，可以为话语权的实现诉求提供支撑，也会通过话语权这一“桥梁”对社会安全水平产生影响。鉴于此，本研究提出以下假设：

假设7：获得感通过话语权正向影响社会安全水平。

假设7a：物质获得感通过话语权正向影响社会安全水平。

假设7b：精神获得感通过话语权正向影响社会安全水平。

### （三）包容性与社会安全治理

包容性（Inclusiveness）指社会制度体系对具有不同社会特征（出身、地位、民族和性别等）的社会成员及其所表现的各种社会行为（思想、行动、目标、习惯和思维方式等）的吸纳和认同。① 包容是社会发展的主要理念和发展机制，即平等看待不同地域、民族和文化之间的差异性，拓展参与社会建设的渠道，公平合理地共享社会发展的成果。② 包容的基本含义包括建立具有社会整合功能的机制，改善并促进充分就业、社会保障和公共资源共享，优化公共资源的有效配给，尊重不同文化、族群和宗教的差异等。③

包容性强调公平公正、容纳差异化、增强多样性，其核心思想是和而不同、求同存异、兼收并蓄。一般地，社会包容既包括阶层包容、文化包容、信仰包容、舆论包容，也包括消除或减少城乡、地域、疾病等方面的歧视。包容性理念在相关领域均具有体现，如教育领域包容性强调对年龄、性别、户籍、残疾、贫困、种族等方面的尊重，强调教育公平、有教无类、因材施教等。世界银行将社会包容定义为“改进弱势身份人群的能力、机会和尊严，以及参与社会的进程”。④

包容性秉持共治协商、促进创新的理念和价值取向，是社会安全治理的机制要件和内涵要求，是国家治理现代化的衡量标准和价值理念。⑤ 社会安全治理的包容性具有多元共治的思想，以多元治理主体合作的形式实现社会共治。⑥ 包容性也体现在社会安全治理结构方面，能够把多样对象纳入社会治理框架中，根据社会治理内容的多样性和差异性实现多元化治理主体之间的合作互补。这种治理结构是网络式、互动式的，具有容错机制，是社会治理体系在结构上的包容性。⑦⑧

在社会安全治理领域，包容性是社会安全治理的重要理念和机制，是推进

---

① 王艳：《社会包容视角下政府治理探析》，载《社科纵横》2011 年第 9 期，第 32~34 页。

② 渠敬东：《社会发展的理念及其评估》，载《2012 中国社会发展报告》，中国社会科学出版社 2012 年版，第 15~18 页。

③ 葛道顺：《包容性社会发展：从理念到政策》，载《社会发展研究》2014 年第 3 期，第 212~227 页。

④ World Bank, *Inclusion Matters: The Foundation for Shared Prosperity* (Washington, DC: World Bank, 2013).

⑤ 徐琳、谷世飞：《公民参与视角下的中国国家治理能力现代化》，载《新疆师范大学学报（哲学社会科学版）》2014 年第 8 期，第 36~42 页。

⑥ Mayer F & Gereffi G, “Regulation and Economic Globalization: Prospects and Limits of Private Governance,” *Business and Politics*, No. 12 (Mar 2010): 1.

⑦ 朱晓红、伊强：《论社会治理的多元主体结构》，载《学习论坛》2007 年第 8 期，第 51~54 页。

⑧ Abbott K. W & Snidal D, “The Governance Triangle: Regulatory Standards Institutions and the Shadow of the State”, in Mattli W. & Woods N. (eds.), *The Politics of Global Regulation* (NJ: Princeton University Press, 2009): 44-88.

优化社会安全治理的重要动力。包容性的利益协调机制、协同机制和容错机制，多元主体的共治思想、尊重差异的思想等，有利于不同安全利益诉求群体达成共识、建立协同机制、形成协同效应，从而提高社会安全治理绩效。鉴于此，本研究提出以下假设：

假设8：包容性正向影响社会安全水平。

社会安全治理的主要功能是将利益冲突、安全风险协调控制并稳定在一定范围内，体现为较好的社会安全秩序水平，这就需要在治理实践中鼓励求同存异、接受差异、提倡多元化，具有协商机制、容错机制。通过建立具有包容性的社会安全治理机制，在政策制定、文化建设、执法服务等方面提高社会主流价值体系、道德规范、法律体系、传统文化的综合影响力。包容性的关键在于治理主体之间相互接纳或协调，形成协调机制、容错机制，化解或减少冲突，形成协同效应。协同的关键是对治理活动中关涉的核心利益诉求具有包容性（容错力），如政策设计会兼顾不同群体利益（政策包容性），社会文化兼顾不同地域的文化差异或偏好（文化包容性），在治理实践中对不同被执法对象一视同仁、公平对待（执法包容性）。根据推导分析，本研究以政策包容性、文化包容性和执法包容性为代表进行分析。

第一，政策包容性与社会安全水平。政府社会安全治理政策是安全治理基本思路和具体措施的顶层设计。社会深入转型和深化改革，利益格局深度调整，利益诉求多元化和权利利益观念增强，要求政策具有多层面适应性，能够实现利益协调。利益协调机制重在建立健全公共利益的实现机制、公平的利益分配机制、有效的利益整合机制、畅通的利益表达机制、合理的利益补偿机制。① 建立社会安全利益协调机制的根本作用在于维持利益平衡格局或者将打破的利益格局恢复平衡，协调潜在的利益冲突，防止冲突发生或显性扩大，这也是政策包容性的根本作用。社会安全治理政策在制定和顶层设计过程中，能够兼顾考虑不同社会群体和地域民众的基本利益与权力，② 寻求一个“最大公约数”，是政策包容性的张力和广度的展现。因此，当政策包容性的边界和覆盖广度越大，越能够提高社会安全治理政策的影响力，进而可能促进社会安全

① 吴家庆、李风华：《论我国社会转型期利益协调机制的构建》，载《湖南师范大学学报（社会科学版）》2002年第5期，第41~46页。

② Chris Ansell & Alison Gash, “Collaborative Governance in Theory and Practice,” *Journal of Public AdministrationResearch and Theory*, No. 18 (Apr 2008): 543-571.

水平提升。鉴于此，本研究提出以下假设：

假设 8a：政策包容性正向影响社会安全水平。

第二，文化包容性与社会安全水平。与政策包容性类似，文化包容性重在强调政府社会安全治理能够同时兼顾区域文化、群体文化、个体信仰等多个层面和不同层次范畴内的文化内涵。文化包容性强调能够消除不同社会群体对安全诉求的主观文化差异，消弭已经形成的不同文化层面矛盾和冲突。文化包容更加突出社会安全治理协同机制，这是治理的本质体现，是多中心文化治理的要求。多主体参与文化协同治理过程，协同机制的安排既有利于监督国家权力的执行，也有利于多方协同解决国家权力无法到达的地方的治理问题。按照多中心协同治理的战略理论逻辑，“共建、共治和共享”集中体现了文化协同思想，通过建立“安全共同体”“治理共同体”，促进跨行业、跨领域、跨地域、跨主体的文化协同，最终实现社会安全治理的组织协同、功能协同、机制协同、服务协同，形成正向的文化协同效应。当文化协同效应达到一定程度以后，文化包容就会与之同轨变化。并且，文化协同效应越高，社会安全治理水平也才可能越高。鉴于此，本研究提出以下假设：

假设 8b：文化包容性正向影响社会安全水平。

第三，执法包容性与社会安全水平。与政策包容性和文化包容性强调“静态”体制机制不同，执法包容性更加突出强调社会安全治理“动态”治理行为的边界和调整方略。在某种层面来看，执法包容性体现为社会安全治理的一种动态容错机制。容错即允许在一定范围内因非主观原因造成失误或损失。容错机制是保证治理柔性和弹性、实现良治的体现，是实现治理现代化的要求。执法环境下的容错机制主要以提升社会安全治理绩效为核心，科学设置执法容错认定程序，明确责任清单和标准，形成一种正向的激励和保障机制。由此，可以合理推断：当执法包容性提高后，社会安全治理的容错机制更加协调，那么社会安全绩效水平也会随之提升。鉴于此，本研究提出以下假设：

假设 8c：执法包容性正向影响社会安全水平。

由前面的理论推导可知，秩序感主要体现在价值认同、道德认同和法律认同三个层面，当认同感达到一定程度以后就会形成心理归属感。而民众秩序感形成归属感的一个重要前提就是要保障归属感的“稳定性”，进而需要社会具有兼容并包的特质，即秩序感是推动包容性发挥作用的重要内在驱动力，其也会通过改善社会包容性进而影响社会安全水平。从广泛的意义上来理解，包容性的根本出发点是基于秩序感形成治理协同效应，进而调动积极因素提升社会安全水平。换言之，无论是价值认同还是道德认同，都将是民众秩序感实现的诉求，为秩序感的实现程度提供支撑，也会通过包容性这一“桥梁”对社会安全水平产生影响（第三章中关于法律认同和社会安全水平的假设未获得通过，故在此不予考虑）。鉴于此，本研究提出以下假设：

假设 9：秩序感通过包容性正向影响社会安全水平。

假设 9a：价值认同通过包容性对社会安全水平产生影响。

假设 9b：道德认同通过包容性对社会安全水平产生影响。

综上所述，从社会治理的过程实践来说，关键是要把握治理的参与、过程的互动博弈、结果的共享，并体现为权利要件、能力要件和机制要件三个要件。①

权利要件强调参与治理的不同主体间地位平等、身份独立、观点自由，能够就自身或代表群体的安全利益诉求发表见解和主张。权利要件重点解决治理信息不对称问题，集中体现为安全治理主体的互动（参与度）增强。

能力要件要求参与治理的主体具有安全利益需求的信息获取与鉴识能力、安全诉求表达能力、利益博弈维护能力。能力要件重点解决治理目标的实现条件问题，体现为安全治理参与主体利益博弈综合影响力（话语权）的提升，如影响议题设置、政策制定或决策咨询等。

机制要件要求安全治理主体在利益博弈过程中协调一致并形成保障条件，基于共识形成权威等，包括协同共治机制、冲突协调机制、制度化参与机制等。机制要件重点解决治理过程中的冲突化解、治理效果的常态化维持，体现为安全治理主体在利益博弈过程中的协同协调、接纳包容等。

权利要件、能力要件和机制要件是社会安全治理的核心条件，体现了治理关键要素及其约束要求，能够有效支撑社会治理的多主体参与、多利益博弈、多策略协调。在第三章厘清社会安全本源影响因素的基础上，进一步通过社会安全治理分析建构社会安全水平影响因素的前因变量及作用机理，探讨公平感、秩序感、获得感通过社会安全治理关键机理要素（参与度、包容性以及话语权）对社会民众安全感产生影响的中介作用机理。根据社会安全本源要素实

---

①　朱俊奇：《三维监管博弈：法治化、参与能力和社会伦理——食品安全监管利益相关者博弈研究》，载《安徽理工大学学报（社会科学版）》2018 年第 1 期，第 17~23 页。

现与保障分析、基于社会安全的本源因素分析和社会治理关键要素分析，提出社会安全治理作用机理的理论模型，其作用机理如图 4-1 所示。

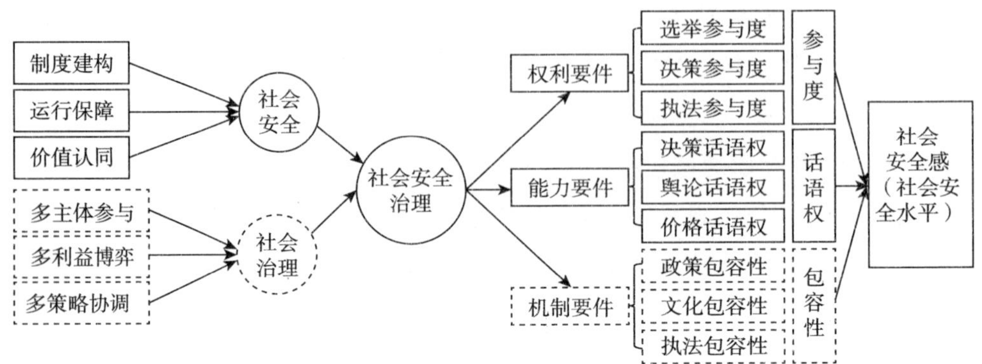


**图 4-1　社会安全治理的关键要素及作用机理示意**

## 三、实证检验与分析

由于第三章已经将本章涉及的参与度、话语权和包容性等相关变量的探索性和验证性因子分析一并进行了验证，此处不再赘述。本章直接进行假设的实证检验分析。

### （一）社会安全治理影响因素的直接效应检验

与第三章的实证检验方法一致，本章仍采用多元回归方法，进行各变量对社会安全水平的影响程度的实证检验，即验证假设 4、假设 4a、假设 4b、假设 4c、假设 5、假设 5a、假设 5b、假设 5c、假设 6、假设 6a、假设 6b、假设 6c、假设 7、假设 7a、假设 7b、假设 8、假设 8a、假设 8b、假设 8c、假设 9、假设 9a、假设 9b。首先，检验社会安全治理影响因素对社会安全水平产生影响的直接效应。直接效应检验结果如表 4-1 所示。

表 4-1　社会安全治理影响因素对社会安全水平产生影响的直接效应检验结果（N=898）

| 模型 | M10 | M11 | M12 | M13 | M14 | M15 | M16 | M17 | M18 | M19 |
|---|---|---|---|---|---|---|---|---|---|---|
| 变量 | 社会安全水平 | 社会安全水平 | 社会安全水平 | 社会安全水平 | 社会安全水平 | 社会安全水平 | 社会安全水平 | 社会安全水平 | 社会安全水平 | 社会安全水平 |
| 年龄 | 0.266*** | 0.118** | 0.105** | 0.098** | 0.149*** | 0.141*** | 0.136*** | 0.124** | 0.140*** | 0.123*** |
| 性别 | 0.035 | 0.086** | 0.090** | 0.091** | 0.058** | 0.056* | 0.058* | 0.067* | 0.047 | 0.053* |
| 婚姻状况 | −0.026 | −0.004 | −0.004 | −0.006 | −0.034 | −0.035 | −0.035 | −0.050 | −0.037 | −0.030 |
| 受教育程度 | 0.035 | 0.043 | 0.036 | 0.034 | 0.044 | 0.031 | 0.036 | 0.039 | 0.058 | 0.051 |
| 政府机关 | 0.041 | 0.044 | 0.040 | 0.031 | −0.013 | −0.007 | 0.002 | 0.070* | 0.010 | 0.022 |
| 事业单位 | 0.052 | 0.015 | 0.026 | 0.023 | 0.053 | 0.054 | 0.057 | 0.083* | 0.060 | 0.063* |
| 工作年限 | −0.183** | −0.101** | −0.074 | −0.063 | −0.079 | −0.059 | −0.051 | −0.111* | −0.074 | −0.056 |
| 收入 | 0.032 | 0.044 | 0.033 | 0.036 | 0.022 | 0.018 | 0.019 | 0.024 | 0.026 | 0.024 |
| 东部地区 | 0.082** | 0.026 | 0.028 | 0.026 | 0.056 | 0.063 | 0.059* | 0.060* | 0.056* | 0.059 |
| 西部地区 | −0.040 | −0.031 | −0.032 | −0.026 | −0.019 | −0.024 | −0.023 | −0.003 | 0.000 | −0.007 |
| 选举参与度 | — | 0.609*** | 0.399 | 0.353*** | — | — | — | — | — | — |
| 政策参与度 | — | — | 0.257*** | 0.148** | — | — | — | — | — | — |
| 执法参与度 | — | — | — | 0.170** | — | — | — | — | — | — |

续表

| 模型 | M10 | M11 | M12 | M13 | M14 | M15 | M16 | M17 | M18 | M19 |
|---|---|---|---|---|---|---|---|---|---|---|
| 变量 | 社会安全水平 | 社会安全水平 | 社会安全水平 | 社会安全水平 | 社会安全水平 | 社会安全水平 | 社会安全水平 | 社会安全水平 | 社会安全水平 | 社会安全水平 |
| 决策话语权 | — | — | — | — | 0.542*** | 0.410*** | 0.351*** | — | — | — |
| 舆论话语权 | — | — | — | — | — | 0.183*** | 0.032 | — | — | — |
| 价格话语权 | — | — | — | — | — | — | 0.229*** | — | — | — |
| 政策包容性 | — | — | — | — | — | — | — | 0.518*** | 0.304*** | 0.244*** |
| 文化包容性 | — | — | — | — | — | — | — | — | 0.384*** | 0.297*** |
| 执法包容性 | — | — | — | — | — | — | — | — | — | 0.175*** |
| F | 5.40 | 55.972 | 55.823 | 52.756 | 41.173 | 40.372 | 39.426 | 48.784 | 60.229 | 58.120 |
| $R^2$ | 0.057 | 0.403 | 0.423 | 0.429 | 0.330 | 0.345 | 0.358 | 0.369 | 0.442 | 0.453 |
| $\Delta R^2$ | — | 0.353 | 0.021 | 0.006 | 0.281 | 0.015 | 0.013 | 0.320 | 0.072 | 0.011 |
| DW 值 | 2.005 | | | | | 1.826 | | | 1.912 | |

注：* 表示 $p<0.05$；** 表示 $p<0.01$；*** 表示 $p<0.001$；$R^2$ 为调整后的值，$\Delta R^2$ 为未经调整的值。

第一，模型 M11 的结果表明，在控制变量模型 M10 的基础上，将选举参与度变量放入回归模型 M10 后，M11 的单独解释力增加（$\Delta R^2=0.353$，$p<0.001$）。同时，模型 M11 结果表明，选举参与度对社会安全水平具有明显的正向影响（$\beta=0.609$，$p<0.001$），假设 4a 得到验证。同理，模型 M12 的结果表明，M12 具有单独解释力（$\Delta R^2=0.021$，$p<0.001$），且政策参与度对社会安全水平具有明显的正向影响（$\beta=0.257$，$p<0.001$），假设 4b 得到验证。模型 M13 的结果表明，M13 具有单独解释力（$\Delta R^2=0.006$，$p<0.001$），且执法参与度对社会安全水平具有明显的正向影响（$\beta=0.170$，$p<0.001$），假设 4c 得到验证。由此，假设 4 得到验证，即社会民众的参与度正向影响社会安全水平。

第二，模型 M14 的结果表明，在控制变量模型 M10 的基础上，将选举参与度变量放入回归模型 M10 后，M14 的单独解释力增加（$\Delta R^2=0.281$，$p<0.001$）。同时，模型 M14 结果表明，决策话语权对社会安全水平具有明显的正向影响（$\beta=0.542$，$p<0.001$），假设 6a 得到验证。同理，模型 M15 的结果表明，M15 具有单独解释力（$\Delta R^2=0.015$，$p<0.001$），且舆论话语权对社会安全水平具有明显的正向影响（$\beta=0.183$，$p<0.001$），假设 6b 得到验证。模型 M16 的结果表明，M16 具有单独解释力（$\Delta R^2=0.013$，$p<0.001$），且价格话语权对社会安全水平具有明显的正向影响（$\beta=0.229$，$p<0.001$），假设 6c 得到验证。由此，假设 6 得到验证，即社会民众的话语权正向影响社会安全水平。

第三，模型 M17 的结果表明，在控制变量模型 M10 的基础上，将政策包容性变量放入回归模型 M10 后，M17 的单独解释力增加（$\Delta R^2=0.320$，$p<0.001$）。同时，模型 M17 结果表明，政策包容性对社会安全水平具有明显的正向影响（$\beta=0.518$，$p<0.001$），假设 8a 得到验证。同理，模型 M18 的结果表明，M18 具有单独解释力（$\Delta R^2=0.072$，$p<0.001$），且文化包容性对社会安全水平具有明显的正向影响（$\beta=0.384$，$p<0.001$），假设 8b 得到验证。模型 M19 的结果表明，M19 具有单独解释力（$\Delta R^2=0.011$，$p<0.001$），且执法包容性对社会安全水平具有明显的正向影响（$\beta=0.175$，$p<0.001$），假设 8c 得到验证。由此，假设 8 得到验证，即社会民众的包容性正向影响社会安全水平。

此外，从本研究各个模型的多种共线性检验结果来看，其容忍度均小于

10，且方差膨胀因子（VIF值）均小于3，符合学界普遍要求。从Durbin-Watson值来看，其DW分别为2.005、1.826、1.912，均比较接近2，由此说明各变量残差无自相关现象。

### （二）社会安全治理影响因素的中介效应检验

本研究采用Baron和Kenny（1986）经典方法对社会安全治理影响因素的中介效应进行检验。中介效应检验结果如表4-2所示。

表 4-2　社会安全治理影响因素的中介效应检验结果（N=898）

| 模型 | M20 | M21 | M22 | M23 | M24 | M25 | M26 | M27 | M28 | M29 | M30 | M31 | M32 | M33 |
|---|---|---|---|---|---|---|---|---|---|---|---|---|---|---|
| 变量 | 社会安全水平 | 社会安全水平 | 社会安全水平 | 社会安全水平 | 社会安全水平 | 社会安全水平 | 社会安全水平 | 社会安全水平 | 社会安全水平 | 社会安全水平 | 社会安全水平 | 社会安全水平 | 社会安全水平 | 社会安全水平 |
| 年龄 | 0.194*** | 0.100** | 0.232*** | 0.132*** | 0.151*** | 0.081** | 0.181*** | 0.121*** | 0.180*** | 0.115** | 0.137** | 0.088 | 0.115*** | 0.095** |
| 性别 | 0.066** | 0.093*** | 0.083** | 0.098*** | 0.066** | 0.092*** | 0.073** | 0.073** | 0.034 | 0.052 | 0.033 | 0.049 | 0.071** | 0.066** |
| 婚姻状况 | 0.015 | 0.007 | -0.018 | -0.009 | -0.009 | -0.004 | -0.032 | -0.037 | -0.034 | -0.038 | -0.014 | -0.022 | 0.002 | -0.012 |
| 受教育程度 | -0.005 | 0.013 | 0.005 | 0.015 | 0.020 | 0.024 | 0.006 | 0.007 | 0.064 | 0.038 | 0.036 | 0.045 | 0.043 | 0.046 |
| 政府机关 | 0.015 | 0.018 | -0.035 | -0.010 | 0.014 | 0.017 | 0.044 | 0.021 | 0.035 | 0.012 | 0.080** | 0.047 | 0.076** | 0.051 |
| 事业单位 | 0.025 | 0.021 | 0.019 | 0.018 | 0.034 | 0.026 | 0.041 | 0.049 | 0.043 | 0.054 | 0.073 | 0.071 | 0.053 | 0.060* |
| 工作年限 | -0.120 | -0.050 | -0.163*** | -0.082* | -0.115** | -0.049 | -0.093 | -0.024 | -0.119 | -0.030 | -0.130** | -0.053 | -0.090* | -0.052 |
| 收入 | -0.009 | 0.013 | 0.045 | 0.039 | 0.019 | 0.026 | 0.024 | 0.016 | 0.004 | 0.005 | 0.051 | 0.034 | 0.030 | 0.026 |
| 东部地区 | 0.076 | 0.037 | 0.036 | 0.021 | 0.068** | 0.034 | 0.025 | 0.036 | 0.104*** | 0.080** | 0.078** | 0.062 | 0.046 | 0.049* |
| 西部地区 | 0.000 | -0.010 | -0.008 | -0.013 | -0.009 | -0.014 | -0.013 | -0.014 | -0.046 | -0.033 | -0.019 | -0.007 | 0.022 | 0.011 |
| 起点公平 | 0.508*** | 0.229*** | — | — | — | — | — | — | — | — | — | — | — | — |
| 程序公平 | — | — | 0.578*** | 0.310*** | — | — | — | — | — | — | — | — | — | — |
| 结果公平 | — | — | — | — | 0.516*** | 0.233*** | — | — | — | — | — | — | — | — |
| 物质获得感 | — | — | — | — | — | — | 0.519*** | 0.334*** | — | — | — | — | — | — |

续表

| 模型 | M20 | M21 | M22 | M23 | M24 | M25 | M26 | M27 | M28 | M29 | M30 | M31 | M32 | M33 |
|---|---|---|---|---|---|---|---|---|---|---|---|---|---|---|
| 变量 | 社会安全水平 | 社会安全水平 | 社会安全水平 | 社会安全水平 | 社会安全水平 | 社会安全水平 | 社会安全水平 | 社会安全水平 | 社会安全水平 | 社会安全水平 | 社会安全水平 | 社会安全水平 | 社会安全水平 | 社会安全水平 |
| 精神获得感 | — | — | — | — | — | — | — | — | 0. 349*** | 0. 160*** | — | — | — | — |
| 价值认同 | — | — | — | — | — | — | — | — | — | — | 0. 532*** | 0. 253*** | — | — |
| 道德认同 | — | — | — | — | — | — | — | — | — | — | — | — | 0. 640*** | 0. 349*** |
| 参与度 | — | 0. 498*** | — | 0. 432*** | — | 0. 493*** | — | — | — | — | — | — | — | — |
| 话语权 | — | — | — | — | — | — | — | 0. 402*** | — | 0. 495*** | — | — | — | — |
| 包容性 | — | — | — | — | — | — | — | — | — | — | — | 0. 508*** | — | 0. 387*** |
| F | 35. 708 | 64. 385 | 49. 708 | 70. 357 | 36. 782 | 64. 448 | 37. 185 | 57. 432 | 16. 807 | 44. 051 | 39. 505 | 74. 267 | 64. 990 | 76. 767 |
| $R^2$ | 0. 307 | 0. 466 | 0. 374 | 0. 481 | 0. 305 | 0. 459 | 0. 307 | 0. 430 | 0. 162 | 0. 365 | 0. 321 | 0. 495 | 0. 440 | 0. 503 |
| $\Delta R^2$ | 0. 250 | 0. 159 | 0. 324 | 0. 107 | 0. 256 | 0. 153 | 0. 258 | 0. 122 | 0. 115 | 0. 201 | 0. 272 | 0. 173 | 0. 389 | 0. 063 |
| DW 值 | 1. 913 | | 1. 927 | | 1. 921 | | 1. 895 | | 1. 800 | | 1. 843 | | 1. 852 | |

注：* 表示 $p<0.05$；** 表示 $p<0.01$；*** 表示 $p<0.001$；$R^2$ 为调整后的值，$\Delta R^2$ 为未经调整的值。

第一，就参与度在公平感与社会安全水平之间的中介作用而言：模型 M20 的结果已表明，起点公平对社会安全水平呈显著正相关（$\beta=0.508$，$p<0.001$）；模型 M21 的结果表明，在引入中介变量参与度后，起点公平对社会安全水平的影响依然显著，且影响系数由 0.508 下降至 0.229，说明参与度对起点公平与社会安全水平具有部分中介作用，假设 5a 得到支持。同理，模型 M22 的结果已表明，程序公平对社会安全水平呈显著正相关（$\beta=0.578$，$p<0.001$）；模型 M23 的结果表明，在引入中介变量参与度后，程序公平对社会安全水平的影响依然显著，且影响系数由 0.578 下降至 0.310，说明参与度对程序公平与社会安全水平具有部分中介作用，假设 5b 得到支持。模型 M24 的结果已表明，结果公平对社会安全水平呈显著正相关（$\beta=0.516$，$p<0.001$）；模型 M25 的结果表明在引入中介变量参与度后，结果公平对社会安全水平的影响依然显著，且影响系数由 0.516 下降至 0.233，说明参与度对结果公平与社会安全水平具有部分中介作用，假设 5c 得到支持。综上所述，假设 5 得到验证，即参与度对公平感与社会安全水平之间作用关系具有显著中介效应。

第二，就话语权在获得感与社会安全水平之间的中介作用而言：模型 M26 的结果已表明，物质获得感对社会安全水平呈显著正相关（$\beta=0.519$，$p<0.001$）；模型 M27 的结果表明，在引入中介变量话语权后，物质获得感对社会安全水平的影响依然显著，且影响系数由 0.519 下降至 0.334，说明话语权对物质获得感与社会安全水平具有部分中介作用，假设 7a 得到支持。同理，模型 M28 的结果已表明，精神获得感对社会安全水平呈显著正相关（$\beta=0.349$，$p<0.001$）；模型 M29 的结果表明，在引入中介变量话语权后，精神获得感对社会安全水平的影响依然显著，且影响系数由 0.349 下降至 0.160，说明话语权对精神获得感与社会安全水平具有部分中介作用，假设 7b 得到支持。综上所述，假设 7 得到验证，即话语权对获得感与社会安全水平之间作用关系具有显著中介效应。

第三，就包容性在秩序感与社会安全水平之间的中介作用而言：模型 M30 的结果已表明，价值认同与社会安全水平呈显著正相关（$\beta=0.532$，$p<0.001$）；模型 M31 的结果表明，在引入中介变量包容性后，价值认同对社会安全水平的影响依然显著，且影响系数由 0.532 下降至 0.253，说明包容性对价值认同与社会安全水平具有部分中介作用，假设 9a 得到支持。同理，模型 M32 的结果已表明，道德认同对社会安全水平呈显著正相关（$\beta=0.640$，$p<$

0.001）；模型 M33 的结果表明，在引入中介变量包容性后，道德认同对社会安全水平的影响依然显著，且影响系数由 0.640 下降至 0.349，说明包容性对道德认同与社会安全水平具有部分中介作用，假设 9b 得到支持。综上所述，假设 9 得到验证，即包容性对秩序感与社会安全水平之间作用关系具有显著中介效应。

此外，从本研究各个模型的多种共线性检验结果来看，其容忍度均小于 10，且方差膨胀因子（VIF 值）均小于 3，符合学界普遍要求。从 Durbin-Watson 值来看，其 DW 分别为 1.913、1.927、1.921、1.895、1.800、1.843、1.852，均比较接近 2，由此说明各变量残差无自相关现象。

## 四、本章结论与启示

### （一）本章主要结论

本章在讨论社会安全的公平感、获得感和秩序感及其实现保障的基础上，基于多中心协同治理理论的战略视域，进一步推导出参与度、话语权、包容性三个社会安全治理关键机理变量。基于不同的测量维度形成结构化的调查问卷，基于 898 个有效样本，对社会安全治理诸机理要素中的参与度、话语权、包容性对社会安全水平的影响进行了实证检验，得到以下主要结论：

第一，参与度正向影响社会安全水平，且对公平感与社会安全水平之间作用关系具有中介效应。经参与度与社会安全水平的直接效应实证检验，无论是构成参与度的选举参与度、决策参与度、执法参与度的单一维度，还是综合起来的参与度综合维度，均正向影响社会安全水平，由此支持了关于社会民众的参与度正向影响社会安全水平的假设。参与是社会安全治理活动开展的前提，良好的参与意味着社会民众可以充分就事关切身利益的事项进行信息沟通、诉求表达和过程博弈，使治理实践结果更加符合其利益预期。选举参与、决策参与、执法参与是社会民众个体的典型核心利益诉求，其参与的程度越高、越深，社会安全治理多元主体间的互动就越充分，进而能够为社会安全治理水平提升发挥更大作用。这一研究假设获得验证，表明参与度可以在选举参与、执法参与、决策参与等不同维度增强民众的社会安全感。这一作用机理研究验证的重要理论价值在于，在社会安全治理实践上为通过提升社会民众的参与度来增强民众的公平感，进而提升安全感提供了直接的理论依据。

第二，话语权正向影响社会安全水平，且对获得感与社会安全水平之间作用关系具有中介效应。经话语权与社会安全的直接效应实证检验，无论是构成话语权的决策话语权、舆论话语权、价格话语权的单一维度，还是综合起来的话语权综合维度，均正向影响社会安全水平，由此支持了关于社会民众的话语权正向影响社会安全水平的假设。话语权是社会安全治理的核心要素，社会安全治理主体的话语权是其产生影响力、进行利益博弈的关键能力。这一研究假设获得验证，表明话语权可以在决策参考、舆论引导、民生价格调整等不同维度增强社会民众的影响力，进而提升获得感。这一作用机理的重要理论价值在于，在社会安全治理实践上为通过提升社会民众的话语权来增强民众获得感，进而提升安全感提供了直接的理论依据。

话语权能够对社会安全水平产生重要影响的原因可能在于以下几方面：首先，民众迫切需要适度的话语权与政府互动对话。随着我国经济发展水平的不断提升，社会民众素质不断提高，他们有需求也有意愿参与社会安全治理实践，他们在治理路径选择和参与过程中，更注重主要观点的表达和话语权的实现。其次，政府社会安全治理需要增加民众话语权的比重。从政府公共治理角度来认识，政府部门亟须转变治理思维、转换治理方式，即通过增强民众的话语权来使政府安全治理政策更加“接地气”和有效果。

第三，包容性正向影响社会安全水平，且对秩序感与社会安全水平之间作用关系具有中介效应。经包容性与社会安全的直接效应实证检验，无论是构成包容性的政策包容性、文化包容性、执法包容性的单一维度，还是综合起来的包容性综合维度，均正向影响社会安全水平，由此支持了关于社会民众的包容性正向影响社会安全水平的假设。包容性体现了治理实践容错机制，是进行深度协同、形成协同效应的关键特性。包容性支持多样性、差异性，内在蕴含着多元共治的思想，有利于形成社会安全治理的合力。这一研究假设获得验证，表明包容性可以在政策制度建设、文化建设、执法实践等不同维度增强民众安全感。这一作用机理的重要理论价值在于，在社会安全治理实践上为通过提升社会民众的包容性来增强民众的秩序感，进而提升安全感提供了直接的理论依据。

### （二）社会安全治理逻辑机理的安全治理实践启示

《中共中央关于坚持和完善中国特色社会主义制度、推进国家治理体系和治理能力现代化若干重大问题的决定》首次提出，建设人人有责、人人尽责、人人享有的社会治理共同体，并将社会治理体系内涵丰富拓展为“党委领导、政府负责、民主协商、社会协同、公众参与、法治保障、科技支撑”七个基本内容。① 这意味着社会、民众等传统的治理客体要素成为治理的参与主体，在理论上超越了“主体—客体”二元划分的思维模式，体现了社会治理过程的多样性和变迁性，也体现了更趋融合的社会治理创新理念。

社会安全治理的领域特殊性和过程复杂性，决定了在实践中推进共建共治共享的社会治理共同体建设，须深刻把握社会治理体系建设的关键内容，深入剖析机理要素构成以及与社会安全水平的作用规律，遵循社会安全的本源性心理影响因素规律以深化源头治理，遵循社会安全治理关键要素的作用规律以强化系统治理，从而提升社会安全治理的专业化水平，提高社会安全整体水平。

通过对社会安全影响因素的作用机理研究，对于社会安全治理实践可以获得以下重要启示。② 具体来说，社会安全治理部门要把握权利要件、能力要件和机制要件，促进各治理主体的有效参与和互动建构，增强社会安全治理参与主体的参与度；提升社会安全治理参与主体的综合影响力和话语权，促进安全利益诉求的博弈和实现；拓展治理机制的包容性，提高协同协调能力和多元包容性。

第一，完善治理参与机制是提升社会安全治理水平的核心要义。从参与主体来看，重点是公平参与、依法参与、深度参与相结合，保障社会民众的参与机会，激发参与积极性。从参与主体的社会安全心理基础来看，注重从价值理念上增强公平感、在效果达成上注重获得感、在秩序规范上提高认同感，使参与主体成为能动的治理共同体一员。从参与内容来看，重点是深度和有效地参与关系切身利益和核心利益的活动，如权益诉求的表达、重大决策的论证咨询等。从参与方式来看，重点是规范参与活动的程序设计，从初级阶段的引导、告知、咨询等向高级阶段的合作、授权等不断深化提升。

第二，构建治理话语体系是提升社会安全治理水平的必然要求。话语权通过社会安全利益诉求的博弈能力和影响力来体现和实现，直接关系治理主体切

① 《中共中央关于坚持和完善中国特色社会主义制度、推进国家治理体系和治理能力现代化若干重大问题的决定》，人民出版社 2019 年版，第 1~6 页。

② 王龙：《社会安全治理关键要素对社会安全水平的影响机制研究》，载《公安学研究》2021 年第 4 期，第 14~36 页。

身利益实现和获得感，影响其对社会公平和秩序的感知和判断。建立并行使解释权、传播权，对社会安全治理领域的现象、活动、问题、观点、趋势、规律等进行科学界定、解释和传播，增强社会安全治理理念和政策的理论影响力。建立并行使评价权、行动权，综合利用主体权威性（权威身份）、话语权威性（学术话语力）、机构权威性（权威社会地位），提升社会安全治理理论观点的价值引领力和影响力。重视表达渠道和沟通机制建设，支持各类群体合理表达社会安全利益诉求，并引导其成为社会安全治理活动中具有影响或引导舆论能力的一方。重视社会公众的社会安全心理基础建设，将机会公平、程序公平和结果公平作为重要基础，将物质或社会精神获得感作为重点内容，将加强对社会价值观念、道德规范的社会认同作为关键领域。

第三，提高治理包容水平是提升社会安全治理水平的依赖路径。基于利益协调、过程协同、结果容错，提高社会安全治理机制的包容性，建立协调机制、协同机制、容错机制，促进畅通的利益表达、公平的利益分配、有效的利益整合、合理的利益补偿，提升治理体系和治理能力的整体合力和实际效度。坚持协同治理策略，与社会各层面、各相关部门深度合作治理，建立共建（利益相关者的发现）、共治（利益相关者的参与）、共享（利益相关者的获得）的协同机制，实现治理过程中的组织协同、功能协同、机制协同、服务协同，提升正向协同效应。发挥包容性机制的特质作用，完善社会信任机制，健全社会信用体系，培育社会信任资本，丰富社会信任文化，增强基于社会价值和道德规范的社会认同。推进建立更具包容性的社会安全治理体系，兼顾不同群体的需求差异和基本权利保障，充分支持公民与社会组织等自我服务、自我治理，注重发挥各类社会规范的功能作用。

## 五、本章小结

本章在第三章实证分析的基础上，进行有关参与度、话语权以及包容性等社会安全治理关键机理要素与社会安全水平作用关系的实证检验与分析，利用898 份有效问卷对研究假设进行了实证检验。研究假设检验结果如表 4-3 所示。

表 4-3　本章研究假设检验结果

| 社会安全治理机理假设 | 检验结果 |
| --- | --- |
| 假设 4：参与度正向影响社会安全水平 | 支持 |
| 假设 4a：选举参与度正向影响社会安全水平 | 支持 |
| 假设 4b：政策参与度正向影响社会安全水平 | 支持 |
| 假设 4c：执法参与度正向影响社会安全水平 | 支持 |
| 假设 5：公平感通过参与度正向影响社会安全水平 | 支持 |
| 假设 5a：起点公平通过参与度对社会安全水平产生影响 | 支持 |
| 假设 5b：程序公平通过参与度对社会安全水平产生影响 | 支持 |
| 假设 5c：结果公平通过参与度对社会安全水平产生影响 | 支持 |
| 假设 6：话语权正向影响社会安全水平 | 支持 |
| 假设 6a：决策话语权正向影响社会安全水平 | 支持 |
| 假设 6b：舆论话语权正向影响社会安全水平 | 支持 |
| 假设 6c：价格话语权正向影响社会安全水平 | 支持 |
| 假设 7：获得感通过话语权正向影响社会安全水平 | 支持 |
| 假设 7a：物质获得感通过话语权正向影响社会安全水平 | 支持 |
| 假设 7b：精神获得感通过话语权正向影响社会安全水平 | 支持 |
| 假设 8：包容性正向影响社会安全水平 | 支持 |
| 假设 8a：政策包容性正向影响社会安全水平 | 支持 |
| 假设 8b：文化包容性正向影响社会安全水平 | 支持 |
| 假设 8c：执法包容性正向影响社会安全水平 | 支持 |
| 假设 9：秩序感通过包容性正向影响社会安全水平 | 支持 |
| 假设 9a：价值认同通过包容性对社会安全水平产生影响 | 支持 |
| 假设 9b：道德认同通过包容性对社会安全水平产生影响 | 支持 |

本章的理论分析和实证检验表明，社会安全治理的关键是把握权利要件、能力要件和机制要件，促进各主体的有效参与和互动建构、安全利益诉求博弈和实现、协同共治与冲突协调等，并进一步体现在社会安全利益相关主体互动建构的参与度增强、利益博弈综合影响力和话语权提升、协同协调和包容性的

拓展。在厘清社会安全本源影响因素的基础上，进一步探究参与度、包容性以及话语权等治理关键机理要素对社会安全水平的影响机理（直接效应和中介效应）。就治理机理的三个关键机理要素之间的关系来说，本研究尽管未深入量化分析它们之间的作用关系，但通过理论或逻辑推导可以认为，参与度、话语权、包容性等治理机理要素之间具有紧密联系，内涵有所交叉但侧重点有所不同。从相互联系来看，参与度本身会是话语权的体现形式，而话语权表达决定参与的深度和效度，包容性是参与的重要机制维度，也会影响话语权的表达。从本质差别来看，参与度强调参与治理活动的机会，话语权强调对决策的影响，而包容性强调协同机制与协同效应。

社会安全治理是基于社会安全的治理活动，本质上表现为社会安全利益主体的交互作用、相互博弈、多元协同的过程。社会安全治理的对象特殊性和过程复杂性，决定了社会安全治理必然要遵循社会安全的本源性影响因素特性和规律以深化源头治理，也要遵循和把握社会安全治理关键机理要素的作用机理以强化系统治理，从而推动提升社会安全治理的专业化水平，提高社会安全治理的整体绩效水平。本研究通过量化实证分析，更进一步揭示了参与度、话语权和包容性与社会安全治理绩效水平的关系，同时也揭示了社会安全利益主体的社会安全心理因素对治理绩效的作用关系规律，对于深刻认识社会安全治理本质、加强社会安全治理实践提供了重要的理论支撑。

从理论应用创新来看，利益相关者理论、多中心协同治理理论分别在安全利益属性、治理过程机理方面为社会安全治理提供了强有力的理论支撑。社会安全利益具有基础性、根本性、广泛性、差异性和多变性特点，要求社会安全治理实践须建立良好的社会安全利益诉求表达、博弈和反馈机制。多中心协同治理理论重在通过共建共治共享形成治理的协同效应，这是社会安全治理绩效提升的根本途径，对于应对社会安全治理的本源因素影响具有指导价值。社会安全治理是多主体参与、多维互动协商、多利益博弈的交互建构过程，治理活动的参与情况、影响力发挥情况、协同情况共同影响治理水平和效果。[①] 因此，作为保障参与互动的权利要件、保障影响力发挥和话语权表达的能力要件、保

① Abbott K. W & Snidal D, “The Governance Triangle: Regulatory Standards Institutions and the Shadow of the State,” in Mattli W. & Woods N. (eds.), *The Politics of Global Regulation* (NJ: Princeton University Press, 2009): 44-88.

障包容协同的机制要件，成为社会安全治理活动实施的关键支撑。[①] 这些理论观点和分析结论，指导我们在社会安全治理实践中从本源影响因素切入，把握关键机理要素和核心机制要件，形成多元化治理主体参与互动、影响力发挥和协调协同的长效机制。

---

① 朱俊奇：《三维监管博弈：法治化、参与能力和社会伦理——食品安全监管利益相关者博弈研究》，载《安徽理工大学学报（社会科学版）》2018 年第 1 期，第 17~23 页。

# 第五章

# 社会安全治理现代化的情景条件与治理路径

社会安全治理现代化是实现国家治理现代化的根本要求。2020 年 10 月，党的十九届五中全会明确提出，统筹发展与安全、建设更高水平的平安中国，推动实现高质量发展，确定了社会安全治理实践的新价值坐标，为社会安全治理现代化建设指明了发展方向。[①] 党和国家在治国理政整体范畴关于推进国家治理现代化的政策导向和制度创新实践，为开展社会安全治理现代化相关研究提供了根本遵循。

研究社会安全治理现代化的内涵本质、情景条件与应对策略，分析社会安全治理关键要素及其治理活动如何受现代化条件影响、如何适应现代化情景条件要求，探寻社会安全治理机理要素在高流动性、高网络化、高知识化社会条件下的作用规律，满足现代化治理体系和治理能力机制建设的需要，不断提高我国社会安全治理体系和治理能力的现代化发展水平，是新时代社会安全治理现代化建设研究的核心问题，也是本章探讨的重点。

按照现代化治理理论的基本逻辑，社会安全治理现代化的过程，就是重点加强社会现代化情景要素条件，如高流动性、高网络化和高知识化综合治理，通过多元社会主体的共建共治共享，达到政府、市场、社会（个体）协同推进社会安全治理的最佳状态，建立共建（利益相关者的发现）、共治（利益相关者的参与）、共享（利益相关者的获得）的协同机制和社会安全共同体，实现社会安全利益的最大化。由此，分析社会安全治理实践如何受社会现代化情景条件影响，探寻社会安全治理主客体要素在高流动性、高网络化、高知识化社

① 《中国共产党第十九届中央委员会第五次全体会议公报》，人民出版社 2020 年版，第 15 页。

会条件下的作用规律，提出具有我国本土特色的社会安全治理路径和应对策略，是社会安全治理实践创新的必由之路，也是新时代社会安全治理现代化建设理论研究的重点领域。

本章在第三章和第四章研究分析的基础上，重点基于战略理论思辨，推导社会现代化情景条件与社会安全治理关键机理要素的内在作用关系。然后在理论逻辑推导的基础上，进一步基于已有文献和相关理论指导，提炼高流动性治理、高网络化治理和高知识化治理等社会安全治理现代化治理策略对社会安全水平产生影响的假设，并对研究假设进行实证检验。

## 一、社会安全治理现代化的情景条件与特质

社会安全治理现代化代表了社会安全治理的高级发展阶段，是适应社会现代化发展水平和治理要求的治理状态和过程。“流动社会”“信息社会”“知识社会”“风险社会”是实现现代化之后的新型社会形态。① 根据社会结构与社会治理的作用关系理论，社会结构决定了社会治理模式与治理方法的选择，社会结构的重大变化会影响社会治理的目标与取向。② 针对社会形态（结构）变化对社会安全治理创新升级带来的挑战，加强社会要素高流动性、高网络化、高知识化条件下的综合治理应对，保障社会治理参与主体在治理实践中关键机理要素的参与度、话语权、包容性得到充分实现，是社会安全治理现代化建设的关键所在。鉴于此，下面分别探讨高流动性、高网络化、高知识化条件与社会安全治理要素之间的作用机理。

### （一）当代社会安全治理现代化的情景条件

#### 1. 从社会现代化到社会治理现代化

社会现代化是在科学技术发展的带动下，全面改造人们生存和生产生活的物质条件和精神条件以达到繁荣发展的整体变迁、连续不断、革命性变化的历史过程，涉及社会的政治、法律和精神生活等多个方面。社会现代化以科学技术和先进文化为后盾，一般包括以工业化为核心的经济现代化、以民主和效率为标志的政治现代化、社会结构（区域结构、职业结构、组织结构、社会关系

① 陶希东：《新时代中国社会治理现代化的内涵、特征与路径》，载《治理现代化研究》2018 年第 3 期，第 77~83 页。

② 张翼：《社会转型与社会治理格局的创新》，载《社会科学评价》2019 年第 1 期，第 27~29 页。

结构）的现代化、人的现代化（价值观念、行为方式和生活方式）等。[①②③] 社会现代化不仅指物和技术的现代化，还包括社会心理、思维模式、行为方式、生活态度等文化文明素质提高和转变的过程。

社会现代化是对社会基本要素具有广泛影响的条件变量，也是社会安全治理必须应对的关键因素，对制度建设、制度执行力建设均产生根本性影响。现代化社会具有高流动性、高网络化、高知识化等特征，超越了具体的行业或领域，对社会结构、社会关系模式、社会组织的管理模式、经济生产形式、思想观念等均产生重要和全面的影响。社会安全治理现代化的水平，则与社会民众获得感、幸福感、安全感的提升是一致的。与社会现代化发展相适应，社会安全治理也必然要向现代化阶段升级发展。因此，我们可以认为，社会安全治理现代化建设实质上代表了一场深刻的社会治理变革及其过程。

2. 社会安全治理现代化的理论遵循

根据国家治理现代化的基本理论阐释，社会安全治理现代化包括社会安全治理制度现代化建设和制度执行力现代化建设两个基本方面，二者共同构成了社会安全治理现代化的基本理论内涵和重要遵循。

治理制度现代化建设在社会安全治理现代化建设方面具有全局性和根本性。社会安全治理现代化首先体现在以法治为根本导向的治理制度体系建设方面，如治理价值体系、领导体系、制度体系、运行体系、监督体系、评价体系。[④] 根据国家治国理政新理念、新战略和新要求，制度建设要坚持创新、协调、绿色、开放、共享的发展理念，完善党委领导、政府负责、社会协同、民众参与、科技支撑、法治保障的社会安全治理体系，推进预防和化解社会矛盾的机制建设，加强公共安全体系、社会治安防控体系、社会心理服务体系、社区治理体系建设，形成自治、法治、德治相结合的治理机制和治理体系。

社会安全治理能力现代化的核心体现为制度执行力，主要包括治理组织现代化、治理文化现代化、治理技术现代化三个方面，从组织体系、道德规范、

---

① March J G & Olsen J P, *Democratic governance* (New York: Free Press, 1995), p. 213.

② Parks R B & Oakerso R J, "Regionalism, localism, and metropolitan governance: Suggestions from the researchprogram on local public economies," *State and Local Government Review*, No. 32 (Mar 2000): 169-179.

③ Thurmaier K & Wood C, "Interlocal agreements asoverlapping social networks: Picket-fence regionalism in Metropolitan Kansas City," *Public Administration Review*, No. 62 (May 2002): 585-598.

④ 杨述明：《现代社会治理体系的五种基本构成》，载《江汉论坛》2015 年第 2 期，第 57~63 页。

手段方法多个方面共同保证和提升治理制度的执行效力。治理能力现代化建设从组织体系、道德规范、手段方法等切入，实现治理组织现代化、治理文化现代化、治理技术现代化，提升制度执行力和治理绩效，重点是治理手段模式的信息化和专业化、治理保障能力的法治化和社会化。

社会安全治理组织现代化以治理为核心，适应现代化阶段社会组织体系变化特点，遵循系统治理、依法治理、综合治理、源头治理相结合的原则，实行多主体多元共治、基层自治相结合，重点是社会安全治理的组织体系、功能结构科学化程度、组织治理模式等。重点是适应现代化阶段社会组织体系变化，完善利益协调体制、社会保障体制、弱势群体保护体制、流动人口管理体制、民间组织管理体制、基层社会管理体制、社会服务体制、社会工作专业化社会化体制、社会治安体制、社会应急管理体制等。①

社会安全治理文化现代化以秩序规范为核心，适应现代化阶段社会理念思潮多元多变特点，加强以法治意识和法治理念为核心的法治，以价值观和社会规范为核心的德治，重点把握社会安全治理文化的社会参与度、现代文化市场开放度、公共安全文化资源配置度等。

社会安全治理技术现代化以方法手段为核心，适应现代化社会科学技术发展和广泛应用带来的高技术应用、大数据集成、高速度流动、高密度互联互动等特点，重点是加强以虚拟社会治理为核心的网络治理，推动大数据、云计算、人工智能技术、物联网等为社会安全治理实践和创新所用，把握社会安全治理的智能化理念和大数据思维、信息化资源配置、智能化服务能力和监管能力、网络法律同步建立和健全、技术治理绩效，以及大数据智能技术应用条件下对参与度、话语权、社会包容性变化的影响，建立完善数据采集、分析、研判、处置、预警的机制，提升技术治理的现代化保障水平。

### （二）社会安全治理现代化情景条件的特质

#### 1. 社会高流动性

（1）高流动性的基本特点。高流动性是社会现代化的显著特征。社会要素的大规模、大范围、快速度流动，既是现代社会运行的典型特征，也是现代社会发展、推动社会转型的重要动力，还是社会转型结果的体现。现代社会与传

---

① 何增科：《深化十大社会管理体制改革的具体构想》，载《北京行政学院学报》2010 年第 2 期，第 16~21 页。

统农业社会相比，最为突出的变化就是社会流动性大大增加，研究者提出把有效治理流动性作为社会治理的关键。[①] 从社会发展历史来看，工业革命终结了以固定人口结构和长期共同居住为基础的治安管理制度。[②] 社会要素的大规模、大范围、快速流动，既是现代社会发展、推动社会转型的重要动力，也是社会快速转型的结果。从低流动性社会转向高流动性社会，具有流动要素多、流动规模大、流动速度快、流动区域集中等特点，这就要求社会安全治理必须相应进行系统性的变革和配适。

现代社会的高流动性主要表现为社会要素的流动性不断增加，流动数量和流动质量的整体提高。从流动对象来看，流动要素拓展为人流、物流、信息流、资金流、意识流（文化观念）等。从流动过程来看，表现在流动规模增加、流动范围扩大、流动频率和效率增加、流动速度加快、流动工具丰富、流动选择性多样、流动便捷性提高、流动的个性化得到加强等。特别是互联网条件下的流动性具有超链接、融媒体、去中心化、边际成本大幅降低、获取便捷等特点。从流动范围来看，社会要素的流动区域大大拓展，从特定区域内流动向全国范围内流动、国际间流动甚至是国内国外间的双向流动拓展[③]，“地球是平的”“地球村”现象成为社会流动性的生动注解。以人口流动的旅游数据来看，据中国旅游研究院有关研究报告，2018 年我国出境旅游近 1.5 亿人次，为世界最大出境游客源国；接待入境游的外国旅客近 1.4 亿人次，“一带一路”沿线国家的活跃度明显上升；国内游近 55.4 亿人次，比上年同期增长 10.8%。

20 世纪 90 年代初，我国正式确立建立社会主义市场经济体制，社会转型进一步加速。社会形态由原来稳定、封闭、以农业社会为主，逐步转变为动态、开放、向着城镇化的方向迅速发展，社会流动性不断增加，产生了深刻的社会影响。[④] 增加社会人口的流动性，带动产业布局、资金、技术、消费等更深入的流动，形成了流动叠加效应，有利于建立更广泛的产业和生产链条、价值链条、创新链条，强化了社会要素之间的联系与协同，促进社会要素的动态

① 洪大用：《有效治理流动性是社会治理创新关键》，载《新华日报》2018 年 5 月 22 日，第 13 版。

② William J. Novak, *Intellectual Origins of the State Police Power: The Common Law Vision of A Well-Regulated Society* (Institute for Legal Studies. Madison: University of Wisconsin, 1989).

③ Donald F. Kettl, “Managing Boundaries in American Administration: The Collaborative Imperative,” *Public Administration Review*, No. 66 (2006): 10-19.

④ 龙倩：《我国构建社会治安防控体系的现状与对策研究》，载《改革与开放》2018 年第 14 期，第 86~88 页。

优化配置，提高社会要素的流动作用效率，增强社会内部活力和发展动力。同时，我们也深刻认识到，社会流动性增加带来了社会要素分散度的增加，使社会个体之间、社会管理者与被管理者之间的信息不对称性增加，社会交易成本上升，人们之间的交往已经不再是重复博弈，而是越来越接近一次博弈。从事越轨行为的机会增多，但越轨之后受到惩罚的可能性在降低或减少，这会增大社会治理的难度。

这里以进城务工者为例进行社会流动性应对分析。本研究使用传统意义上流动人口的概念（以农民工为主体），根据国家统计局有关术语解释，进城务工者主要指户籍仍在农村、在本地从事非农产业或外出从业6个月及以上的劳动者；或外县（市）进入本县（市）城区从事非农产业劳动6个月及以上、常住地在城区、以非农业收入为主要收入的劳动者，其主体是农籍工人。①② 进城务工者群体庞大，根据国家统计局《2017年农民工监测调查报告》，2017年进城务工者总量达到28652万人，外出进城务工者17185万人，本地进城务工者11467万人。人口向城市的大规模迁移会对流入地的交通、住房、教育、医疗卫生等基础设施和公共服务造成巨大压力，潜在增加城市居民与进城务工人员的利益之争，不同群体的文化差异、生活习惯等容易产生矛盾或引发利益冲突，这些是社会安全治理需要应对的重要挑战。进城务工者的居住条件、收入水平及“欠薪”治理、随迁子女教育、社会融入、社会文化生活丰富程度等成为流动性治理的重点内容。

从世界范围的社会流动现象来观察，在一个成熟和稳定的社会，社会流动率一般是比较稳定的，而社会流动性发生较大波动的情况一般是发生剧烈的社会动荡（如发生战争或革命、大规模天灾或瘟疫），或者在社会现代化过程中产业升级、职业结构再塑。③ 当前社会要素流动还有一个典型特点值得关注，社会的商品、资金、技术、信息甚至人口的跨越国界流动特征明显，流动规模越来越大，随之产生的很多问题往往超出某国政府能够单独处理的边界。④ 人口流动尤其是跨国流动性的增加，往往超出某一国家治理的范畴，导致来自国

---

① 国家统计局：《2017年农民工监测调查报告》，http：//www.stats.gov.cn/tjsj/zxfb/201804/t20180427_1596389.html，访问日期：2018年4月27日。

② 国家统计局：《2018年农民工监测调查报告》，http：//www.stats.gov.cn/tjsj/zxfb/201904/t20190429_1662268.html，访问日期：2019年4月29日。

③ 李煜：《社会流动的“质”与“量”》，载《社会科学评价》2019年第1期，第29~31页。

④ 王绍光：《治理研究：正本清源》，载《开放时代》2018年第2期，第153~176页。

界之外的因素正在成为影响社会安全的重要力量，凸显了加强国家之间治理合作的必要性。从这一角度来看，全球化现象就是全世界各国追求高流动性协同过程的体现。

另外，研究社会流动现象，既要关注社会流动的群体数量，也要关注流动的质量，即流动机会分配的公平程度。流动机会的均等化程度越高，流动的质量越高。社会现代化的过程，往往伴随着社会流动性的提高。有的研究关注流动过程的公平性，如教育领域的学区房、国际学校，求职过程中的关系影响和“拼爹”等，强化了代际不平等的传递，进而影响社会流动的质量。最新研究表明，总体社会流动率在上升，但代际流动率有所下降，这一新趋势需要加以研究关注和反思。①

（2）社会高流动性的典型事实。从社会安全治理角度来看，社会流动性治理主要任务体现在对流动人口群体的治理上。随着新型工业化、信息化、城镇化、农业现代化不断深入，社会产业结构、经济结构发生重大变化，人口在地区间、城乡间、部门间抑或产业间的大规模流动，构成了我国经济发展过程的典型特征化事实，② 凸显了流动性治理作为社会安全治理的重要性。根据国家统计局有关数据，我国流动人口规模庞大，多年保持增长并维持较大规模，数量从 2000 年的 1.21 亿人增加到 2021 年的 3.85 亿人，人户分离人口 2013 年以来一直保持在 2.8 亿人以上，如表 5-1 所示。

**表 5-1　全国 2000—2021 年流动人口情况**　　**单位：亿人**

| 年份 | 人户分离人口 | 流动人口 |
| --- | --- | --- |
| 2000 | 1.44 | 1.21 |
| 2005③ | — | 1.47 |
| 2010 | 2.61 | 2.21 |
| 2011 | 2.71 | 2.3 |
| 2012 | 2.79 | 2.36 |

① 李培林：《改革开放四十年我国阶级阶层的变化》，载《社会科学评价》2019 年第 1 期，第 23~24 页。

② 樊士德、严文沁：《长三角地区流动人口户籍政策评价与前瞻》，载《江苏师范大学学报（哲学社会科学版）》2015 年第 7 期，第 96~103 页。

③ 国家统计局网站关于 2005 年人户分离人口无数据。

续表

| 年份 | 人户分离人口 | 流动人口 |
| --- | --- | --- |
| 2013 | 2. 89 | 2. 45 |
| 2014 | 2. 98 | 2. 53 |
| 2015 | 2. 94 | 2. 47 |
| 2016 | 2. 92 | 2. 45 |
| 2017 | 2. 91 | 2. 44 |
| 2018 | 2. 86 | 2. 41 |
| 2019 | 2. 8 | 2. 36 |
| 2020① | 4. 93 | 3. 76 |
| 2021 | 5. 04 | 3. 85 |

数据来源：国家统计局：《中国统计年鉴（2020）》，http：//www. stats. gov. cn/sj/ndsj/2020/indexch. htm。（2000 年、2010 年分别为当年人口普查时的数据，其余年份根据年度人口抽样调查推算）

人口的流动性还局部体现在节假日等高峰集中出行等方面。近年来，随着产业布局向内陆城市调整，高铁快速发展和运力提升，私家车出行等交通方式多元化，经济收入水平的改善对出行方式的选择发生影响，人口流动悄然出现反向过节、境外旅游过年等新特点。

“春运”是我国的独特社会现象，是名副其实的短时间内“最大规模的人口迁徙”，是观察我国社会流动性变化的最佳窗口。“春运”这一术语最早出现在 1980 年的《人民日报》。随着改革开放推进，户籍和人事制度改革对人口等流动的限制不断放宽，越来越多的人选择离乡外出务工、求学，并在春节期间集中返乡，形成了独特的人口高峰现象。根据统计，“春运”大军 40 多年来从 1 亿人次逐年攀升，2014 年最高达 34 亿人次，2015 年至 2019 年稳定在 29 亿人次左右。2019 年“春运”数据统计显示，40 天内全国旅客发送量接近 30 亿人次，相当于欧洲、美洲、非洲、大洋洲的总人口。一些专家学者从文化现象、经济现象、社会现象等角度探究“春运”现象背后的原因，如中国人的乡土观念、城乡二元结构、资源配置不平衡、户口壁垒等，认为是我国社会改革

① 2020 年、2021 年度流动人口统计数据，根据《统计局：2021 年全国人户分离人口超 5 亿人，比上年增加 1153 万人》信息综合而来，http：//finance. sina. com. cn/china/2022 - 01 - 17/doc - ikyakumy0820328. shtml，访问日期：2023 年 3 月 25 日。

发展阶段性问题的典型体现。

如果说“春运”从人的流动性角度说明了社会的流动性，那么物流业的发展则显示了物的流动性。经过30多年发展，我国的物流业已经成为国民经济的支柱产业和重要的现代服务业。社会物流总额从2008年的89.9万亿元增加到2022年的347.6万亿元。快递量连续10年高速增长，2018年突破500亿件，2022年增加到1100亿件，占全世界快递量比例超过40%。铁路货物发送量、铁路货物周转量、公路货运量、港口吞吐量、集装箱吞吐量、快递量均居世界第一，民航货运量居世界第二，物流能力极大提升。截至2021年年底，全国铁路营业里程突破15万公里，其中高铁营业里程突破4万公里，已经成为高速铁路、高速公路里程世界第一的国家，机场数量稳居世界前列。随着新技术的突破和信息网络技术的广泛应用，电商物流、快递快运、物流地产、冷链物流、航空物流等新兴和专业化业务不断涌现，为社会生产生活提供物流保障。①

（3）高流动性与社会安全治理。社会高流动性形成了“流动人口”这一独特社会群体，形成了“流动社会”这一特殊社会特征，也产生了流动人口治理这一特殊治理领域。随着社会流动性的增加，社会安全治理从基于“国家—单位—个人”的传统、低流动性、以单位管理为主的治理模式，向“国家—社区—个人”的现代化、高流动性、以社区治理为主的治理模式进行深度转型，成为社会现代化的重要特征和重要社会条件变量。

流动人口来自不同社会群体，安全利益需求不同，社会安全治理的参与变量也随之发生变化，公平感、获得感、秩序感等社会安全心理基础存在差异，会因流动性的增加而发生改变，其社会安全治理过程的参与度、话语权、包容性等各不相同，有的甚至会出现降低的情形。流动人口群体在流入地的治理参与、话语权表达、协同协调均会受到个体或群体差异的制约和影响。

2. 社会高网络化

（1）高网络化的基本特点。高网络化是现代化社会的另一个显著特征。20世纪80年代以来，以信息技术革命为驱动的新技术革命席卷全球，影响且冲击社会各领域，并引发社会结构变迁，推动进入“网络社会”新形态。美国社会学家曼纽尔·卡斯特在其经典著作《信息时代三部曲：经济社会与文化之网

---

① 魏际刚：《中国物流业发展的现状、问题与趋势》，载《北京交通大学学报（社会科学版）》2019年第1期，第1~9页。

络社会的崛起》一书中提出，“网络社会既是一种新的社会形态，也是一种新的社会模式。[①] 作为一种先进的技术应用形态，网络深刻改变了人类的社会关系，成为影响经济社会发展、影响一个国家发展整体实力的重要变量”。网络社会即我们所称的虚拟社会。高网络化应用的背后，社会观念、社会心理、社会行为发生了深刻变化，催生了虚拟社会这一重要的治理领域。

相应地，我国社会结构也发生了深刻变化。互联网以其开放、便捷、互动、联通、平台聚合等特点和优势，既为人们的工作、学习、生活、沟通等带来便利，也催生了网络新型犯罪、网络舆情事件、网络阵地意识形态斗争和文化渗透等问题，对虚拟社会治理的网络法治建设、网络安全维护能力提出新要求，成为倒逼公共治理变革的重要推力。近年来，国家加强虚拟社会治理并取得成效，如社会自治心理基础逐渐成熟，治理意识普遍增强，治理方法手段逐渐完善，社会自治成为虚拟社会治理的重要组成部分。存在的主要问题包括政府主导和社会自治发展不平衡、网络舆情问题比较突出、权利维护和权利保障不平衡、虚拟社会治理制度和法治建设相对滞后等。[②]

网络化应用具有的匿名性、虚拟性、信息高速流动性、去中心化快速传播特征等，成为影响社会安全的增长性显性因素。互联网的崛起和应用代表着新的生产力和新的发展方向，信息技术成为社会的底层基础架构，信息资源日益成为重要生产要素和社会财富，互联网应用成为世界各国谋求竞争新优势的战略方向。信息流引领和支持技术流、资金流、人才流的流动，全面融入社会生产生活，显著改变了人类信息获取方式以及沟通、交流、消费、工作方式[③]，成为改变世界经济格局、利益格局、安全格局的重要力量。网络对社会的生产、流通、分配、消费活动以及经济运行机制和国家治理产生重要影响，成为改变世界经济格局、利益格局、安全格局的重要因素。

高网络化的主要表现是建立丰富的超链接网络，社会个体间的链接程度得到强化。从链接对象看，从信息互联走向人与人的互联、人与物的互联、物与物的互联，从信息互联网升级到万物互联网，形成超级链接网络。从链接交互方式看，呈现出一对一、一对多、多对多、多对一等复合链接，交互方式从单

---

① Castells M. *The Rise of the Network Society* (Oxford: Blackwell, 1996), p. 469.

② 郑志平：《国家与社会关系视角下的中国虚拟社会治理方式创新研究》，湘潭大学 2016 年博士学位论文，第 38~53 页。

③ Perritt. H, “Open Government,” *Government Information Quarterly*, No. 10 (Apr 1997): 147-149.

一链接发展到双向多维互动、从延时反馈发展到实时链接反馈。从链接的覆盖面看，基于互联网的微博、微信、微视频及自媒体等社交网络媒体应用，几乎所有社会个体都可以加入链接网络参与互动，进行信息获取和分享。正如农业社会的土地是核心战略资源，工业社会的资本是核心战略资源，信息社会的数据是核心战略资源，网络化促进了信息的流动和分享，促进了优质资源的生产和传播，降低了知识获取的成本，减少了不同主体之间信息的不对称性，对国家治理能力、经济运行机制、社会生活方式产生了深刻影响。[①] 从链接数据的加工应用来看，高网络化意味着更多数据和信息得到采集，更多数据进行碰撞或结构化处理，信息加工的深度不断强化。

2023 年 2 月 27 日，中共中央、国务院印发《数字中国建设整体布局规划》，将建设数字中国作为数字时代推进中国式现代化的重要引擎，作为构筑国家竞争新优势的有力支撑。[②] 按照“2522”的整体框架进行布局，即夯实数字基础设施和数据资源体系“两大基础”，推进数字技术与经济、政治、文化、社会、生态文明建设“五位一体”深度融合，强化数字技术创新体系和数字安全屏障“两大能力”，优化数字化发展国内国际“两个环境”，全面提升数字中国建设的整体性、系统性、协同性，为以中国式现代化全面推进中华民族伟大复兴注入强大动力。将筑牢可信可控的数字安全屏障作为强化数字中国两个关键能力之一，完善网络安全法律法规和政策体系。增强数据安全保障能力，建立数据分类分级保护基础制度，健全网络数据监测预警和应急处置工作体系，切实维护网络安全。健全网络综合治理体系，深入开展网络生态治理工作，创新推进网络文明建设，提升全方位多维度综合治理能力，构建科学、高效、有序的管网治网格局。

（2）社会高网络化的典型事实。网络社会时代、大数据时代、人工智能时代成为鲜明的时代标签，社会网络化的程度不断提高和强化。随着云计算、大数据、物联网、人工智能、虚拟现实、3D 打印等颠覆性、创新性技术的广泛应用，基于“互联网+”的消费、沟通、娱乐、教育、交通、贸易、工业生产、医疗等新业态竞相涌现，移动化、终端化、个性化、泛中心化的信息生产、传

---

① Perri Six, Diana Leat, Kinbery Selter & Gerry Stoker, *Towards Holistic Governance: The New Reform Agenda* (New York: Palgrave, 2002).

② 《中共中央 国务院印发〈数字中国建设整体布局规划〉》，载《人民日报》2023 年 2 月 28 日，第 1 版。

播、交流机制逐步成熟，我国已经进入名副其实的网络社会，并成长为网络大国。中国互联网络信息中心（CNNIC）于2023年3月2日发布的《第51次中国互联网络发展状况统计报告》显示，截至2022年12月，我国网民规模为10.67亿人，同比增加3.4%，互联网普及率达75.6%，超过全球的平均水平。其中，城镇网民规模为7.59亿人，农村网民规模为3.08亿人，50岁及以上网民群体占比提升至30.8%；全年移动互联网接入流量达2618亿GB。① 工业和信息化部统计显示，我国移动物联网用户规模快速扩大，截至2022年年底，连接数达18.45亿户，比2021年年底净增4.47亿户，占全球总数的70%。我国移动网络的终端连接总数已达35.28亿户。其中，“物”连接快速超过“人”连接，代表“物”连接数的移动物联网终端用户数较移动电话用户数高1.61亿户，占移动网终端连接数的比重达52.3%。② 截至2022年12月，2018年至2022年的连续变化统计数据显示，网民规模和互联网普及率、移动端网民呈现持续增长，网民生活全面“网络化”，如图5-1所示。我国手机网民规模约为10.65亿人，较2021年12月新增手机网民3636万人，网民中使用手机上网的比例为99.8%，如图5-2所示。

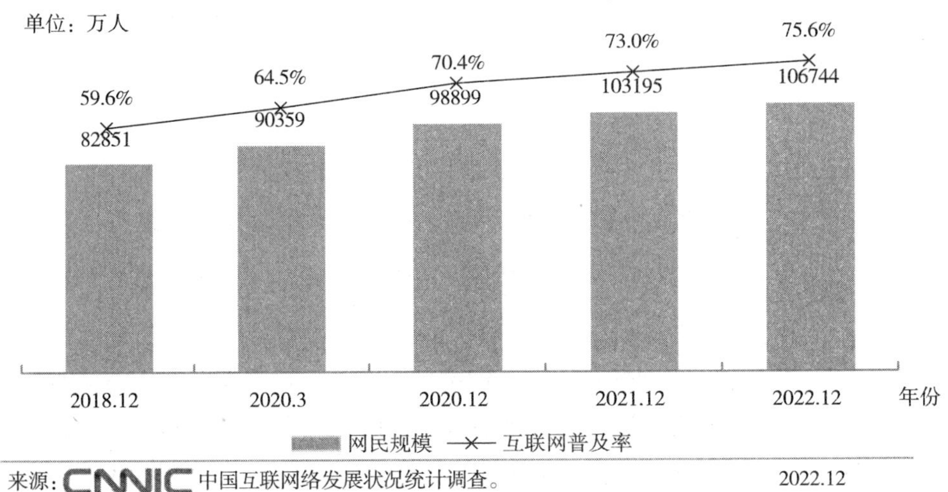


**图5-1　网民规模和互联网普及率**

① 中国互联网络信息中心：《第51次中国互联网络发展状况统计报告》，https：//cnnic.cn/n4/2023/0302/c199-10755.html，访问日期：2023年3月29日。

② 《我国移动物联网连接数占全球70%》，http：//www.gov.cn/shuju/2023-01/30/content_5739121.htm，访问日期：2023年2月1日。

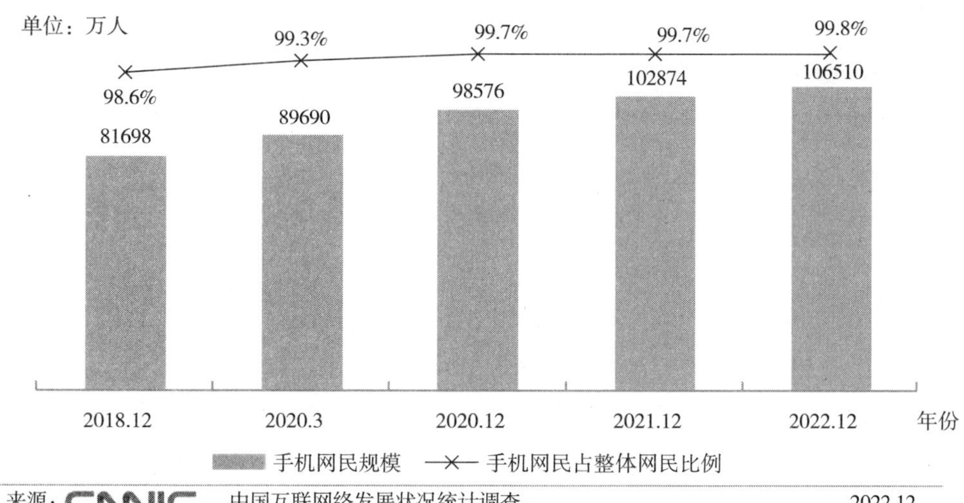


**图 5-2　手机网民规模及其占网民比例**

网络信息技术的迭代升级和应用，推进社会安全治理创新升级。作为社会安全治理的主体力量，公安机关近年来深入推进科技强警战略，实施公安大数据战略，将公安大数据作为创新发展的大引擎、培育战斗力生成的新增长点，构建以大数据应用为核心的智慧警务新模式，推动公安工作的质量变革、效率变革、动力变革，提高预测预警、精确打击和动态管理的能力，实现公安机关战斗力的跨越式发展。① 以信息化深度整合应用为核心的公安大数据战略是推进新时代公安现代化建设的重要举措，也是社会安全治理体系和治理能力现代化转型的重要举措。② 从世界警务革命的历史进程来审视，当前我国以智慧公安和大数据战略为核心的公安现代化，是对 20 世纪 30 年代至 70 年代以欧美各国警察现代化为标志的第三次世界警务革命的全面超越，已经深入警务运行机制、警务指挥流程重构和警务保障重塑等新阶段。例如，上海市公安机关应用大数据、机器学习、人工智能等，探索以数据为关键要素的数字侦查打击模式，构建立体化动态数字防控体系，实现对各类风险隐患的敏锐感知、精确预警、精准管控打击和治理。另外，我国自 2016 年以来开展“雪亮工程”建设，突出群众性治安防控特色，加强公共安全视频监控联网应用，成为“互联网+”

① 人民公安报评论员文章：《大力实施公安大数据战略着力提升公安机关核心战斗力：四论贯彻落实全国公安厅局长会议精神》，载《人民公安报》2018 年 2 月 3 日，第 1 版。

② 上海公安学院智慧公安研究课题组：《“智慧公安”建设的理论思考》，载《上海公安高等专科学校学报》2018 年第 4 期，第 5~16 页。

环境下加强和创新社会治安防控体系建设的典型应用案例①。

（3）高网络化与社会安全治理。高网络化促进了虚拟社会发展以及与现实社会的融合，产生了“网民”这一独特社会群体，形成了“虚拟社会”这一特殊社会形态，也促成了“虚拟社会治理”这一独特领域，推动社会安全治理进入虚拟社会安全治理新阶段，成为社会现代化的重要特征和重要社会条件变量。

网络信息技术应用极大推动了社会安全治理创新。大数据、云计算、物联网、人工智能等在教育、医疗、养老、环境保护、城市运行、司法服务等领域广泛应用，优化治理流程、强化预警能力、创新治理机制模式、提升治理决策水平，大大提高社会安全治理和公共服务的精准化、个性化、多元化水平，提高了社会民众的获得感、幸福感和安全感。例如，司法领域推行刑事案件智能辅助办案系统，在证据指引、提示、检验、逻辑分析方面发挥支撑作用；推行预审辅助量刑系统，利用大数据技术解决“类案不同判”现象；推行智能语音识别系统，提高电子笔录和庭审效率等。

随着互联网应用场景不断丰富、融合程度不断加深，互联网安全问题愈加突出，需要加强国家之间数据安全治理领域的深度合作。根据中国互联网络信息中心（CNNIC）2023 年 3 月发布的《第 51 次中国互联网络发展状况统计报告》显示，65.9%的网民表示过去半年在上网过程中未遭遇过网络安全问题，较 2021 年 12 月提升 3.9 个百分点。遭遇个人信息泄露的网民比例最高，为 19.6%；遭遇网络诈骗的网民比例为 16.4%；遭遇设备中病毒或木马的网民比例为 9.0%；遭遇账号或密码被盗的网民比例为 5.6%。网络时代的数据安全形势快速变化，面临严峻挑战，也产生了很多既有治理框架无法解决的问题，要求各国必须加强安全治理合作。我国于 2020 年 9 月发布《全球数据安全倡议》，提出各国应在相互尊重的基础上，共同构建和平、安全、开放、合作、有序的网络空间命运共同体，并具体提出各国共同合作加强数据安全治理的倡议。② 具体包括：一是应以事实为依据全面客观看待数据安全问题，积极维护全球信息技术产品和服务的供应链开放、安全、稳定。二是反对利用信息技术

---

① 黄波、杨安、陈琳、赵菡：《基层社会治理体系和治理能力现代化——大数据与“雪亮工程”机遇、挑战》，载《中国公共安全》2018 年第 7 期，第 149~159 页。

② 《全球数据安全倡议》，http：//www.gov.cn/xinwen/2020-09/08/content_5541579.htm，访问日期：2020 年 9 月 8 日。

破坏他国关键基础设施或窃取重要数据，以及利用其从事危害他国国家安全和社会公共利益的行为。三是承诺采取措施防范、制止利用网络侵害个人信息的行为，反对滥用信息技术从事针对他国的大规模监控、非法采集他国公民个人信息。四是应要求企业严格遵守所在国法律，不得要求本国企业将境外产生、获取的数据存储在境内。五是应尊重他国主权、司法管辖权和对数据的安全管理权，未经他国法律允许不得直接向企业或个人调取位于他国的数据。六是如因打击犯罪等执法需要跨境调取数据，应通过司法协助渠道或其他相关多双边协议解决。国家间缔结跨境调取数据双边协议，不得侵犯第三国司法主权和数据安全。七是信息技术产品和服务供应企业不得在产品和服务中设置后门，非法获取用户数据、控制或操纵用户系统和设备。八是信息技术企业不得利用用户对产品的依赖性谋取不正当利益，强迫用户升级系统或更新换代。产品供应方应承诺及时向合作伙伴及用户告知产品的安全缺陷或漏洞，并提出补救措施。各国有责任和权利保护涉及本国国家安全、公共安全、经济安全和社会稳定的重要数据及个人信息安全。

就社会安全治理领域而言，没有网络安全就没有国家安全，没有信息化就没有现代化。网络空间发展成为一种重要的媒体空间，尤其是进入以社交媒体主导的发展阶段以后，网络成为广大社会民众表达意见诉求的重要平台。近年来，新兴媒体不断发展，融媒体快速增长，涌现了全程媒体、全息媒体、全员媒体、全效媒体等新的类型媒体，信息无处不在、无所不及、无人不用，舆论生态、媒体格局、传播方式发生深刻变化。① 虚拟社会与现实社会相互交织，对社会安全治理带来安全隐患和安全挑战。另外，网民群体基于网络环境支持，多元互动的参与渠道更丰富，更加利于参与社会安全治理和发挥影响力。因此，对于网络化时代的社会安全治理实践来说，根本的就是要科学认识网络传播规律，提高用网治网水平，使互联网这个最大变量变成事业发展的最大增量。

3. 社会高知识化

（1）高知识化的基本特点。现代化社会是知识化程度大大提高的社会。人口受教育水平是经济和社会发展的基础，社会的高知识化意味着社会民众的普遍受教育水平高，从基本的识字率、入学率到接受高等教育的人口比例都在不

---

① 郑洁：《加强网络意识形态话语权建设》，载《中国社会科学报》2019 年 3 月 5 日。

断提高。知识成为社会运行的基本要素，知识生产率日益成为国家或行业发展与竞争的决定因素，形成“知识经济”或“知识社会”。

高知识化是现代社会和知识社会的标签。“知识社会”概念诞生于20世纪六七十年代，由美国管理学家彼得·德鲁克（Peter Druker）最早使用，并在其1994年的著作《后资本主义社会》一书中提出“人类社会正在进入知识社会”的观点。当前，知识社会已经成为理论界、实践领域广泛应用的术语，用以描述高度知识化的社会形态。

高知识化表现在知识的社会化与社会的知识化两个方面：知识的社会化是知识生产、知识流动、知识成果和知识自身的社会化，而社会的知识化是指社会主体、社会财富、社会运行和社会体制的知识化，以及行政体系、决策系统和管理方式的知识化等。① 社会的知识化意味着知识成为资源配置的基本要素，参与社会的生产、流动和分配。知识成为社会发展的重要资源，知识被高度应用和管理，知识工作者成为社会主要团体，高知识化群体比重提升，知识网络体系建立，知识资源高度共享，知识创新过程被大量激发，知识创新成为推动社会进步的根本动力，知识生产率日益成为赢得竞争的决定因素等。

（2）社会高知识化的典型事实。高知识化既是社会现代化的特征，也是社会现代化发展的重要推动力量。社会民众的受教育程度是衡量社会现代化发展水平的重要指标，是经济和社会发展的重要人力资源基础。相应地，高知识群体在社会现代化过程中发挥着人的核心因素作用。根据中国科学院中国现代化研究中心课题组发布的《中国现代化报告（2013）——城市现代化研究》显示，2010年我国现代化水平的10个表征指标中，医生比例、平均预期寿命、婴儿存活率、成人识字率、大学普及率、农业增加值比例已经达标，现代化程度约92%，在世界131个国家中排第62位。②

高知识化社会是高知识群体占比较高的社会，直接表现为接受高等教育人群的分布比例较高。根据教育部发布的《2022年全国教育事业发展统计公报》和国家统计局发布的《中国统计年鉴2022》，从1978年到2022年，我国高等教育毛入学率从2.7%增加到59.6%，在学总规模从228万人增加到4655万人，年毕业普通本科生从16.5万人增加到826.5万人。从最高层次的研究生教

---

① 林建成：《知识的社会化与社会的知识化》，载《中国文化报》2000年11月2日。

② 何传启：《中国现代化报告（2013）——城市现代化研究》，北京大学出版社2014年版，第256~257页。

育来看，2022 年在学研究生 365.36 万人（在学博士生 55.61 万人、在学硕士生 309.75 万人），毕业研究生 86.22 万人，其中，毕业博士生 8.23 万人、毕业硕士生 77.98 万人。① 高等教育进入大众化乃至普及化发展阶段，为经济社会发展提供了强有力的人才资源支持。

根据中国统计年鉴的有关数据，改革开放以来我国社会的人才培养能力大幅度提高，普通本专科在校生从 1978 年的 85.6 万人增加到 2021 年的 3496.1 万人，普通高中在校生从 1978 年的 1553.1 万人增加到 2021 年的 2605.0 万人，中等职业教育在校生从 1978 年的 212.8 万人增加到 2021 年的 1311.8 万人，普通初中在校生从 1978 年的 4995.2 万人变化到 2021 年的 5018.4 万人，普通小学在校生从 1978 年的 14624 万人变化到 2021 年的 10779.9 万人（见表 5-2），人口接受不同水平教育结构的增量变化，反映了我国教育系统的整体培养能力，也说明了大规模接受高素质教育的社会人口在改革开放发展中发挥了不可替代的人力资源支撑服务作用。

**表 5-2　1978—2021 年我国各级各类学校在学规模一览②　　单位：万人**

| 年份 | 普通本专科 | 其中专科 | 普通高中 | 中等职业教育 | 初中 | 普通小学 | 特殊教育 | 学前教育 |
|---|---|---|---|---|---|---|---|---|
| 1978 | 85.6 | 38 | 1553.1 | 212.8 | 4995.2 | 14624 | 3.1 | 787.7 |
| 1980 | 114.4 | 28.2 | 969.8 | 586.3 | 4551.2 | 14627 | 3.3 | 1150.8 |
| 1985 | 170.3 | 58 | 741.1 | 476.1 | 4010.1 | 13370.2 | 4.2 | 1479.7 |
| 1990 | 206.3 | 74.3 | 717.3 | 763.5 | 3916.6 | 12241.4 | 7.2 | 1972.2 |
| 1995 | 290.6 | 126.8 | 713.2 | 1230.2 | 4727.5 | 13195.2 | 29.6 | 2711.2 |
| 2000 | 556.1 | 100.9 | 1201.3 | 1284.5 | 6256.3 | 13013.2 | 37.8 | 2244.2 |
| 2001 | 719.1 | 146.8 | 1405 | 1164.9 | 6514.4 | 12543.5 | 38.6 | 2021.8 |
| 2002 | 903.4 | 193.4 | 1683.8 | 1190.8 | 6687.4 | 12156.7 | 37.4 | 2036 |
| 2003 | 1108.6 | 479.4 | 1964.8 | 1256.7 | 6690.8 | 11689.7 | 36.5 | 2003.9 |
| 2004 | 1333.5 | 595.6 | 220.4 | 1409.2 | 6527.5 | 11246.2 | 37.2 | 2089.4 |
| 2005 | 1561.8 | 713 | 2409.1 | 1600 | 6214.9 | 10864.1 | 36.4 | 2179 |

① 教育部：《2022 年全国教育事业发展统计公报》，http：//www.moe.gov.cn/jyb_sjzl/sjzl_fztjgb/202307/t20230705_1067278.html，访问日期：2023 年 7 月 6 日。

② 国家统计局：《中国统计年鉴 2022》，http：//www.stats.gov.cn/sj/ndsj/2022/indexch.htm，访问日期：2023 年 2 月 14 日。

续表

| 年份 | 普通本专科 | 其中专科 | 普通高中 | 中等职业教育 | 初中 | 普通小学 | 特殊教育 | 学前教育 |
|---|---|---|---|---|---|---|---|---|
| 2006 | 1738.8 | 795.5 | 2514.5 | 1809.9 | 5958 | 10711.5 | 36.3 | 2263.9 |
| 2007 | 1884.9 | 860.6 | 2522.4 | 1987 | 5736.2 | 10564 | 41.9 | 2348.8 |
| 2008 | 2021 | 916.8 | 2476.3 | 2087.1 | 5585 | 10331.5 | 41.7 | 2475 |
| 2009 | 2144.7 | 964.8 | 2434.3 | 2194.2 | 5440.9 | 10071.5 | 42.8 | 2657.8 |
| 2010 | 2231.8 | 966.2 | 2472.3 | 2237.4 | 5279.3 | 9940.7 | 42.6 | 2976.7 |
| 2011 | 2308.5 | 958.8 | 2454.8 | 2204.3 | 5066.8 | 9926.4 | 39.9 | 3424.4 |
| 2012 | 2391.3 | 964.2 | 2467.2 | 2112.7 | 4763.1 | 9695.9 | 37.9 | 3685.8 |
| 2013 | 2468.1 | 973.6 | 2435.9 | 1923 | 4440.1 | 9360.5 | 36.8 | 3894.7 |
| 2014 | 2547.7 | 1006.6 | 2400.5 | 1755.3 | 4384.6 | 9451.1 | 39.5 | 4050.7 |
| 2015 | 2625.3 | 1048.6 | 2374.4 | 1656.7 | 4312.0 | 9692.2 | 44.2 | 4264.8 |
| 2016 | 2695.8 | 1082.9 | 2366.6 | 1599.0 | 4329.4 | 9913.0 | 49.2 | 4413.9 |
| 2017 | 2753.6 | 1105.0 | 2374.5 | 1592.5 | 4442.1 | 10093.7 | 57.9 | 4600.1 |
| 2018 | 2813.0 | 1133.7 | 2375.4 | 1555.3 | 4652.6 | 10339.3 | 66.6 | 4656.4 |
| 2019 | 3031.5 | 1280.7 | 2414.3 | 1576.5 | 4827.1 | 10561.2 | 79.5 | 4713.9 |
| 2020 | 3285.3 | 1459.5 | 2494.5 | 1663.4 | 4914.1 | 10725.4 | 88.1 | 4818.3 |
| 2021 | 3496.1 | 1590.1 | 2605.0 | 1311.8 | 5018.4 | 10779.9 | 92.0 | 4805.2 |

（3）高知识化与社会安全治理。高知识化形成了“高知识群体”这一独特社会群体，形成了“知识社会”这一特殊社会形态，也促成了“知识化社会治理”这一独特领域，成为社会安全治理现代化的重要内容和重要社会条件变量。

社会的高知识化对于加强社会安全治理具有多方面的积极意义。社会个体受教育条件改善，接受教育水平提升，其参与社会安全治理的意识和能力提升，能够发挥的影响力提高，可以为社会安全治理提供良好的人力资源基础。而且，高知识群体往往能够在理论创新、技术研发和应用、社会治理政策建设等方面发挥更多作用，往往具有更高的社会影响力、舆论影响力，为社会公共利益的表达和维护而代言。在社会安全治理过程中，要重视对高知识群体的包容性，发挥其在治理实践中的建设性甚至批判性作用，在政策制度的听证、论证、第三方评估等方面发挥专家智库作用，以利于整合治理合力，提升治理协同能力。

随着社会高知识化程度不断提高，社会的法律体系、价值体系、道德规范、文化生态、思想观念等也受到影响并发生变化。根据贝克的风险社会理论，知识水平对个体的风险认知发挥着决定性作用，受教育程度越高的人，其风险认知水平也就越高，因此有着更低的安全感。① 这一特点要求社会安全治理的现代化能够从治理理念、治理制度体系、治理机制、治理技术和治理文化等方面进行全面升级，以适应价值观念的多元化、民主法治意识、文化冲突、社会紧张心理等对社会认同建设带来的冲击和影响。知识化因素在网络化、流动性不断增强的条件下，容易发展成为社会安全的激活和诱发因素，进而影响社会安全治理实践。另外，高知识条件下的社会安全治理更强调采取包容性的社会安全治理政策来应对社会问题，充分发挥社会组织作用，充分发挥民众的主动性，强调发挥社会的系统整合功能，促进社会的共识和认同建设。②③

## 二、社会安全治理现代化的治理路径与假设推演

高流动性、高网络化、高知识化是社会现代化典型特征和时代条件，是新时代现代社会安全治理必须应对并加以利用的关键影响因素和作用变量，对于社会安全治理的制度建设、制度执行力建设都会产生根本性影响。④ 当前社会流动性具有流动要素多、流动规模大、流动速度快、流动区域集中等特点，与低流动性相适应的传统社会安全治理的观念、体制、机制要顺应社会流动性变化进行适应性变革。高网络化具有治理的“双刃剑”作用，显著改变了人们的工作、学习、沟通、生活甚至是思维方式，对社会的生产、流通、分配、消费活动以及经济运行机制和国家治理产生重要影响。高知识化条件下，知识成为社会创新发展的基本要素，社会群体受教育的整体水平较高，⑤⑥ 参与意识和治

---

① ［德］乌尔里希·贝克著：《风险社会》，何博闻译，译林出版社 2004 年版，第 50~52 页。

② ［美］塔尔科特·帕森斯（Talccot Parsons）著：《社会行动的结构》，张明德等译，译林出版社 2003 年版，第 388~399 页。

③ 林卡：《中国社会发展的新时代与包容性发展》，载《社会科学评价》2019 年第 1 期，第 32~34 页。

④ Bovaird T，“Beyond Engagement and Participation：User and Community Coproduction of Public Services，” *Public Administration Review*，No. 67（May 2007）：846–860.

⑤ Robert Agranoff & Michael McGuire，“American Federalism and the Search for Models of Management，” *Public Administration Review*，No. 61（2001）：671–681.

⑥ John M. Kamensky，Thomas J. Burlin & Abramson Mark A，*Networks and Parterships：Collaborating to achieve Results No One Can Achieve Alone*［A］. *In Collaboration：Using Networks and Parterships.* John M. Kamensky & Thomas J. Burlin（ed.）（Lanham，Maryland：Rowman and Littlefield Publishers，2004）.

理能力较高，是加强社会安全治理能力建设的积极因素。这三个典型情景要素综合在一起，相互影响、相互作用，既能够为社会安全治理提供支持，又增加了社会安全治理的挑战度，必须以针对性路径机制加强综合治理和策略应对。

### （一）社会高流动性的治理路径与假设推演

高流动性对社会安全治理实践产生系统性影响。互联网、人工智能技术、高速铁路、移动支付等新技术的广泛应用，进一步提高了社会要素（人口、物流、信息、思想传播）的流动水平，凸显了社会要素的流动性特征，成为社会安全治理现代化建设应对的重要社会条件变量。

从社会流动的本质来看，人口流动是所有社会流动要素的关键。人口流动的原因有多个方面，大的方面受经济社会发展、产业结构调整、政策导向影响，如新型城镇化建设、疏解非首都功能等，小的方面如社会个体的升学教育、就业创业、消费活动等。人口流动带动了人力资源、资本和技术的流动与聚集，提高了社会活力，也使得社会安全治理针对性地提高对流动性的治理能力。

社会高流动性治理的重点是对流动人口的参与治理。从统计数据来看，我国当前流动人口基数巨大，流动人口常年维持在近 3 亿人的巨量规模，约占全国总人口的五分之一。社会流动性增加，产生的流动人口这一特殊群体，对于流出地、流入地特别是流入地的社会治理具有多方面影响。这既包括流动人口对科技、信息、资源、资金等的带动效应，也包括流动人口参与流入地社会治理，增强治理过程的参与度和生活的融入度，是针对高流动性治理的关键。国家统计局发布的《2021 年农民工监测调查报告》显示，全国农民工总量 29251 万人，较 2018 年的 28836 万人增加 415 万人。[①] 从就业分布来看，在东部地区就业的农民工有 15438 万人，比上年增加 306 万人，增长 2.0%；在西部地区就业的农民工有 6280 万人，与上年基本持平。在东北地区就业的农民工有 894 万人，比上年增加 41 万人，增长 4.8%。在中部地区就业的农民工增量占全国农民工增量的 49.8%。结合新冠疫情防控影响，相关数据显示，农民工就业本地化成为新趋势，显示我国的产业结构转型取得了一定成效并带动流动人口结构发生根本性转变，如从过去集中的制造业流向第三产业，从低端附加值领域

① 国家统计局：《2021 年农民工监测调查报告》，http：//www.gov.cn/xinwen/2022-04/29/content_5688043.htm，访问日期：2022 年 5 月 3 日。

转向高端附加值领域。同时，这也说明我国贫困地区的经济得到发展，中西部地区之间的差距在逐步缩小。①②

随着社会流动性的增加，流动人口群体的概念内涵在扩大和泛化，这一群体的特征和边界正趋于模糊，社会个体在一定程度上增加了社会流动性，具有了流动人口的特征。相较于常态的常住人口，流动人口具有相对独立的特征和融入需求，如对于流入地往往具有居住、接受医疗、子女入学、社会保障、接受就业培训、防止拖欠工资、本地消费、享受本地文化生活等需求。对于社会安全治理部门来说，治理政策能够兼顾流动人口的利益诉求，发挥其参与主体作用，在参与机会、表达诉求等方面给予支持，则利于社会不同群体之间的沟通交流、接纳差异。流动人口对所在地的社会融入越充分，对社会的认同度越高，受到的社会文化隔离或排斥越少，其作为治理主体参与社会安全治理的积极性就越高，主体意识就更强，利于提高参与治理的效果，并合理表达自身的诉求等，相应地，参与治理效果也就越明显。鉴于此，本研究提出以下假设：

假设 10：流动人口参与当地社会安全治理显著正向影响社会安全水平。

### （二）社会高网络化的治理路径与假设推演

网络的应用创造了虚拟社会空间，形成了网民这一独特群体。网络社会条件下，信息能够有机链接、流动分享，作为重要的社会资源进行要素配置。而技术创新和深度整合应用，则有利于提升治理要素的整合程度，优化技术治理流程，提高治理效率和便捷程度，创新治理模式和机制。

高网络化具有“双刃剑”作用，高信息技术的整合应用、颠覆性创新应用带来基于高技术治理的新挑战，如网络安全攻击、国家或地区间的“数字鸿沟”扩大、冲击法律与社会伦理、侵犯个人隐私、改变就业结构、挑战国际关系准则等。高网络化使得个人领域社会化、私人领域社会化，甚至隐私领域公众化，网络分化成为导致社会分化的新影响因素，社会个体的获取信息能力差别可能成为未来社会分化和引发社会冲突的重要诱因。在“时空压缩”的网络条件下，局部的不安全状态作为一种信息，可以在短时间内快速扩展到更大范围，从而增加治理应对的难度。网络化条件下的知识增长和信息扩散加速，给更多群体带来潜在的心理冲击和压力，加深了社会群体的“安全忧虑”。

---

① 国家统计局：《中国统计年鉴 2020》，http：//www. stats. gov. cn/sj/ndsj/2020/indexch. htm。

② 胡建兵：《“2 亿农民工 10 年迁徙图”看社会进步》，载《贵州日报》2019 年 5 月 13 日。

基于高网络化的网络社会催生了虚拟社会治理的重大课题。虚拟社会安全治理是随着网络化深度应用而对传统社会治理边界的拓展，根本任务是围绕网民群体的参与互动、诉求表达、同向协同等关键机理，发挥基于信息化的大数据集成治理优势。这不仅有助于确保虚拟社会的稳定有序发展，也有益于维护现实社会的稳定和秩序。①

作为现实社会和现实世界的拓展和映照，在信息技术充分应用的虚拟社会安全治理领域，新型网络犯罪手段升级，犯罪形态不断变化，政治和意识形态斗争激烈，网络舆情事件迭发，国际恐怖主义、极端宗教势力和民族分裂势力利用网络载体渗透等，使社会矛盾和冲突在新条件下呈现新特点，对社会安全治理形成重要挑战。② 另外，虚拟社会空间不同利益诉求与矛盾滋生，网络中催生的“意见领袖”群体具有一定的网络舆论影响力，容易对社会稳定、社会安全治理带来政治、经济、文化、心理等多方面的问题和挑战。

没有信息化就没有现代化。高网络化为社会安全治理实践提供了有利条件。从治理参与来看，网络化情景条件具有去中心化、去权威主义等解构主义特点，利于拓展网民参与治理的机会，提升社会个体的参与度和话语权，如参与更加便捷、参与互动更加多元深入、参与成本降低、话语权表达渠道增加和门槛降低等。从治理的影响力实现来看，较之于传统的纸质或电视媒体，网民可以基于自媒体等网络媒体发表意见观点，获得安全利益诉求表达的话语权。几乎所有网民都可以连接网络，参与和互动，进行信息获取和分享，话语表达渠道进一步丰富。从治理的包容机制来看，网络化天然具有多元化特质，支持不同意见的表达、不同意见群体的讨论或辩论，因而成为互动建构、协调利益

---

① 冯登国、苏璞睿：《虚拟社会管理面临的挑战与应对措施》，载《中国科学院院刊》2012 年第 1 期，第 17~23 页。

② 熊光清：《中国网络社会多中心协同治理模式探索》，载《哈尔滨工业大学学报（社会科学版）》2017 年第 11 期，第 30~35 页。

观点立场的重要方式。①②③④⑤⑥⑦ 从治理的支持技术来看，通过大数据的交叉复现，对各类感知信息进行采集汇总，可以提高对事物状态描述的准确度和精细度，优化、简化管理服务流程，提升决策的科学水平和社会安全治理技术水平，在制度层面、应用层面、操作层面提高治理支持能力。

高网络化产生了网络社会这一特殊形态、网民这一特殊群体，是社会安全治理实践的基本主体和场域。网民是一个从网络使用者的行为效果来阐释的概念，指在个体自我意识上、对使用网络的态度上、网络活动的特征上以及网络活动的行为效果上等表现出一定特点的使用者⑧。高度的网络化过程，实践上表现为社会民众向网民群体的转化过程，成为社会民众在网络条件下利用网络技术特性及特点参与社会治理的体现。如前分析，网民在网络社会形态条件下参与治理、话语权表达、利益协调等基于网络支持具有新的方式和可能。因此，高网络化条件下的社会安全治理，关键维度是网民群体参与社会安全治理的话语权实现和表达。

综合以上分析，本研究提出以下假设：

假设 11：网民群体话语权及其实现显著正向影响社会安全水平。

### （三）社会高知识化的治理路径与假设推演

高知识化是社会安全治理的重要基础性情景条件和影响变量，既反映了现代化社会的内涵发展水平，也强化了社会安全治理专业化的发展属性特征。高知识化条件下的社会安全治理，重点是高知识群体的参与度、话语权和包容性

---

① Wood D J & Gray B, “Toward a Comprehensive Theory of Collaboration,” *Journal of Applied Behavioral Science: A Publication of the NTL Institute*, No. 27 (Feb 1991): 139-162.

② Anne Khademian & Edward Weber, “From Agitation to Collaboration: Clearing the Air through Negotiation,” *Public Administration Review*, No. 57 (May 1997): 125-144.

③ George Frederickson, “Toward a Theory of the Public for Public Administration,” *Administration and Society*, No. 22 (1991): 395-417.

④ Jun J. S. ed, “Rethinking Administrative Theory: The Challenge of the New Century,” *Westport: Praeger*, 2002.

⑤ Donald F, Kettl. *The Transformation of Governance: Public Administration for Twenty-First Century America*, (Johns Hopkins University Press, 2002).

⑥ Rosemary O' Leary, Catherine Gerard & Lisa Blomgren Bingham, “Introduction to the Symposium on Collaborative Public Management,” *Public Administration Review*, No. 66 (2006): 6-9.

⑦ Kirk Emerson, Tina Nabatchi & Stephen Balogh, “An Integrative Framework for Collaborative Governance,” *Journal of Public Administration Research and Theory*, No. 22 (Jan 2012): 1-29.

⑧ 郑傲：《网络互动中的网民自我意识研究》，中国传媒大学电视与新闻学院 2009 年博士学位论文，第 12、13 页。

的实现程度和方式。高知识群体具有较高的参与意识和参与能力，通过开展研究、发表评论、论坛报告等方式行使学术话语权和社会话语权，进而影响或服务社会安全治理决策。

高知识化社会条件下，作为社会精英群体的代表，高知识群体的知识素质和专业能力、公平价值理念、权利意识、社会规范遵守等具有良好基础，较高的知识水平有助于提升参与能力，是维护社会安全的“源头活水”。高知识群体在参与政策制定或优化、政策论证等方面更好地行使话语权，[①] 有助于在参与过程中建立良好的协同关系、形成协同效应。高知识群体的知识获取能力、加工能力和传播再创新能力较强，公平正义等价值观念、权利意识也往往更容易为政府和社会所接受，其利益诉求表达、协调和博弈能力也相应较强，往往成为社会公共利益表达的重要代表，这构成了参与治理的能力基础和灵活的机制基础。

高知识化对社会安全治理的标准要求更高，更加注重公平正义的价值理念，基于社会的价值体系、道德规范体系、法律制度体系等社会认同的要素在治理中的基础和长远作用更加突出。因此，高知识群体参与社会治理，更重视社会价值体系、道德规范、治理制度机制建设、法律体系等在社会安全治理实践中发挥根本性作用。

从治理活动的三个关键机理要素来说，参与能力和话语权表达能力是高知识群体的天然优势，也是社会安全治理现代化建设的积极条件。高知识群体的参与意识和参与能力较强，通过发表评论、论坛、研究报告等方式，具有学术话语权和社会话语权，进而能够影响或服务社会安全治理决策。例如，清华大学社会学者李强教授带领研究团队与当地政府合作，在基层社会治理中创建了“新清河实验”研究基地，探索专家参与的基层社会治理模式。[②]

高知识群体治理的关键是社会安全治理机制对高知识群体的包容性。知识社会具有内在的不可预测性、不确定性和脆弱性特征，且伴随社会自治力的增强，社会脆弱性更加突出。知识化水平的提高，意味着专业化的同步加深，不

---

① Christlan Hunnold, “Corporatism, Pluralism, and Democracy: Toward a Deliberative Theory of Bureaucratic Accountability, Governance,” *International Journal of Policy and Administration*, No. 14 (Feb 2001): 151-167.

② 李强：《中国特色社会学的形成与发展（构建中国特色哲学社会科学）》，载《人民日报》2019年5月20日，第13版。

同领域之间的相对独立性增强，提高了包容协同的门槛，因此，高知识群体知识化水平的提高并不必然意味着治理机制包容性的增强。对于社会安全治理机构来说，对高知识群体的融合、接纳和包容，有利于激发其参与热情，提高参与深度，发挥舆论影响力、塑造力和引领力，从而在主流价值观、社会道德规范、法治建设方面成为重要支持力量。因此，高知识化条件下治理活动的包容性，意味着社会安全治理体制、机制或体系形成良好的协调、协同和容错机制，对高知识群体具有良好的容纳性，则利于促进社会安全水平的提升。

鉴于此，本研究提出以下假设：

假设 12：对高知识群体的包容性显著正向影响社会安全水平。

综上所述，这里提出社会现代化典型情景条件与社会安全水平影响机理的理论模型，重点研究高流动性、高网络化以及高知识化因素条件下，社会安全治理关键机理要素（参与度、话语权以及包容性）与社会安全治理绩效水平之间的作用关系，其作用机理如图 5-3 所示。

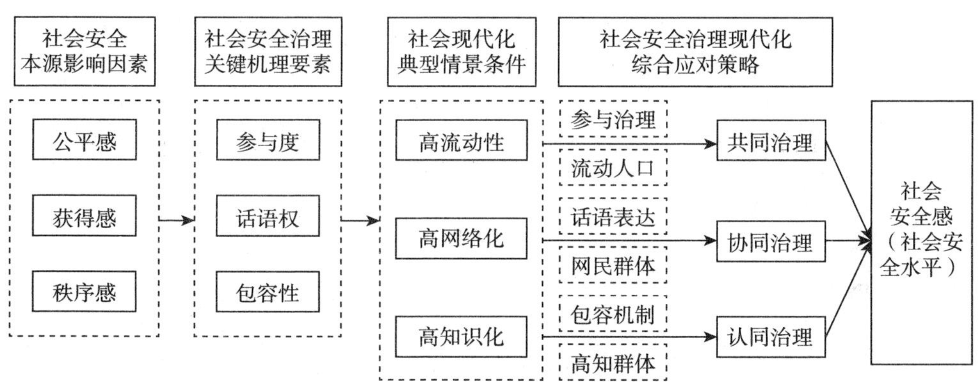


**图 5-3 社会现代化典型情景条件与社会安全水平影响机理示意**

## 三、实证检验与分析

与第四章的实证分析思路一致，由于第三章已经将本章涉及的高流动性治理策略、高网络化治理策略和高知识化治理策略相关变量的探索性和验证性因子分析一并进行验证，这里不再赘述。本章仍然采用多元回归方法对社会安全治理现代化三种治理策略对社会安全水平的影响关系进行实证检验，即验证假设 10、假设 11、假设 12。具体检验结果如表 5-3 所示。

表 5-3 社会安全治理现代化综合策略对社会安全水平影响的检验结果（N=898）

| 模型 | M34 | M35 | M36 | M37 |
|---|---|---|---|---|
| 变量 | 社会安全水平 | 社会安全水平 | 社会安全水平 | 社会安全水平 |
| 年龄 | 0. 266*** | 0. 147*** | 0. 083** | 0. 080** |
| 性别 | 0. 035 | 0. 064* | 0. 043 | 0. 057* |
| 婚姻状况 | -0. 026 | -0. 010 | -0. 011 | 0. 000 |
| 教育程度 | 0. 035 | 0. 018 | -0. 005 | -0. 030 |
| 政府机关 | 0. 041 | 0. 033 | 0. 068 | 0. 050* |
| 事业单位 | 0. 052 | 0. 050 | 0. 073*** | 0. 061 |
| 工作年限 | -0. 183** | -0. 072 | -0. 039 | -0. 038 |
| 收入 | 0. 032 | 0. 009 | 0. 009 | 0. 010 |
| 东部地区 | 0. 082** | 0. 071* | 0. 073** | 0. 058* |
| 西部地区 | -0. 040 | -0. 027 | -0. 023 | -0. 001 |
| 流动人口参与当地社会安全治理（高流动性治理策略） | — | 0. 567*** | 0. 240*** | 0. 024 |
| 网民话语权及其实现（高网络化治理策略） | — | — | 0. 521*** | 0. 362*** |
| 对高知识群体的包容性（高知识化治理策略） | — | — | — | 0. 436*** |
| F | 5. 40 | 47. 086 | 80. 973 | 99. 486 |
| $R^2$ | 0. 057 | 0. 361 | 0. 517 | 0. 588 |
| $\Delta R^2$ | — | 0. 312 | 0. 154 | 0. 071 |
| DW 值 | 1. 898 | | | |
| 注：* 表示 p<0. 05；** 表示 p<0. 01；*** 表示 p<0. 001；$R^2$ 为调整后的值，$\Delta R^2$ 为未经调整的值。 | | | | |

第一，模型 M35 的结果表明，在控制变量模型 M34 的基础上，将高流动性治理策略变量放入回归模型 M34 后，M35 的单独解释力增加（$\Delta R^2=0.312$，$p<0.001$）。同时，模型 M35 结果表明，高流动性治理策略对社会安全水平具有明显的正向影响（$\beta=0.567$，$p<0.001$），假设 10 得到验证，即高流动性治理策略正向影响社会安全水平。

第二，模型 M36 的结果表明，在控制变量模型 M34 的基础上，将高网络化治理策略变量放入回归模型 M34 后，M36 的单独解释力增加（$\Delta R^2=0.154$，$p<0.001$）。同时，模型 M36 结果表明，高网络化治理策略对社会安全水平具有明显的正向影响（$\beta=0.521$，$p<0.001$），假设 11 得到验证，即高网络化治理策略正向影响社会安全水平。

第三，模型 M37 的结果表明，在控制变量模型 M34 的基础上，将高知识化治理策略变量放入回归模型 M34 后，M37 的单独解释力增加（$\Delta R^2=0.071$，$p<0.001$）。同时，模型 M37 结果表明，高知识化治理策略对社会安全水平具有明显的正向影响（$\beta=0.436$，$p<0.001$），假设 12 得到验证，即高知识化治理策略正向影响社会安全水平。

此外，从本研究各个模型的多种共线性检验结果来看，其容忍度均小于 10，且方差膨胀因子（VIF 值）均小于 3，符合学界普遍要求；从 Durbin-Watson 值来看，其 DW 为 1.898，比较接近 2，由此说明各变量残差无自相关现象。

## 四、本章结论与启示

### （一）本章主要结论

社会安全治理现代化的根本策略，就是要针对高流动性、高网络化、高知识化等现代化情景条件，确保治理活动的参与互动、影响力博弈、协同包容等核心功能有效实现。作为一个不断完善的有机实践体系，既包括宏观的由国家主导、作为国家强制能力建设的总体性治理，又包括微观的以社会多元化参与的精细化治理，核心是社会民众在现代社会情景条件下，通过多元主体参与的制度设计、多维治理模式的协同效应建立与调适、多元化治理机制改革和社会文化创新凝聚，提高治理制度体系的建设水平、供给能力和执行能力，最终有效提升社会安全治理的绩效水平，提高民众的社会安全感。

本研究在对社会现代化情景条件进行综合分析的基础上，确定了高流动性、高网络化、高知识化的三个典型情景条件，并以流动社会、网络社会、知识社会作为主要表达维度，选择流动人口群体、网民群体、高知识群体三类典型群体，分别研究其在典型情景条件下的参与度、话语权和包容性与社会安全水平的作用关系。基于 898 个有效样本，对流动人口的社会安全治理参与情况，对网民群体的社会安全治理话语权情况，对高知识群体的社会安全治理的包容情况进行了实证检验，主要得到以下研究结论：

第一，流动人口参与当地社会安全治理显著正向影响社会安全水平。经流动人口的参与度与社会安全水平的直接效应实证检验，其参与度正向影响社会安全水平，由此支持了研究假设。人口流动是社会流动性的集中体现，也是社会安全治理的重心和关键。这一作用机理的重要理论价值在于，在社会安全治理实践上为通过提升社会民众特别是流动人口的参与度来增强民众的社会安全感，提高社会安全水平提供了直接理论依据。

第二，网民群体话语权及其实现显著正向影响社会安全水平。经网民的话语权与社会安全水平的直接效应实证检验，其话语权正向影响社会安全水平，由此支持了假设。从国家治理战略要求来看，社会安全治理现代化的内涵之一就是实现治理技术现代化，提高基于现代信息技术的治理能力，本研究为此提供了实证支持。这一作用机理的重要理论价值在于，在社会安全治理实践上为通过提升社会民众特别是网民的话语权来增强民众的社会安全感，提高社会安全水平提供了直接的理论依据。

第三，对高知识群体的包容性显著正向影响社会安全水平。经对高知识群体的包容性与社会安全水平的直接效应实证检验，社会对高知识群体的包容性正向影响社会安全水平，由此支持了假设。高知识群体是社会群体中的特殊群体，往往具有较高的知识素养、参政议政能力而成为社会安全治理的重要力量。本研究表明，对高知识群体的包容性是社会安全治理及其治理绩效水平之间的重要“桥梁”，能够在深层次上推进社会安全治理绩效水平的提升。而政治、经济、文化等方面的“包容性”，则是当前社会安全治理最为急缺的。这一作用机理的重要理论价值在于，在社会安全治理实践上为通过提升对高知识群体的包容性来增强民众的社会安全感，提高社会安全水平提供了直接的理论依据。

综上理论分析和实证检验可知，高流动性、高网络化、高知识化这三个社会现代化情景条件既相互区别独立，又相互联系交织。例如，高流动性本身包括了人口、信息技术和数据、知识资源的流动，高网络化则无所不包地覆盖了人、物、信息、技术等方面，高知识化则从知识要素的配置角度与人口的素质、网络的创新能力紧密相关。

### （二）社会安全治理现代化情景条件的安全治理实践启示

高流动性、高网络化、高知识化是现代社会的典型性特征，也构成了社会安全治理现代化建设的情景条件。因此，面对瞬息万变的风险治理格局，社会安全治理现代化建设的关键任务，就需要按照源头治理、协同治理、综合治理的要求，对高流动性情景条件、高网络化情景条件、高知识化情景条件进行针对性治理施策。综合来看，社会现代化情景条件下的“三同”治理策略，是加强社会安全治理现代化建设的综合性对策和针对性治理路径。具体来说，主要包括以下几个方面：

针对高流动性情景条件加强共同治理。共同治理是适应社会主要矛盾转化和建设人人有责、人人尽责、人人享有的社会治理共同体的必然要求，强调流动群体流出地和流入地共同的治理责任、联动的治理机制，对流动群体安全治理过程的多元治理参与，通过对话、竞争、妥协、合作等达到治理目标。由此，要注重倾听流动群体的实际利益诉求，找准各方利益的结合点，建立支持流动群体参与融入机制，提高流动群体的“本地人”意识和身份认同，以及在治理活动中的话语权表达和实现程度。

针对高网络化情景条件加强协同治理。协同治理强调在开放系统中寻找有效治理结构，运用协同视角与合作性治理，通过建立虚拟社会要素与现实社会要素的一一映射关系，实现虚拟社会与现实社会的功能协同、机制协同、技术协同，延展社会安全网络治理的施策空间，利用各方资源和力量共同解决公共事务。由此，要注重支持虚拟社会群体行使网络话语权，拓展其参与渠道，增加其参与程度，提升技术治理的精准化、集成化水平。

针对高知识化情景条件加强认同治理。认同治理强调基于共同的理想信念、价值理念、道德观念等，通过建立社会认同的方式得以实现和维护社会安全，是一种建立在文化和制度认同基础上的价值治理、情感治理和柔性治理。由此，要重视赋予和发挥高知识群体的社会话语权，增加高知识群体参与社会安全治理的机会，给予其参与治理过程包容性，发挥其在社会道德规范、价值理念等方面的榜样作用。

## 五、本章小结

本章在第三章和第四章实证分析的基础上，进行有关高流动性、高网络化以及高知识化等社会现代化典型情景条件下的社会安全治理策略实证检验与分析，利用898份有效问卷对研究假设进行了实证检验。研究假设检验结果归纳如下，如表5-4所示。

表 5-4　本章研究假设检验结果

| 社会安全治理现代化的情景条件与治理策略假设 | 检验结果 |
| --- | --- |
| 假设 10：流动人口参与当地社会安全治理显著正向影响社会安全水平 | 支持 |
| 假设 11：网民群体话语权及其实现显著正向影响社会安全水平 | 支持 |
| 假设 12：对高知识群体的包容性显著正向影响社会安全水平 | 支持 |

基于现代社会的高流动性、高网络化、高知识化的典型条件的理论分析和实证检验可以看出，这三个维度既相互区别和独立，又相互联系和交织，表现为流动社会、网络社会和知识社会“三类社会”的关系，集中体现为流动人口、网民群体、高知识群体等特定群体。

本研究对特定社会形态、特定社会群体在社会安全治理实践的关键治理机理维度进行了实证检验，揭示了流动人口参与当地社会安全治理、网民话语权及其实现、治理机制对高知识群体的包容性，均显著正向影响社会安全水平，验证了人力资源、技术资源、知识资源对社会安全治理实践的支撑作用，对于加强现代社会情景下的社会安全治理实践具有重要的理论指导价值，而这恰恰是社会安全治理现代化建设的核心与关键所在。

# 第六章

# 社会安全治理现代化建设的整体性理论框架及其创新

社会安全治理现代化建设是以提升社会安全感为核心任务的系统性、战略性发展过程，统一于国家治理体系和治理能力现代化的建设实践。深刻把握社会安全的本质内涵和本源性影响因素，适应全面深化改革和全面建立社会主义市场经济对社会安全保障的要求，通过社会安全治理的参与互动、话语表达、协调协同的核心作用机制，以应对“流动性社会”“网络化社会”“高知识化社会”等社会现代化典型情景条件对治理实践的挑战性要求。

本章是对前面关于社会安全本源因素及机理、社会安全治理关键要素及机理、现代化典型情景条件的治理路径等基础上的进一步综合归纳，重点基于第三章、第四章和第五章的理论分析、逻辑推导及实证检验结论，对社会安全治理现代化的理论系统进行总结提炼和升华，重在形成具有战略视域特征的社会安全治理现代化整体性理论指导框架和具有我国本土特色的社会安全治理现代化应对策略。

## 一、基于本源分析的社会安全治理现代化理论框架及其完善

基于战略视域的社会安全治理现代化建设实践，是一个贯通了社会安全、社会安全治理和现代化典型情景条件的综合性过程。有关社会安全的本源性影响因素的理论分析和实证检验，通过第三章关于社会安全本源因素分析，验证了社会民众的公平感、获得感、秩序感与社会安全水平的作用机理，确定了社会安全心理要素的安全逻辑，为其提供了源头治理的理论基础。通过第四章关

于社会安全治理本质内涵和治理机理关键要素的分析，确定了社会安全治理要素的治理逻辑。通过第五章关于社会现代化情景条件的治理路径分析，确定了治理关键要素在高流动性、高网络化和高知识化情景条件的作用规律。由此，我们可以探索建立整体性的社会安全治理现代化理论指导框架。

### （一）社会安全本质的本源性因素分析模型

社会安全属于新时代总体国家安全观战略的重要支点，为社会建设、改革和发展提供安全保障。维护社会安全是“以人民为中心”思想的重要实践，提升安全感是社会发展的重要民生评价指标。因为社会安全与社会秩序稳定密切相关，尽管具有“低政治性”的特点，却仍然需要遵循安全的作用规律，把握好社会安全的相对边界，特别是做好社会安全的关联性管理。

社会安全哲学观的转变，是实现社会安全治理创新升级的先导。安全哲学观是认识社会安全本质问题的基本工具和方法，是社会安全研究的先导性理念。如前分析可知，传统的社会安全理念是基于“威胁观”的安全哲学观建立的，其将社会安全与社会其他要素对立起来，作为社会的一种负面和问题因素。新的社会安全观是基于“社会互动建构观”的安全哲学观建立的，其将社会安全作为社会系统的基本组成要素，淡化“冲突”“威胁”的色彩，强调社会安全的“客观属性”（安全性）、“主观属性”（安全感）、“过程属性”（安全化）的有机统一，呈现为社会主体间的互动共建、利益博弈达到的“优态共存”状态。另外，随着以国家安全为核心的“高政治性”安全考量转向以人的安全与社会安全为基点的“低政治性”安全考量，社会安全治理范式也从客观性存在向主观感受与主体间互动式建构转变。①

认识和利用社会安全的本源性影响因素，是做好社会安全治理、进行源头治理进而加强社会安全治理现代化建设的前提。研究分析表明，总体社会安全由社会主要功能子系统相互影响作用而共同决定，社会政治系统通过制度建设营造公平的发展基础，确保机会公平、程序公平和结果公平；社会经济系统通过经济基础发展进而在物质收入、社会发展等方面提供保障，并控制好不同职业群体收入分配的相对差异；社会文化系统通过建立社会通用的价值体系、道德规范和社会秩序等建立良好的社会文明秩序。

---

① 余潇枫：《安全治理：从消极安全到积极安全——“枫桥经验”五十周年之际的反思》，载《探索与争鸣》2013 年第 6 期，第 44~47 页。

社会安全程度与社会进步呈正相关关系。社会安全属于国家强制能力建设的一部分，属于政府提供的重要而基本的社会公共物品，具有主客观属性统一于一体的特点。本研究选取社会安全主观性心理机制的研究维度，既体现了研究的战略性，也体现了社会安全的复杂性。理论分析表明，社会安全主要受社会功能子系统影响，政治系统的制度建构、经济系统的发展保障、文化系统的价值认同等是关键作用机制。社会安全的社会心理基础是影响社会安全的主观因素和关键变量。由第三章关于社会安全的本源性因素及作用机理的实证研究可知，公平感、获得感、秩序感是社会安全的三个本源性影响因素，是社会安全的基础性心理机制，反映了社会的政治因素、经济因素、文化因素等对社会安全的根本性影响。

综合关于社会安全本源性因素的理论分析和实证经验，本研究归纳出社会安全本源性影响因素和社会安全心理分析的基本模型，如图 6-1 所示。

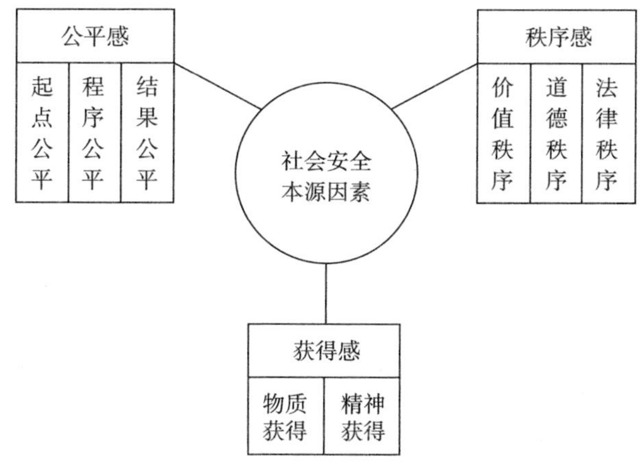


**图 6-1　社会安全的本源性因素分析模型示意**

### （二）社会安全治理的核心要素作用机理模型

由第四章有关分析可知，社会安全治理是政府、市场和社会（含个体）多元主体参与，通过协同、博弈、容错等多种机制，实现安全利益诉求的表达、博弈、协调和平衡的复合过程。社会安全治理既要基于社会安全心理基础（本源因素），又要遵循社会安全治理的核心作用机理。

理论分析表明，参与度、话语权、包容性是社会安全治理的三个关键机理要素，对于社会安全治理绩效水平均具有正向作用关系，是治理活动必须把握和遵循的核心逻辑。相应地，从提升民众的参与度、话语权和包容性着眼提出政策制度或举措，并实现社会安全利益主体参与度的增强、利益博弈综合影响力和话语权的提升、治理机制多元包容性的提高，则是提高社会安全治理水平，加强社会安全治理及现代化建设的根本路径。

首先，基于参与度提升社会安全治理水平。从参与主体来看，重点是公平参与、依法参与、深度参与相结合，保障社会民众的参与机会，调动其参与积极性，发挥参与主体的责任感和积极性。从参与的活动类型来看，重点是深度参与关系切身利益和核心利益的活动，如政治权益诉求的表达、重大决策的论证咨询、社会安全治理活动的辅助等。从参与的方式来看，重点是规范参与活动的程序设计，提高参与治理活动的深度，在“参与阶梯模型”中实现从低级的操纵、引导、告知、咨询向高级阶段的劝解、合作、授权、民众控制等发展。从参与主体的心理基础来看，社会民众的公平感、获得感、秩序感均影响参与的积极性和内在活力，要注重从价值理念上增强公平、在效果达成上注重获得、在秩序规范上提高认同，使参与主体成为能动的“治理共同体”一员。

其次，基于话语权提升社会安全治理水平。话语权的核心是社会安全利益诉求的博弈能力和影响力。话语权的实现程度，直接关系到治理主体的切实利益和获得感，影响其对社会公平和秩序的判断。

重视解释权、传播权的建立和行使，对社会安全治理领域的现象、活动、问题、观点、趋势、规律等进行科学准确的界定、解释和传播，增强社会安全治理的理论影响力。重视评价权、行动权的建立和行使，利用主体权威性（权威身份）、话语权威性（学术话语力）、机构权威性（权威社会地位），共同提升治理活动的价值认同和影响力。重视表达渠道和机制建设，支持各类群体表达安全利益诉求，成为治理活动中具有影响或引导舆论能力的一方。重视社会安全治理主体的社会安全心理基础，使其成为利益诉求主体、参与主体和能动主体，如将机会公平、程序公平和结果公平作为核心利益诉求，增加参与渠道；将物质和精神获得感作为核心利益诉求，为提升话语权提供实体支撑；将对社会价值观念、道德规范的社会认同作为核心诉求，为形成协同效应奠定基础等。

最后，基于包容性提升社会安全治理水平。包容性的根本目的是形成治理协同效应、增强社会安全治理整体绩效。增强包容性的关键是完善社会信任机制，建立基于核心价值体系和道德规范体系的社会认同。建立协调机制、协同机制、容错机制三个关键机制，促进安全利益的有效实现、公平的利益分配、有效的利益整合、畅通的利益表达、合理的利益补偿，实现社会安全治理过程中的组织协同、功能协同、机制协同、服务协同，提升正向协同效应。制定政策或规划时兼顾不同群体的需求差异和基本权利保障，在执法活动中做到公平公正无歧视、保障社会民众基本权利，在治理活动中体现对文化差异性和多元化的包容接纳能力，发挥包容性机制的特质作用。

综上关于社会安全治理关键机理要素参与度、话语权、包容性的理论分析和量化实证分析，归纳得出社会安全治理关键机理要素的基本模型，其作用机理如图 6-2 所示。

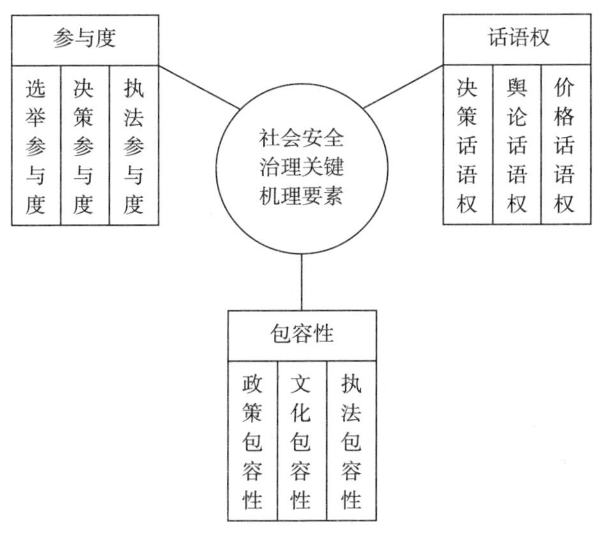


**图 6-2 社会安全治理的关键机理要素作用机理模型示意**

### （三）社会现代化典型情景条件的综合策略模型

社会安全治理现代化是价值理性和工具理性的统一。社会安全治理现代化的根本策略，就是要针对高流动性、高网络化、高知识化应用等现代化情景条件要求，确保治理活动的参与互动、影响力博弈、协同包容等核心功能有效实现。

针对社会高流动性的流动人口群体，重点在于通过跨区域（流入地和流出地）的共同治理，确保在流动社会条件下的参与机制、博弈机制、包容机制的功能发挥。针对社会高网络化条件下的网民群体，重点在于通过跨网络（现实社会和虚拟社会）的协同治理，确保在网络社会条件下的社会安全治理参与机制、博弈机制、包容机制的功能发挥。针对社会高知识化条件下的高知识群体，重点在于通过跨领域（社会价值体系、道德规范体系、法律制度体系和思想观念体系）的认同治理，确保在知识社会条件下的社会安全治理参与机制、博弈机制、包容机制的功能发挥。这三类典型条件（高流动性、高网络化、高知识化）、三类典型群体（流动人口、网民群体、高知识群体）和三种治理应对策略（共同治理、协同治理、认同治理），集中反映了社会现代化条件下社会安全治理的特征和要求。

综上有关社会现代化典型情景条件的治理综合策略理论分析和量化实证分析，归纳得到社会现代化典型情景条件的综合策略模型，如图 6–3 所示。

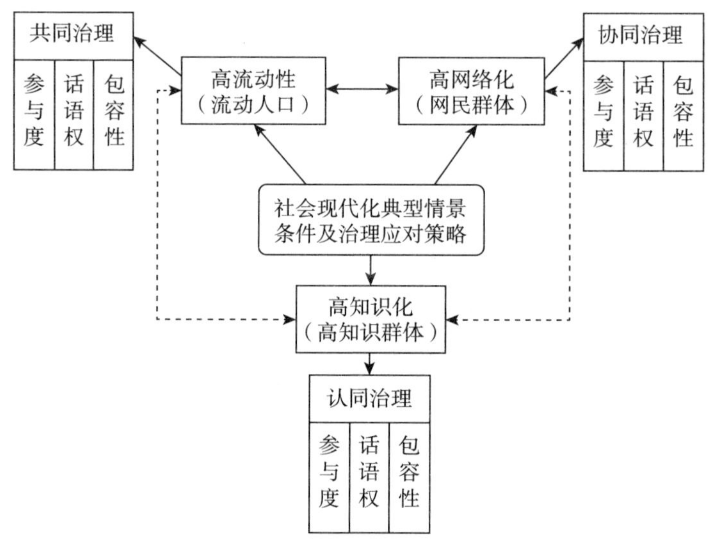


**图 6–3　社会现代化典型情景条件的综合策略模型示意**

### （四）基于本源分析的社会安全治理现代化理论框架

1. 社会安全治理现代化理论框架的基本逻辑

从战略视域和理论层面分析，社会安全及其治理现代化的基本逻辑贯穿了社会安全、社会治理、社会现代化三个维度和递进逻辑，注重在社会现代化情景条件下提升治理体系和治理能力水平，形成独特的社会安全治理现代化发展逻辑。

首先是社会安全的逻辑。社会安全是社会系统的基本要素，受社会的政治、经济、文化等系统影响，分别在制度建设、运行保障、社会认同和价值传承等方面为社会安全提供支持。基于“社会互动建构”的安全哲学观，社会安全建立在安全主体交互作用的基础上，赋予其互动建构的属性。主观性的社会安全心理因素，是对可观的社会安全的映射和反映，并具体体现在政治维度的公平感、经济维度的获得感、文化维度的秩序感。实证分析验证表明，这三种社会心理机制对社会安全水平具有正向影响，为社会安全治理提供了本源影响因素的理论支持，奠定了社会安全的逻辑基础。

其次是社会治理的逻辑。社会安全治理在本质上体现为多元利益主体、多种力量、多种机制通过参与交互、相互博弈、互动协同，共同维护与实现社会安全利益最大化，达到治理目标的复合过程。治理过程体现了围绕社会安全利益表达和实现的博弈过程。其中，权利要件（参与度和互动）、能力要件（话语权与影响力）、机制要件（协同与包容性）成为社会安全治理活动的三个核心要素变量。通过实证分析验证，表明这三个治理关键要件对社会安全水平均具有正向影响，为社会安全治理提供了本体性机理因素的理论支持，奠定了社会治理的逻辑基础。

最后是社会安全治理现代化的逻辑。现代社会在不同维度上表现为“流动社会”“网络社会”“知识社会”等，揭示现代社会的关键特征。这些特征具体通过流动人口、网民群体、高知识群体等不同群体得以体现。在多中心协同理论的应用指导下，通过这些群体社会安全治理的参与治理要件（参与度、话语权、包容性）作用特点分析，抽象为针对流动性的共同治理、针对网络化的协同治理、针对知识化的认同治理，建立了应对现代化社会典型情景条件的“三同”治理策略框架。实证分析验证表明，在这三种典型情景条件下，流动人口的参与度、网民的话语权、高知识群体的包容性，均对社会安全水平具有正向影响，为社会安全治理提供了现代化情景因素的理论支持，奠定了社会安全治理现代化的逻辑基础。

实现社会安全逻辑、社会治理逻辑、社会安全治理现代化逻辑的综合集成，最终体现为社会民众社会安全感（社会安全治理水平）的综合提升。社会安全及其治理现代化的整体理论指导框架及关键因素作用机理如图 6-4 所示。

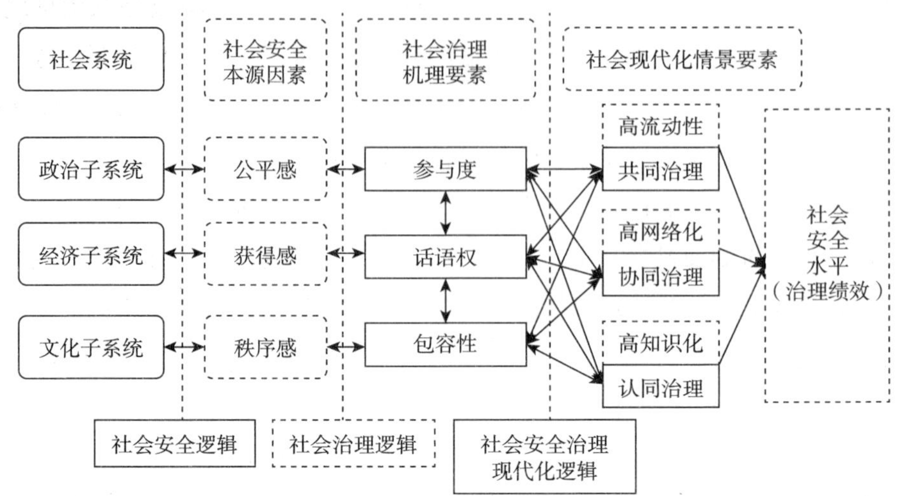


**图 6-4　社会安全治理现代化的理论框架及关键因素作用机理示意**

2. 社会安全治理现代化理论框架的解释力

基于战略视域搭建的理论指导框架抓住了社会安全治理实践的本源因素、典型要素、关键环节和作用机理，抓住了治理活动的本质和主要矛盾，具有较强的解释力。其中，社会安全本源性影响因素的公平感、获得感、秩序感等主观属性本身具有动态发展和时代特征，对于动态发展中的社会安全具有一定的指导性。

首先是对不同时代的社会安全研究和实践具有解释力。无论时代条件怎样变迁，社会安全总是受社会的政治性因素、经济性因素、文化性因素影响的基本维度不会改变，由此可知，该理论框架反映出的社会基本功能系统及其影响要素的作用机理具有适用性。

其次是对不同国家的社会安全研究和实践具有解释力。国家综合反映了特定的地域、民族、文化、语言或者权力机构的关系，社会安全本源因素的基本维度同时也是国家基本职能在政治、经济、文化方面的综合体现，其作用机理是在社会安全领域关于本源要素基本作用机理的抽象和反映，同样具有一定的适用性。

最后是对当代社会安全治理实践具有解释力。高流动性、高网络化和高知识化反映了当代社会的典型特征条件，同时也是当代社会安全治理需要集中应对的治理变量。针对治理活动中的参与互动、话语权表达、协同包容等的治理应对策略，抓住了治理实践的本质和社会现代化情景条件的特质，既反映了我国的治理实践，同时也具有一定的通用适用性，反映了治理实践与时俱进的时代特质。

## 二、社会安全治理现代化的“三同”治理策略建构

根据第五章关于社会安全治理现代化的情景条件的实证研究和综合分析，当前加强社会安全治理现代化建设的关键，就是要重点抓好高流动性、高网络化和高知识化的典型情景条件下的社会安全治理。

应对社会情景条件的高流动性，重点是强调跨区域（流入地和流出地）的共同治理，强调共同的治理责任、联动的治理机制、流动的治理要求，实现流动要素（主要是流动人口）的流出地和流入地“共同治理”。应对社会情景条件的高网络化，重点是跨网络（现实社会和虚拟社会）的现实社会要素与虚拟社会要素的功能协同、机制协同、技术协同，建立一对一映射关系，实现“网上和网下一体”“虚拟和现实联动”，延展社会安全网络治理的施策空间。应对社会情景条件的高知识化，重点是跨领域（社会价值体系、道德规范体系、思想观念体系）的社会认同基础上的参与型治理实践，加强社会群体或个体对特定社会价值理念、制度体系、道德规范、文化传统等方面的赞同、支持、信任以及归属感凝聚。认同治理具有柔性治理特征，却是社会安全治理的根本之策。

需要说明的是，正如在很多情况下流动人口、网民群体和高知识群体是交融在一起的一样，这三种治理策略尽管突出了对特定群体的适应性，却并不相互割裂，而是在治理实践中相互借鉴、相互补充、发挥各自优势，形成治理协同效应。综合来说，应对高流动性的“共同治理”策略、应对高网络化的“协同治理”策略、应对高知识化的“认同治理”策略，是具有我国实践特色和现代化情景匹配性的综合治理策略。

### （一）基于高流动性情景条件的共同治理

在本研究中，共同治理应对策略主要指多个主体通过对话、竞争、妥协、合作等多种机制和策略，达到治理目标的过程①。高流动性意味着治理活动不再局限于某一地区或长期固定在特定地区，不再适用一种固定的模式，需要基

---

① 王名、蔡志鸿、王春婷：《社会共治：多元主体共同治理的实践探索与制度创新》，载《中国行政管理》2014 年第 12 期，第 16~19 页。

于“大治理”理念进行整体性应对，强调共同的治理责任、联动的治理机制、流动的治理要求，这是社会安全共同治理的基本内涵。

高流动性是现代社会的关键特征和关键治理变量，强化了社会安全治理的社会化、专业化等发展属性特征，对于社会安全治理活动具有全局影响。当今社会面临的很多问题，在本质上都与社会流动性的增加有关。流动性越高，对于社会安全治理的挑战越大。有效治理流动性，是社会安全治理取得成功的关键所在，也是社会安全治理现代化建设的核心任务。

深入优化高流动性治理策略的施策空间，重点是针对人的高流动性，同时对随着人口流动产生的信息交流、生产消费活动、文化交流等流动进行统筹，实现跨地域的治理合作，形成利益相关者相互作用的复合协调机制。加强政府治理社会、政府与社会共同治理，完善“共建共治共享”治理机制，通过治理共同体打造安全共同体。

根据社会安全治理的关键机理要素，高流动性的共同治理策略主要是应对流动群体的治理活动，重点策略是流出地和流入地对流动人口的接纳、服务和治理。流动人口是社会流动性的集中和典型体现，在特定社会治理机制条件下，他们往往不属于某一个特定的地方，在地域上没有稳定性。他们一方面是治理活动的被动主体，另一方面也是一个能动主体，在治理活动中的参与情况、话语权的实现和表达情况、其所在地区对其包容接纳情况、是否具有良好的社会归属感等，是做好高流动性治理的关键所在。针对这一群体的特点，加强高流动性条件下的社会共同治理，流出地和流入地，特别是流入地的社会治理部门在治理策略方面应突出以下几个方面：

第一，形成支持流动人口群体参与和融入的制度机制。因为担心传统意义上的城乡矛盾、就业竞争、身份歧视以及“城市病”等，流入地城市的决策部门往往对就业领域、数量等进行限制，导致流动人口社会安全治理参与度不足。建议流入地的社会安全治理部门要为流动人口提供参与本地重要活动的机会，利用大数据等信息技术的治理应用，集成交通、住宿、通信、网络社交、消费等多种数据源并进行分析，确定流动群体的共性流动特征，提高决策的科学性和针对性。同时，在相关的政策设计、诉求表达、活动参与方面为流动人口群体提供渠道和载体，发挥其治理参与主体的建设性作用。

第二，注重倾听流动人口群体的实际利益诉求。流入地有关政策管理部门在制定政策制度时兼顾这一群体的实际利益诉求，支持流动人口群体在治理活动中的话语权表达和实现，并切实维护其基本权益，如维护劳动者合法权益、杜绝欠薪问题、提供免费就业服务、进行必要的劳动技能培训、加强劳动保险、提供随迁子女平等接受义务教育的机会等。通过主动关注、主动支持和主动服务，发挥流动人口群体在治理实践中的诉求表达和群体影响力，这既是做好社会安全治理的基本要求，也是加强流动性治理的重要方面。

第三，建立针对流动人口的包容性机制并推进柔性治理。流入地有关政策管理部门应重视引导和支持流动人口积极融入本地社会生活，丰富其社会生活以及精神生活、娱乐活动，提升其依靠政府和法律维权的意识，认可其社会贡献和对本地的发展贡献，增强其“本地人”意识和身份认同，提高其生活的适应度和满意度。注重包容性政策导向，增强治理活动的弹性和柔性，发挥社会的融入功能，教育和引导流动人口克服因文化差异、生活习惯、家庭出身与城市群体或流入地城市不同而产生的尊卑贵贱观念，消除因与流入地群体的切身利益冲突（如工作就业矛盾）而产生的群体间反感或排斥情绪。

### （二）基于高网络化情景条件的协同治理

在本研究中，协同治理应对策略主要指虚拟社会治理与现实社会治理体系实现功能协同、机制协同、技术协同，通过建立虚拟社会要素与现实社会要素的一一映射关系，实现“网上和网下一体”“虚拟和现实联动”，深化和延展社会安全网络治理的施策空间。用动态的、主客观联动的、互动建构和协同的观点来认识其作用规律，使政策供给更好适应和指导社会安全治理实践。

信息技术通过嵌入特定的组织结构和制度体系之中，借助一定机制与其进行互动，推进组织的变迁，进而成为制度变革的“赋能者”。[①] 云计算、大数据、移动物联网和人工智能等现代科技手段极大地改变甚至重塑了社会生产和社会组织的关联形态，提高了社会的网络链接程度和网络应用水平，既改变了社会运行基本模式，也拓展了社会安全治理的领域。5G、大数据、云计算、人工智能、区块链等新基建的加速发展和应用，为政府数据资源共享、数据治理共同行动、数据治理整体创新等提供了新的机遇，也为不同部门主体精细化自身治理需求和治理任务提供了多维依托，构建了新的数字治理空间。例如，浙江省以“最多跑一次”改革为驱动，充分运用“互联网+政务服务”和大数据

---

① ［美］简·E. 芳汀（Jane E. Fountain）著：《构建虚拟政府：信息技术与制度创新》，邵国松译，中国人民大学出版社 2004 年版，第 7~10 页。

技术，在持续改革中推动政府数据的多源集成和整体智治，创新了政府数据跨部门协同治理的工作思路，形成了示范性经验。

社会安全治理活动随着社会组织形态和活动方式的变化而变化。高网络化意味着治理活动不再局限于现实社会，而是拓展到虚拟空间领域。从本质上来说，“虚拟社会”是现实社会的映照，已经与现实社会融为一体。高网络化反映了社会安全治理的技术应用特征，形成了虚拟社会治理的独特领域，强化了社会安全治理的智能化属性特征。

本研究的应对策略重点是针对网民群体的治理活动，加强高网络化条件下的社会协同治理，在治理策略方面突出以下几个方面：

第一，拓展网民群体的参与渠道，增加参与度。网民群体是跨地域的，应发挥网络技术的融合集成优势，创新“互联网+群众路线”，调动广大网民深度参与社会安全治理，增大参与群体，覆盖全部领域，实现全流程、全方位的深度协同治理。① 特别是在社会安全治理的重大活动或重要决策中，应重视通过网络渠道听取网民群体意见，凝聚网民群体智慧，并形成常态化的参与机制。

第二，重视网民群体的网络话语权表达。正如本研究所揭示的，网民群体的话语权及其实现对社会安全水平具有显著的正向影响，揭示了网民通过网络渠道表达利益诉求、发挥网络舆论影响力对于社会安全水平的交互作用机制。网络化程度越高，网民群体的表达意识越强烈，表达机会越丰富，表达渠道越便捷，相应地就越利于为社会安全治理的协同机制建立提供良好的参与基础和互动协同基础。社会安全治理部门应注意对网民群体的舆论进行适度引导和自律教育，预防其被虚假信息所误导，或者发表偏激性、片面性言论甚至是触犯安全法律、公民隐私等负面言论，防止其话语权的表达成为社会安全的诱发因素。

第三，增强对网民群体的言论活动的包容性。网络空间特有的相对隐秘性和互动特性，与现实社会中面对面交流或非接触式交流相比，网民群体在表达方式上更加直接，内容观点更加鲜明，某些意见或建议更具有刺激性，这就需要对网民群体的言论活动既坚持原则分寸，又给予必要的包容，以利于增强治理机制的弹性和活力。在治理实践中要注重完善舆情监督、引导和疏解机制，引导社会民众正确看待社会问题，防止负面社会情绪在网络空间郁积

---

① 袁方：《提高社会治理智能化水平》，载《人民日报》2018 年 6 月 20 日，第 7 版。

传播。

第四，推动网上治理和网下治理的合作协同。要打通虚拟社会治理和现实社会治理的界限，实现跨网络的协同治理。加强网络化技术治理能力建设，优化或再造社会安全治理流程，实现治理调度的扁平化、可视化、精准化和实时化，提高社会安全治理的智能化集成应用水平。加强网络虚拟空间治理专门力量建设，形成专门的治理队伍、治理制度、治理技术和治理机制。健全虚拟社会信息传播安全机制，抵御意识形态领域面临的渗透和负面文化产品的消极影响。引导虚拟社会组织依法有序参与虚拟社会公共事务，建立支持虚拟社会组织健康发展、依法有序参与虚拟社会治理的制度环境。① 重视发挥网下群众力量的互补协同作用，调动各治理主体的资源参与治理过程，强化网络机制和现实机制的衔接合作，通过共建共治共享形成的同向联动协同效应，增强治理合力。

### （三）基于高知识化情景条件的认同治理

本研究中，认同治理应对策略主要指基于社会群体或个体对特定社会价值理念、制度体系、道德规范、文化传统等支持、信任以及归属基础上的参与治理实践。认同治理是一种柔性治理和价值治理，是契合社会高知识化条件、高知识群体的治理策略，是社会安全治理的根本之策。

社会安全可以通过建立社会认同的方式得以实现和维护，这是进行认同治理的重要基础。达到认同是一个社会建构的过程，也是凝聚共同的理想信念、价值理念、道德观念的过程。研究表明，熟人社会中社会个体具有较强的社会归属感，具有行为约束的社会机制，可以大大降低社会组织和管理的成本。社会信任是一种重要的社会资本，是社会不可或缺的“黏合剂”，这是社会安全治理现代化建设需要重视和强化的方面。② 但也应注意，不同类型、不同层次、不同性质的认同既可促进认同融合与一致，也会引发认同冲突和认同危机。③

一方面，应加强社会层面的认同治理，维系社会共同体的内在凝聚力，实现社会群体成员对一定信仰和情感的共有和分享；另一方面，应加强社会个体

---

① 陶鹏：《虚拟社会治理的中国逻辑及其进路：基于国家治理现代化的客观思考》，载《广东行政学院学报》2015 年第 3 期，第 15~19 页。

② 燕继荣：《社会资本与国家治理》，北京大学出版社 2015 年版，第 190 页。

③ 谢贵平：《认同能力建设与边疆安全治理研究》，浙江大学公共管理学院 2015 年博士学位论文，第 23~53 页。

对自我社会角色或身份的理性确认，提高社会个体的社会行为动力。社会安全治理实现现代化的过程，在更大程度上表现为通过价值目标吸纳、价值治理运作和价值协调反馈，进而实现价值目标引领的结果，服务更高水平的平安中国和法治中国建设，增强人民群众的获得感、幸福感、安全感并使其更加充实、更可持续，在目标调适中实现优化和转型，并通过出台法律法规、政策标准等提供可行性的制度要件。特别是在社会转型期，重新建立并强化国家和个人之间的社区链接，加强基于社区的社会信任管理和社会资本建设，实现基于社会认同的价值治理，是社会安全治理的治本之策，也是应对社会“原子化”挑战的有效对策。

高知识群体大多是社会的精英，是高知识化社会条件下加强社会安全治理的重要参与主体力量。本研究的应对策略重点是针对高知识群体的治理活动。加强高知识化条件下的社会认同治理，在治理策略方面应突出以下几个方面：

第一，增强高知识群体社会安全治理的参与度。高知识群体参与意识和主动意识、责任意识更强烈，参与政策、制度、决策、咨询的能力也相对较高，在影响和服务决策、监督等方面具有较高的综合能力。因此，在社会安全治理实践中应注重给予高知识群体更多参与社会安全治理的机会，通过吸收高知识群体代表参加听证论证、参与政策制度设计的决策咨询、参与研制重大战略评估或发展规划等。

第二，赋予高知识群体社会话语权。话语权在本质上表现为影响力，通过表达诉求、发出声音、进行互动或博弈争取利益、维护利益。这里的社会话语权不同于自我话语权，强调为代表社会的公共利益而发声，其出发点着眼于社会整体层面和社会价值维度。因此，应增强其作为公共知识分子的社会属性，提高其社会地位，增强其社会责任感和为公共利益代言的荣誉感、自豪感。鼓励其通过公开渠道发表文章、举办讲座、接受采访、进行点评等，传递社会主流价值声音，发挥典型示范作用，引导社会公共舆论，彰显社会正能量。

第三，增加高知识群体治理过程的包容性。高知识群体是社会安全治理的建设性力量，往往敢于坚持原则、善于坚持规律、勇于表达真实想法、坚守公正立场和维护公共利益。因此，对其有关论点及其论点的表达方式要具有包容性和容忍度，提高治理实践的容纳性。同时实行柔性治理，引导建立适应高知识群体特征的言论行为约束机制，加强其自我觉醒和自律教育。

第四，发挥高知识群体在基于社会道德规范、价值理念等柔性治理方面的榜样示范作用。无论是崇尚法治或者德治，都需要基于特定的载体或固化的内容。高知识群体往往具有较高的知识和文化素养，对于国家、社会和时代具有更深刻和直接的责任感、使命感和历史感，也具有这方面的个体自觉。其言行规范往往具有较强的示范作用和影响力，能够在社会发展过程中起到示范作用、骨干核心作用。在社会安全治理实践中，要发挥价值观和道德规范在约束社会行为、调节利益关系、协调社会矛盾等方面的内隐性功能，可通过发挥高知识群体的榜样典范的特殊载体媒介作用，将社会外部的价值观、道德规范等转化为社会民众的个体价值观和道德意识，成为化解社会风险隐患、维护社会安全稳定的正能量。

综合第五章的有关验证分析和本章的对策分析，可以认为，社会现代化情景条件下的“三同”治理策略，是社会现代化典型情景条件下具有我国本土特色的应对策略框架，是加强社会安全治理现代化建设的综合性对策和针对性治理路径，如表 6-1 所示。

**表 6-1　社会安全治理现代化的“三同”治理策略**

| 现代化情景条件 | 治理对策 | 治理要点 | 典型特征 |
| --- | --- | --- | --- |
| 高流动性 | 共同治理 | 重点是进行跨地（区）域（流出地、流入地）的共同治理 | 流动人口群体的治理参与，促进治理实践的多主体化、社会化和智能化 |
| 高网络化 | 协同治理 | 重点是进行跨网络（虚拟社会的网民和现实社会的普通民众）的协同治理 | 网民群体参与度的多元化、话语权的包容性，实现网上和网下的协同，促进治理智能化和协同化 |
| 高知识化 | 认同治理 | 重点是进行跨领域（不同受教育水平社会民众的社会价值体系、道德规范体系、法律应用体系、思想观念体系）的认同治理 | 加强社会认同建设，推进柔性治理，发挥高知识群体的典型示范作用 |

## 三、本章小结

本部分是对第三章至第五章理论分析和实证验证结论的系统性归纳和整体性理论建构。其中，基于第三章社会安全的本源性影响因素的理论推导和实证检验，提出关于社会安全本质的“公平感、获得感和秩序感”的本源性因素分析模型；基于第四章社会安全治理的内涵本质、核心要件（权利要件、能力要件、机制要件）的理论推导和实证检验，提出关于社会安全治理的“参与度、话语权和包容性”治理关键机理要素的作用机理分析模型；基于第五章现代社会的高流动性、高网络化、高知识化的典型情景条件及其对社会安全治理的影响分析，提出高流动性情景条件下的共同治理、高网络化情景条件下的协同治理、高知识化情景条件下的认同治理三个综合性应对策略模型。

本部分通过进一步理论归纳，基于社会安全的本源因素、社会安全治理的作用机理、现代化典型情景条件下的治理策略等综合分析，遵循社会安全逻辑、社会治理逻辑和社会现代化逻辑这一逻辑递进链条，提出基于战略视域、本源视角的社会安全治理现代化建设的贯通性理论指导框架。在具体实施层面，基于战略整体视角和利益相关者视角，提出落实社会安全治理“三同”治理策略的具体举措，从优化国家安全治理战略层面、社会安全治理相关部门的治理实践层面、社会安全治理个体的参与治理实践层面出发，提出社会安全治理现代化实践的建设性策略和建议，完善共建（利益相关者的发现）、共治（利益相关者的参与）、共享（利益相关者的获得）的同向正向协同治理机制。

# 第七章

# 加强新时代社会安全治理现代化建设的综合策略

现代国家治理包括两大重要层面：一是结构性治理，即推进制度创新，注重解决结构性、体制性问题，这是公共决策的治本之道；二是问题性治理，即注重回应解决人民群众“最关心、最直接、最现实”的问题，诸如就业问题、交通出行问题、食品安全问题、环境污染问题等，它们与人们实际利益息息相关。社会安全治理现代化建设作为重要的公共决策类型，要聚焦并注重结构性治理和问题性治理相结合，合乎决策科学化和公平正义的要求。

本部分重点对主要研究结论进行归纳提炼和升华，从战略视域下的社会安全、社会安全治理以及社会安全治理现代化等方面得出研究结论。在第三章进行社会安全本源性影响因素的实证分析，第四章进行社会安全治理关键机理要素作用规律的实证分析，第五章进行社会安全治理现代化情景条件的策略与实证分析，第六章进行社会安全治理现代化的理论建构和策略分析的基础上，得出整体性总结研究结论，厘清和分析本研究的主要创新之处和研究局限，并对未来研究方向提出展望。

## 一、加强新时代社会安全治理现代化建设的总体研究结论

社会安全治理现代化建设是一个社会安全治理价值导向优先于社会安全治理技术革新的过程，既追求制度完善、能力提升，也强调精神构建、价值彰显，是一种价值治理引领的综合性治理。社会安全治理集国家安全战略和制度落实、全面深化社会现代化建设及改革、加强技术治理和法治建设于一体，既

有作为总体国家安全战略重要内容的政治核心属性，也具有适应新时代社会主要矛盾新变化和以人民为中心发展思想的时代属性，更具有揭示党领导下社会安全治理机理的价值属性。

本研究基于源头治理、系统治理等基础逻辑，基于本源性、本体性、系统性的综合战略理论视角，聚焦社会安全、社会安全治理、社会安全治理现代化的内涵本质，探究社会安全的本源性影响因素、社会安全治理的关键机理要素及作用机理和社会现代化典型情景条件下的社会安全治理应对策略，形成包括安全逻辑、安全治理逻辑、现代化逻辑等递进发展的问题链条和基本框架，并提出相应研究假设，最后通过 898 个有效样本进行实证分析和关联分析等综合研究，得出以下研究结论：

### （一）社会安全治理现代化建设是战略视域指导下的安全治理综合实践

社会安全治理现代化建设是战略视域指导下的综合实践，注重从战略层面加强安全共同体和安全治理机制建设。在利益相关者、多中心协同治理和现代化治理理论指导下，既强调从社会安全本源因素入手加强源头治理和系统治理，又强调遵循治理机理规律并加强现代化典型情景条件的综合应对。

基于战略视域进行社会安全治理现代化的逻辑分析与理论建构，是本研究的基本出发点。社会安全治理现代化与社会安全、社会安全治理和社会现代化三个领域均具有密切关系，但战略的全局性、辩证性和本质性要求既要进行关联思维，又要善于从本源因素出发，抓住根本性问题和矛盾，以实现源头治理和系统治理。

本研究基于“互动建构”的安全哲学观，运用利益相关者理论、多中心协同治理理论等指导，遵循社会安全、社会安全治理、社会安全治理现代化的内在递进逻辑关系，基于社会的政治、经济、文化系统要素和社会安全的关系，推导出公平感、获得感、秩序感三个社会安全本源影响因素；基于治理活动的本质特征和权利要件、能力要件和机制要件要求，推导出参与度、话语权、包容性三种社会安全治理关键机理要素；基于现代化社会的要素流动、技术应用和人力素质提升，推导出高流动性、高网络化、高知识化三种社会现代化典型情景条件，提出应对高流动性的共同治理、应对高网络化的协同治理、应对高知识化的认同治理的综合应对策略，最终形成社会安全治理现代化的整体性理论指导框架。

本研究进一步提出，要把握利益相关者的安全利益核心诉求，建立社会安全治理的共建（利益相关者的发现）、共治（利益相关者的参与）、共享（利益相关者的获得）的协同机制，形成“安全共同体”“利益共同体”和“治理共同体”，以提高社会安全治理体系和治理能力的现代化综合水平，最终提升民众的社会安全感。

### （二）社会安全的本源影响因素是社会安全水平的根本性决定因素

本研究的理论推导和实证研究发现，公平感、获得感、秩序感是社会安全的三个本源性影响因素，均对社会安全水平具有重要的正向驱动作用。

从社会功能系统理论角度认识社会安全的本源影响因素是基本方法和基本视角。社会功能系统决定社会运行，也影响社会安全。基于社会安全的本质，基于社会安全的社会系统根本属性、社会安全的主客观一体性特征，社会政治、经济和文化功能系统通过制度建设、运行保障和社会认同，影响社会民众的心理感知，集中体现为公平感、获得感、秩序感三个社会安全心理要素。实证检验结果进一步证实，公平感、获得感、秩序感对社会安全水平均具有正向影响作用。相应地，机会公平、程序公平、结果公平通过提高社会民众个体的公平感对社会安全水平产生正向促进影响，社会民众的物质获得感、精神获得感从经济因素方面对社会安全水平产生正向促进影响，社会民众的价值认同、道德规范认同则从文化因素方面对社会安全水平产生正向促进影响。

对于社会安全治理实践来说，这一研究结论意味着凡是能够提升社会民众个体的安全心理水平的政策举措，都可以有效提升社会安全的感知水平。社会安全治理实践要善于用动态的、主客观联系的、互动建构的视角，遵循社会安全本源影响因素对社会安全的作用规律，精准施策、多维施策。

### （三）社会安全治理关键机理要素对社会安全水平具有显著正向影响

本研究的理论推导和实证研究发现，参与度、话语权、包容性是社会安全治理的三个关键机理要素，均对社会安全水平具有显著正向影响。社会安全的本源影响因素通过治理机理要素对社会安全水平产生影响，治理机理要素发挥中介促进效应。

本研究综合运用利益相关者理论、多元主体协同治理理论，基于公平感的实现与保障、获得感的实现与保障、秩序感的实现与保障，推导确定社会安全治理主体的权利要件（互动）、能力要件（博弈）和机制要件（协同）三个关键要件，进而推导出参与度、话语权、包容性三个关键变量。本研究实证检验结果进一步表明，社会安全治理主体的参与度、话语权、包容性对社会安全水平均具有正向影响作用。

本研究表明，在社会安全治理参与方面，不同主体对事关政治权利的选举参与、事关安全利益的决策参与、事关法律权益的执法参与监督等，其参与度对社会安全水平具有正向影响。在治理的影响力方面，对安全治理政策制度建设的决策影响力、对社会舆论的舆论影响力、对民生事项价格调整的影响力等，其话语权对社会安全水平具有正向影响。在治理包容性方面，在政策制定时能够兼顾不同群体的共性需求和差异性需求，在执法过程中执法主体能够做到对执法对象一视同仁，不同地域的社会主流文化能够接纳其他非主流文化，体现政策制度、价值体系、道德规范、法律规范的包容能力，对社会安全水平提升具有正向影响。

本研究进一步证实，社会安全的本源因素通过社会安全治理关键机理要素对社会安全水平产生影响，治理机理要素发挥中介促进效应，即参与度对公平感与社会安全水平之间作用关系具有部分中介效应，话语权对获得感与社会安全水平之间作用关系具有部分中介效应，包容性对秩序感与社会安全水平之间作用关系具有部分中介效应。

社会安全治理是一个联动作用系统，既受社会安全参与主体的心理因素影响，也受社会安全治理主体的参与要素作用机理影响，且治理机理要素发挥重要的调节作用。因此，要统筹加强保障参与互动的权利要件、保障影响力发挥和话语权表达的能力要件、保障包容协同的机制要件建设，完善治理主体参与互动、影响力发挥的长效机制，为社会安全治理实施提供支撑。

### （四）社会现代化典型情景条件下的综合治理策略有效提升新时代社会安全水平

本研究的理论推导和实证研究发现，针对高流动性的共同治理、高网络化的协同治理、高知识化的认同治理等现代社会典型情景条件下的“三同”治理策略，是提升社会安全水平的治本式关键策略。

现代社会的高流动性、高网络化和高知识化，不仅是一种社会特征，也具体体现为特定的社会群体，如流动人口、网民群体、高知识群体等。特定群体社会安全治理的参与、博弈和融入情况，直接影响社会安全治理的成效。社会安全治理现代化建设要研究应对现代社会典型情景条件对社会安全治理关键要素的作用机理与功能发挥的影响，发挥其积极促进作用，限制或削弱其消极作用，综合提升民众的社会安全感和整体社会安全水平。

本研究的实证检验结果进一步表明，高流动性为社会带来活力，利于优化社会要素配置，但人口的流动性进一步加剧了社会安全治理的挑战度，流动人口在流入地的参与治理、表达利益诉求、利益博弈能力，流入地的社会安全治理政策对流动人口权益的兼顾情况，均会对流动人口参与社会安全治理产生影响。而应对高流动性的社会安全共同治理策略，能够强化流出地和流入地对流动人口的共同治理的责任、联动的机制和融入的治理要求，提高流动人口对治理过程的参与度、话语权和包容性，从而提高社会安全整体水平，这一应对策略对于社会其他要素的流动性治理也具有一定的借鉴性。

本研究实证检验结果进一步表明，高网络化提高了社会的信息化发展与整合应用水平，形成了虚拟社会治理新领域，并可以作为参与的载体、发挥舆论影响力的载体。网民群体和社会群体身份高度融合，更多时候成为现实社会群体表达意见诉求的“身份”，通过网络渠道的参与、互动、博弈、协调等往往成为现实社会参与治理的替代。这就要求在治理实践中加强现实社会和虚拟社会联动协同的精细化、精准化治理。而应对高网络化的社会安全协同治理策略，能够促进虚拟社会要素与现实社会要素的功能协同、机制协同、技术协同，实现“网上和网下一体”提高网民群体对治理过程的参与度、话语权和包容性，从而提高社会安全整体水平。

本研究实证检验结果进一步表明，高知识化是社会发展水平提高的重要特征，也是主要发展动力。高知识群体参与社会安全治理并发挥积极作用，辅助决策或影响决策，对于政策制度、道德规范、文化秩序等方面的建设均具有重要作用，进而有利于提高社会安全治理的整体发展水平。而应对高知识化的社会安全认同治理策略，有助于社会群体特别是高知识群体建立对特定社会价值理念、制度体系、道德规范、文化传统等方面的认同和信任，产生凝聚力和约束力，实现柔性治理的最佳效果，从而提高社会安全整体水平。

## 二、加强新时代社会安全治理现代化建设的综合对策建议

当前，我国发展面临新的战略机遇、新的战略任务、新的战略阶段、新的战略要求、新的战略环境。社会安全治理现代化建设强调社会的“大系统观”、

治理的“大治理观”、安全的“大安全观”。其中，“大治理观”强调系统性、整体性和统筹性，认为社会治理是一个由各个部分构成并相互联系的系统和整体，需要对各个部分进行统筹，整合为一个有机的整体。①

任何治理体系的选择、构建和完善，都是以一定的思想观念、道德规范和价值体系为指引和支撑的。本研究以战略管理思想、社会系统理论、利益相关者理论等为指导，坚持服务国家治理现代化和总体国家安全观的整体战略，把技术治理和文化认同治理作为推进社会安全治理现代化的“两翼”，发挥技术的网络化、精细化、智能化和个性化优势，发挥文化的柔性、隐形、包容和规范优势，形成共建（利益相关者的发现）、共治（利益相关者的参与）、共享（利益相关者的获得）的协同机制。

社会安全与社会发展紧密相关，与社会各个领域均密切相关。社会安全治理实践基于大安全、大治理、大系统的视野，与国家的安全治理战略、社会安全治理实务部门、社会个体均密切相关。从实践层面看，我国经历了从社会管理到社会治理再到现代化的发展跃升，在长期的社会安全治理实践中创造了社会治安综合治理、新时代“枫桥经验”、网络社会综合治理等典型案例，形成了独具特色的治理理念、治理体制机制、治理模式等。这些社会安全治理的经验和思想不同于西方国家传统的社会治理理论强调“去国家化”“市场化”“多元主体平等参与”等观点，具有鲜明的本土性和创新性。

### （一）国家安全治理战略层面的对策建议

本研究重点基于战略性整体视域，重点从社会安全治理主要实践主体角度出发，提出加强新时代社会安全治理现代化建设的对策建议。社会安全治理事关国家安全与高质量发展大局，不仅是社会安全领域自身的事情，而且与经济社会发展的各个领域均密切相关，可谓牵一发而影响全局。2023 年 3 月，习近平总书记在出席十四届全国人大一次会议解放军和武警部队代表团全体会议时强调，要努力开创一体化国家战略体系和能力建设新局面。这既是从战略高度对发展和安全工作作出的重大部署，也是应对复杂安全威胁、赢得国家战略优势的有效举措，有利于实现高质量发展和高水平安全的良性互动，为社会安全治理现代化建设实践提供了重要遵循。因此，要把握社会安全治理实践的战略

① 徐勇：《以“大治理观”看社会工作部》，https://mp.weixin.qq.com/s/pD6aVsrSmQj2A0ymE8I3JQ，访问日期：2023 年 3 月 24 日。

性、系统性、长期性特征，牢固确立“社会互动建构”的安全哲学观，遵循社会安全的本源性影响因素，加强诸多要素的协同联动，推进源头治理、治本治理战略。

第一，坚持将社会安全治理实践置于经济社会高质量发展全局、置于总体国家安全观的战略全局谋划和推进。要增强社会安全治理实践的战略思维，突出社会安全治理的战略思想运用，从战略层面深化对社会安全治理意义、价值、策略、路径的研究和应对。根据总体国家安全观，社会安全既是其重要内容，也是与社会运行发展关系最为密切的安全领域。社会安全治理是一项战略性、系统性、长期性工程，根本任务是服务国家整体战略、服务社会发展。因此，应将社会安全治理置于中国特色社会主义事业发展全局中来谋划，置于中国式现代化建设的国家治国理政和现代化建设大局中定位，着眼于“完善和发展中国特色社会主义制度，推进治理体系和治理能力现代化”的全面深化改革总目标，基于“五位一体”总体布局和“四个全面”战略布局的国家整体发展战略，着眼于贯彻落实总体国家安全观的新时代大安全战略，将高水平安全与高质量发展、社会安全与其他类型安全进行统筹考虑和协调联动，践行新时代社会安全治理观和治理战略。

第二，坚持把握社会安全的本源影响因素作用规律进行源头和系统治理。要基于社会互动建构的安全哲学观，把社会安全作为社会运行发展的推动力量、互动建构力量。庄子曰，“治大国，若烹小鲜”，意在告诫当政者要遵循规律、掌握火候、循道而治。坚持系统安全观、积极安全观和主动安全观，从安全、治理的本质和内涵着眼，跳出“安全”看“安全”和“安全治理”，把握了安全的主观性、客观性和互动性规律。重视对社会大众日常生活状态的分析，通过多元路径收集信息，研判其与社会治安问题的联系和影响，探究问题发生的根源，为主动预防奠定基础。调整优化社会安全治理具体策略，推进积极主动安全治理，通过安全联动形成“安全共同体”“治理共同体”“利益共同体”“信任共同体”。

第三，坚持实施治本式源头式治理综合应对策略。党委领导、政府负责、民主协商、社会协同、公众参与、科技支撑、法治保障是中国特色社会主义社会治理体系的核心特征，也是实现社会治理效能提升的有力保障。要遵循从因预果的正向思维模式，将事前的风险预防作为社会安全治理活动的起点，实施积极安全的政策实践，从根本上缓解或解决社会安全问题。特别是社会安全治理实践既要重“疏导”而非“管控”，也要重视“治本”“溯源”而非“治标”，善于发现苗头性的安全治理的“未发之病”，达到标本兼治的综合效果。讲究事后控制不如事中控制、事中控制不如事前控制，特别重视源头治理、防患未然。坚持系统观、大局观，建立大安全大应急框架，实现全要素联动的协同治理。社会安全治理（对象为社会事务）和治病救人（对象为病人）同理，需要把握主要影响因素、主要矛盾、主要机理规律，遵循社会安全的本源因素及治理的基本规律而治，突出“治理未病”的重点内容，构建适应人民群众安全需求的长效安全治理机制，方可取得好的效果。

第四，坚持因应社会现代化情景因素特征要求推进社会安全治理现代化建设。当前我国经济发展在取得历史性进步的同时，经济社会发展的结构性矛盾日渐突出，在发展的平衡性、协调度和可持续性方面存在较大挑战。现代化是客观的、高水平发展状态，是对传统发展阶段的超越。从世界工业化、现代化历史经验看，工业化、现代化从数量增长到品质转型的时期是一个关键时期，它决定着一个国家现代化的最终成败。这一时期又是社会矛盾的多发期，是现代化进程中的高风险期。党的十九大报告提出“行百里者半九十”，指出了当前我国处于工业化、现代化关键时期面临的矛盾和风险。我国构建的社会安全治理体系、塑造的社会安全治理能力，要融入国家治理现代化建设的整体布局，与全面建成社会主义现代化强国的整体战略发展要求相适应，探索符合我国实际的本土化特色治理实践模式，以新安全格局塑造和保障高质量发展格局。

另外，在全球化、国际化的时代背景下，社会安全治理现代化建设不能独善其身，更要着眼全局和联动，积极推进我国社会安全治理本土化实践创新。近年来，一些西方国家特别是发达国家出现了不同程度的社会紊乱甚至社会失序现象，被称为西方国家的社会治理危机，反映了治理制度危机①，其根源主要在于社会治理政策、制度、机制等未能及时回应和反映经济社会结构已经发生的巨大变化。因此，既要借鉴西方国家社会治理的成功经验，又要注意其规律或理论的适用条件，对暴露的缺陷和不足保持警惕，不盲目迷信其治理理论，更不能盲目照搬其实践模式。应融入全球安全治理的新视角，结合我国特定国情、发展阶段和治理实际，辩证分析中外社会治理的思想源流及差异，探

① 冯仲平：《关于西方困境的思考》，载《现代国际关系》2017 年第 10 期，第 1~6 页。

索具有中国特色的社会安全治理现代化建设道路。

### （二）社会安全治理部门层面治理实践的对策建议

社会安全及其治理事关各个部门，而不仅仅是公安机关一家的责任。社会安全治理部门是治理实践的主体力量，其专业力量建设和专业化水平直接影响社会安全治理综合效能。因此，要坚持从理念更新、战略牵引、政策建设、机制优化、法治保障、技术支撑等方面出发综合施策。这里重点从提升治理理论应用水平、形成治理合力、因应现代化情景条件下的治理应对和加强队伍专业化建设等方面提出策略建议。

第一，提高社会安全治理实践的政策理论水平。要从源头上深化对社会安全治理的安全本源因素和治理作用机理的规律认识，把握治理的理念精髓与核心要义，不断创新社会安全供给服务的新机制和新模式，提升社会安全治理的政策理论水平和指导实践能力。本研究基于战略视角，系统构建了“社会安全（安全逻辑）—社会安全治理（治理逻辑）—社会安全治理现代化（现代化逻辑）”的社会安全治理现代化的整体性理论指导框架，并验证了公平感、获得感、秩序感三个社会安全本源性要素对社会安全水平影响作用的基本规律，验证了参与度、话语权和包容性的社会安全治理关键机理要素与社会安全水平的作用机制，验证了针对高流动性的共同治理策略、针对高网络化的协同治理策略、针对高知识化的认同治理策略对社会安全水平的作用关系，并综合贯通提出了社会安全治理现代化的整体性理论指导框架。这一理论指导框架和结论观点等可以为相关部门的政策制定、社会安全治理实践和社会安全治理现代化体系建设提供理论支撑，有助于将社会安全治理实践建立在理论指导和规律驱动的基础上。

第二，加强社会各个层面治理力量的多中心协同治理。在社会安全治理实践中，要跳出安全治理部门的站位来认识安全治理实践，更新社会安全理念和社会治理理念，施行合作治理、协同治理、群防群治，形成政府各部门层面的社会安全治理合力。社会安全治理过程实践要体现党和政府的领导与多元主体参与公共事务决策的统一，法治、德治与自治的统一，管理和服务的统一，常规管理与非常规管理（应急管理）的统一。坚持协同治理策略，与社会各个层面、各相关部门深度合作治理，推进“差序共治”格局建设，形成责任主体明确、多元协调参与的治理体系。整合市场企业治安资源、正式民间组织、非正式民间组织、社区安全治理中的精英治安资源、非专业化治安行政组织资源等①，建立"安全共同体""利益共同体""治理共同体""信任共同体"，形成共建（利益相关者的发现）、共治（利益相关者的参与）、共享（利益相关者的获得）的深度协同机制。整合政府与社会的多主体力量（社会组织、企事业单位等），促进跨行业、跨领域、跨地域、跨主体的协同，最终实现社会安全治理的组织协同、功能协同、机制协同、服务协同，形成正向协同效应。基于技术治理、制度机制建设和过程实质，提高社会安全治理的参与度；基于"权利"和"权力"的表达与实现，提高治理的话语权；基于利益协调、过程协同、结果容错提高治理包容性，提升治理体系和治理能力的整体合力。

第三，因应社会现代化典型情景条件，积极推进"三同"治理综合策略。在治理现代化综合应对层面，因应社会现代化情景条件，深入优化高流动性的共同治理、高网络化的协同治理、高知识化的认同治理等综合策略施策空间。在国家治理体系中对社会安全治理进行制度化安排，加强社会安全治理的法律法规基础，促进依法依规进行社会治理。优化制度设计和制度供给，明确社会民众参与的渠道、程序、标准和条件，明确参与的责任承担，将参与作为治理活动的基本方式和基本程序，作为常态化的治理机制，建立与社会安全治理现代化过程相适应的制度机制。优化社会安全利益协调机制，协调潜在的利益冲突，防止冲突发生或显性扩大。适应社会深入转型和深化改革条件下利益格局深度调整、利益观念增强、利益诉求多元化、不同社会群体对安全的诉求差异等现实挑战，建立健全公共利益的实现机制、公平的利益分配机制、有效的利益整合机制、畅通的利益表达机制、合理的利益补偿机制。② 提升参与的深度，如设置合理议程、把握政策窗口期、发挥建设作用等，增强参与的获得感。在政治权益参与方面的获得，重点是选举参与度的实现情况；在个体差异性需求满足方面，强调决策过程的开放性和接受监督情况；在社会关系调节方面，重点体现执法活动公开、规范、接受监督情况等。在治理实践中还要特别警惕实用主义、工具主义的社会民众参与，不能将民众的参与视为改善行

① 宫志刚：《平安中国蓝皮书：平安北京建设发展报告（2018）》，社会科学文献出版社 2018 年版，第 312~324 页。

② 吴家庆、李风华：《论我国社会转型期利益协调机制的构建》，载《湖南师范大学学报（社会科学版）》2002 年第 5 期，第 41~46 页。

政关系、提高行政效率、实现社会和谐的权宜之计，也不能仅停留在参与的技术、方法层面，而是要确保各治理主体能够参与、愿意参与、实质有效参与，形成参与的责任机制和制度化机制，实现“增强民众权利、实现良好治理”的终极目标。①

第四，加强社会安全治理专业化队伍建设和教育培训。要适应社会安全治理“社会化、法治化、智能化、专业化水平”发展新阶段特征和新要求，开展社会安全治理方面的专业化针对性教育培训，提高社会安全治理领域干部队伍的专业化能力和水平。将坚持和加强党的领导作为根本遵循，将坚持和贯彻以人民为中心的思想作为价值导向，将践行“创新、协调、绿色、开放、共享”新发展理念作为基本要求，坚持专项治理和系统治理、依法治理、综合治理、源头治理相结合，建立社会安全治理的战略发展理念和方法论。加强社会安全治理的专业技术和方法培训。特别是适应智能化要求、推进现代科技与社会安全治理实践深度融合，加强数据治理能力建设，形成专业协同优势。发挥社会领域第三方智库的资政作用，提高社会安全治理决策的科学性、预见性和精准高效性。教育引导社会安全治理专业化队伍提升战略思维能力，将探索符合我国社会安全治理实际的本土化治理路径作为突破口，是实现社会安全治理转型升级、不断接近现代化的根本路径。

另外，社会安全治理部门要重视基于社会信任、社会认同等柔性治理能力建设。信任在任何社会都是一种非常宝贵的社会资源。“塔西佗陷阱”与“中等收入陷阱”“修昔底德陷阱”一起被称为当代社会转型期要重点预防的三大陷阱，深刻揭示了社会认同等社会隐性资本，以及社会价值观、社会道德规范、法治理念等对于社会安全治理的重要价值。在各种信任关系中，社会民众对政府公权力的信任尤其重要，是社会公信力建立的基础。政府部门的公信力建设是国家治理能力的重要方面，是经济社会持续健康发展的重要条件，影响社会民众之间信任关系的生成，也影响社会治理的过程和效果。② 近年来频发的网络舆情事件（如吉林长春生物疫苗事件等）迅速引爆舆论，凸显了网络化时代社会安全治理的复杂和多变，其最大的影响在于社会公信力在这一过程中受到不同程度的破坏。因此，社会安全治理现代化实践既要重视制度体系、运

---

① 张莉：《国外城市治理八个启示》，载《人民论坛》2014 年第 22 期。

② 李海青：《“陷阱”一词须慎用》，载《人民日报》2017 年 12 月 17 日，第 5 版。

行机制、治理技术和执行能力等显性因素建设，也要重视社会信任、社会认同等隐性因素建设，而且这种建设具有战略性、根本性和长期性。

### （三）社会民众个体层面参与治理实践的对策建议

社会安全及其治理事关各社会民众个体，他们既是社会安全治理的参与主体，也是治理活动的能动主体、治理活动的实践客体。在社会民众个体层面，应增强对社会安全的个体责任感，把握社会安全治理的核心要素作用机理，基于社会安全本源影响因素治理加强社会安全治理。注重增强其公平感、获得感和秩序感，优化社会安全利益诉求的参与表达、博弈建构和包容协同的机制。社会安全治理须基于社会安全的本源因素及社会安全心理基础。相应地，提高民众的公平感、获得感和秩序感的举措，是进行社会安全治理实践及推进现代化的根本要求。

第一，增强社会安全治理个体的责任感和能动参与意识。本研究表明，社会民众个体的公平感、获得感和秩序感是影响社会安全水平的三个本源性影响因素，对社会安全水平具有正向影响作用。社会安全心理要素是主观和能动的，是基于社会互动建构而形成的。社会安全与每个人息息相关，在治理实践中应注重教育引导并增强每一个社会民众维护社会安全的责任感，发挥其参与积极性，增强其主体意识、参与意识、责任意识和建构意识。在此基础上，强化社会民众个体的自治意识，推动形成政府治理和社会调节、居民自治的良性互动。

第二，健全社会安全治理个体的制度化参与机制。社会民众个体的安全构成了整体社会安全的基础。社会安全治理的根本任务是协调社会民众个体或群体的安全利益诉求，提升社会安全整体水平。因此，社会民众个体要通过正确渠道和正当方式维护自身安全权益，遵循社会安全本源性影响因素的作用机理，优化社会安全利益诉求的参与表达、博弈建构和包容协同的综合机制。通过行使话语权，社会民众个体能够发出声音、表达利益诉求、产生影响力，转化为参与推动社会安全治理的能力。有计划、有目的地设置相关议题，形成利于整体安全和个体安全相统一的特定话语体系，达到对话语体系背后所承载价值观的认同。注重在影响决策方面的决策话语权表达、在影响舆论方面的舆论话语权表达、在涉及民生重大关切的价格话语权表达等方面积极作为，增强社会民众个体的治理影响力。

第三，增强对社会现代化情景条件下社会安全治理综合策略的适应性。高流动性、高网络化和高知识化是社会现代化的典型情景和鲜明特征，社会民众个体置身其中并受其影响、调节和驱动。社会民众个体可能同时具有流动人口、网民、高知识群体等某一个身份特征或某几个不同身份特征集成等典型特征，这意味着社会民众个体参与社会安全治理的责任内涵进一步丰富，条件要求和适应性进一步提高，在不同条件下不同身份特征的参与能力、话语权表达和协同包容更加综合。社会民众个体需要强化对这些责任属性的认识，不能借由流动化的归属性和稳定性不足、网络化的相对匿名性、知识化的包容性等，形成侥幸、与己无关、放松要求等消极心理。这是在社会安全治理实践中应注意克服并强化适应性的重要方面。

第四，加强对社会民众的社会安全教育。目前已经进入大安全时代，加强全民安全、终身安全教育已经成为共识行动。社会民众个体的安全构成了整体社会安全的牢固根基，更是总体国家安全的重要基础。注重将社会安全教育乃至国家安全教育纳入国民教育体系，并拓展至全民教育和终身教育体系，作为国民综合素质的重要方面进行教育和培养。坚持底线思维，提高社会民众个体的安全意识，培养安全斗争本领，增强安全维护能力，特别是在网络化应用领域、意识形态领域、核心技术领域等增强安全意识和综合素质。

## 三、研究创新与展望

### （一）研究创新点

本研究基于战略视域和本源视角，采取理论思辨与定量研究相结合的方法，对社会安全治理现代化及其内部机理进行综合性研究，主要有以下三个方面的贡献与创新。

第一，从本源分析入手，基于战略创新视角系统构建社会安全的整体性理论解释框架，具有一定的研究视域创新性。基于战略视域和理论逻辑分析，综合运用社会系统理论、利益相关者理论和多中心协同治理理论，分析了社会的政治、经济、文化三个社会功能系统对社会安全的决定性影响，推导确定了公平感、获得感、秩序感三个社会安全本源影响因素，证实这三个社会安全本源影响因素对社会安全水平具有正向影响。推导确定参与度、话语权、包容性三个社会安全治理机理要素，分析基于高流动性、高网络化、高知识化的现代化典型情景条件下的治理作用机理。基于综合分析构建提出关于社会安全治理现代化的整体性理论指导框架，包括了安全要素、治理要素和现代化情景要素，形成了安全逻辑、治理逻辑和现代化治理逻辑的递进逻辑。该解释性理论框架对于不同时代的社会安全、对于不同国家的社会安全，特别是对于社会现代化典型情景条件下的社会安全治理实践具有解释指导力，可以为相关部门的政策制定、社会安全治理实践和现代化社会安全治理体系建设提供理论支撑。

第二，从机理分析入手，综合运用理论思辨与实证研究交互验证的分析方式，深入探析了社会安全治理关键要素与社会安全水平的作用规律，具有一定的研究方法创新性。一方面，基于理论思辨和综合分析，利用社会系统理论、利益相关者理论和多中心协同治理理论等，推导分析了社会安全逻辑路径机理、社会安全治理逻辑路径机理、社会安全治理现代化应对策略逻辑路径机理三重导向下，公平感、获得感、秩序感、参与度、话语权、包容性、高流动性、高网络化、高知识化、社会安全水平等变量间的复杂作用规律；另一方面，基于多元回归分析方法、利用一手调查数据详细实证检验了社会安全治理本源因素、社会安全治理机理以及社会安全治理现代化情景条件治理路径与社会安全水平的作用关系。兼顾理论思辨方法与实证分析，交互验证本研究假设和整体理论框架的现实解释力，在已有研究中较为少见，具有一定的方法创新性和理论贡献。此外，利用一手数据测度公平感、获得感、秩序感、参与度、话语权、包容性、高流动性、高网络化、高知识化、社会安全水平等主要治理潜变量的问卷调查方法在已有研究中也较少发现，在数据分析和测量方面能够为后续研究提供一定的借鉴，具有一定的贡献。

第三，从对策分析入手，基于战略视域和现代化典型情景条件提出具有较为鲜明的中国治理特色和鲜活时代特色的社会安全治理现代化“三同”治理策略，具有一定的实践应用创新性。通过社会现代化的典型情景条件分析，确定了高流动性、高网络化、高知识化三个情景条件，紧密结合我国社会安全治理实践，创新性提出社会安全“三同”治理综合应对策略，即应对高流动性的跨区域共同治理、应对高网络化的跨网络协同治理、应对高知识化的跨领域认同治理，这些策略具有我国社会安全治理的实践特色，有助于应对和解决现代化社会条件下的社会安全治理问题，提高我国社会安全治理现代化的综合水平。

### （二）研究局限性

本研究虽然对社会安全治理现代化这一前沿问题进行了较为系统深入的理

论分析和解构，但该领域主题动态和多元，假设验证的构成较为复杂和综合，且限于研究者的精力和时间以及本研究的体量，难以仅靠本研究将其穷尽，在理论分析的饱满和缜密程度、在实践对策的科学性和应用指导性等方面还存在局限和不足。

第一，社会安全治理的动态实践性和领域综合性较高，研究的深度广度均有待进一步拓展。社会安全治理活动既受主观性因素影响，也受客观性因素影响。在社会安全治理的逻辑搭建和理论推导方面，本研究基于战略视域构建的整体性理论框架形成了安全、治理和现代化多重逻辑递进关系，既相互衔接、相互影响又不断深化。尽管具有一定的创新性和指导性，但仍有待继续完善：如社会安全本源因素基于公平感、获得感和秩序感三个层面展开，仅能在较大程度上代表现阶段社会安全的本质，其具体内涵理论边界可能更为宽广；社会安全治理机理虽在参与度、话语权和包容性三个层面具有一定的理论收敛能力，但社会安全治理机理并不一定仅局限于本研究的框架，其理论张力仍有较大空间；社会安全治理现代化情景条件虽能够用高流动性、高网络化、高知识化清晰概括，但社会安全治理现代化亦不仅仅局限于当前特定阶段的特色，未来可能会有更具解释力的情景条件融入。并且，公平感、获得感、秩序感、参与度、话语权、包容性、高流动性、高网络化、高知识化、社会安全水平等变量，虽然在本研究中基于研究方法和规范做了相对精确的切分和测度，但这些因素未将内涵全部穷尽，并不能排除一些特例要素的影响，而且这些变量之间绝非“泾渭分明”，它们之间的内在关联度（如调节效应）仍需继续深入分析。此外，从实践结合来看，社会安全治理活动既要在国家整体现代化建设进程中实现，受国家治理现代化实践影响，又要为国家发展和现代化提供安全保障，坚持和丰富我国的治理特色。党的十九大确定了国家治理现代化建设的发展目标、主体内容、实践路径和主要阶段，要在 2035 年实现预定目标。在这个探索和渐进的过程中，本研究无疑面临着一个复合型进程和巨大的复杂性。目前本研究仅抽取社会安全治理的核心因素，基于当前阶段进行初步研究，尝试提出了“三同”治理综合应对策略，但对于社会安全治理现代化发展水平和程度的判断测量方面还不够深入和系统，其指导应用还存在一定局限。尽管研究属于基于战略视角的高度抽象，且研究内容符合当前全面深化改革重视获得感、幸福感、安全感的主导思想，但在部分环节超出笔者可把握的限度，可能存在将复杂要素简单化、替代要素的典型性不足等局限。

第二，社会安全治理及其现代化建设的概念体系比较庞大，研究要素的典型代表性和研究复杂度方面还存在一定不足。社会安全治理及其现代化的概念体系比较“庞大”，涉及安全、治理、现代化、社会安全、社会安全治理、社会现代化情景等基本内涵、关键要素和作用机理等。在研究建立安全逻辑、治理逻辑、现代化建设逻辑的递进逻辑链条过程中，可能存在一些逻辑梳理不够完善和丰满的地方，理论逻辑和思辨逻辑的结合还有待进一步深化。在社会安全研究方面，基于主客观的映射关系，以主观性的公平感、获得感、秩序感的社会安全心理基础为替代要素进行研究；在社会安全治理研究方面，以参与度、话语权、包容性等对治理活动本质过程进行集中抽象；在社会现代化情景条件方面，将其集中概括为高流动性、高网络化和高知识化，但对于高风险性、高人本性、高物质化等相对弱化的特征并未全面涉猎。在社会安全治理绩效水平的测量表征方面，选择民众社会安全感作为替代，对于其他的表征维度数据并未全面采集、进行关联分析，有关结论难免会存在一定的偏差。另外，协同治理的核心并不在于治理主体的多元化程度，更重要的是主体之间最后是否形成协同效应，本研究关于协同效应的形成机理方面的解释还不充分。

第三，社会安全治理的基本范畴边界相对模糊，结论的外部效度有待进一步扩展丰富。限于变量特征和研究测量要求，本研究通过获得一手调研数据进行实证分析。虽然一手数据在特定情景下使用具有一定优势，但利用国家有关部门公开发布的二手数据来实证检验假设仍然是主流方法。尽管本研究采取措施对问卷的信度、内容效度进行了科学控制，但受调查方式的限制和影响，以及调查对象对问卷设计问题的理解与回答可能存在差异，调查的结构效度会受到影响。同时，由于社会安全治理的范畴较为复杂、广阔而相关边界相对模糊，社会安全感的认知评价存在个体差异，本研究结论的外部效度仍存在其固有的局限性，需要在后续相关研究中加强对治理要素之间的中介效应、调节效应的深入分析和检验。

### （三）未来研究展望

社会安全治理现代化建设是一个理论引领、实践驱动、不断发展的领域，未来需要进一步深化研究。

一是进一步提升社会安全治理现代化研究的深度和广度。基于安全哲学视角深化对安全本质的理解，按照总体国家安全的“大安全”战略体系和能力建设要求，进一步借鉴应用社会学、政治学、管理学、公安学、网络空间安全等学科理论，揭示社会安全治理的抽象过程和作用机理，为社会安全治理现代化建设和实践提供更深入的理论指导。数据安全已经上升到了国家战略层面，数据安全治理是快速增长的社会安全治理领域，数据安全的有效维护与治理是国家治理体系面临的重要挑战之一。

大数据、人工智能技术等在社会安全治理领域已经具有了丰富应用。虚拟社会已经成为关乎国家安全的新型战略空间，虚拟社会安全治理是与国家治理现代化伴生相随的，并且在国家治理中的占比呈现出渐进式递增态势，需纳入国家安全体系加以综合考量。自 2022 年 12 月以来，由美国人工智能实验室 OpenAI 发布的对话式大型语言模型 ChatGPT 在各大中外媒体平台掀起了一阵狂热之风，快速迭代应用对于数据安全、个人隐私、数据伦理等产生了颠覆性影响，并表现出无法理解的推理能力。以至于未来生命研究所的研究者提出，“广泛的研究表明，具有与人类竞争智能的人工智能系统可能对社会和人类构成深远的风险”“提高 AI 领域的安全意识，推动政策制定和监管措施的完善，促使 AI 技术更加负责任地发展”。本研究仅对有关领域进行了初步探索，未来可以考虑从治理技术创新实践、虚拟社会和现实社会的深度协同治理、数据安全治理、数据伦理和价值治理等方面进行深入研究。

二是进一步提高社会安全治理现代化研究要素的典型代表性和研究复杂度。当前，我国已经进入风险社会，各类风险的跨界性、关联性增强，均需要综合施策协同配合，在深化规律认识的基础上不断创新。社会的现代性不断增强的过程，伴生的风险、安全等问题愈加复杂，对有效治理的要求越来越高。在智能互联技术日益普及和经济社会加快转型的大背景下，我国社会治理面临跨区域、跨行业、跨群体的社会治理需求层出不穷，网络虚拟空间治理水平面临亟须规范提升等新挑战。

深化社会安全治理领域的供给侧改革，创新社会安全公共服务供给的内容与方式，形成不竭的社会动力源。不断深化社会治理共同体建设，更加注重联动融合、开放共治，更加注重民主法治、科技创新，提高社会安全治理的社会化、法治化、智能化、专业化水平，提高预测预警预防各类风险能力。这些均需要进行更加扎实的案例调研，结合公检法司等社会安全治理的主体业务部门实践，将一些理论观点结合典型区域、典型应用场景和领域的实践进行检验。

在数据调查方面，可考虑基于课题经费支持增加样本的采集数量，进一步丰富调查问卷的研究问题项，增强对数据安全、社会心理体系建设、治理共同体、中国式现代化、价值治理、认同治理等不同内涵维度数据采集的针对性、替代模型的代表性，并进行多方面调节效应的深度分析，进一步完善实证检验和机理分析的复杂度，增强对治理规律的刻画揭示。

三是进一步拓展社会安全治理现代化研究的外部效度。中国式现代化归根结底是一条现代化新路，打破了“现代化=西方化”的迷思，开创了人类文明新形态，“中国之治”对社会安全治理现代化的创新提出新课题。我国社会安全治理的现代化，就是要在社会安全治理体系和能力建设领域不断改革创新，服务支撑“中国式现代化”。社会安全治理现代化是共建共治共享的现代化，是践行社会化、法治化、智能化、专业化要求的现代化，不仅包括社会安全治理主体、客体和治理环境的现代化，也包括社会安全治理各种硬件和软件的现代化，最终目标是提升社会安全治理体系和治理能力的现代化水平。

本研究对社会安全、社会安全治理和社会安全治理现代化的核心要素进行理论分析、研究推理和机理刻画，提出了整体性、战略性认识社会安全治理规律的理论框架，为实现源头治理、系统治理和依法治理提供了重要理论支撑，具有一定的决策和管理参考价值。未来可考虑运用相关研究成果、研究工具和规律性结论，拓展到市域社会治理现代化、“情指行”一体化警务运行机制建设、现代化警务体系和警务机制建设、公安现代化改革创新等领域，开发测评工具和量表，基于研究结果设计社会安全治理现代化水平的表征指数，对实务部门社会安全治理现代化水平进行综合评价，展示创新成效、诊断问题短板、剖析深层次原因。基于价值治理、认同治理、系统治理、源头治理、综合治理等战略理念指导，提出深化社会安全治理实践创新改革的对策建议，有效推动建设共建共治共享、协同治理与价值治理整合的社会安全治理共同体，以新安全格局保障新发展格局，以高水平安全保障高质量发展。

## 四、本章小结

本部分是对战略视域下我国社会安全治理现代化建设研究的整体性总结和提炼升华。通过理论分析、机理分析和量化分析，进一步提出社会安全治理现代化建设是战略视域指导下的安全治理综合实践，社会安全的本源性影响因素是社会安全水平的根本性决定因素，社会安全治理关键机理要素对社会安全水平具有显著正向影响，社会现代化典型情景条件综合治理策略有效提升新时代社会安全水平。按照社会的“大系统观”、安全的“总体国家安全”、治理的“大治理观”、现代化的“典型情景条件观”等综合视域，分别就国家安全治理战略管理层面、社会安全治理部门实践层面、社会民众个体参与层面等提出对策性研究建议，完善共建（利益相关者的发现）、共治（利益相关者的参与）、共享（利益相关者的获得）的同向正向协同治理机制。

本研究是社会安全治理现代化领域的系统性、基础性和理论探索性研究，主要实现了三个方面的研究创新。在研究视域方面，基于战略创新视角，从本源追溯和源头治理分析入手，首次探索性系统构建了社会安全治理现代化的整体性理论解释框架，这有利于建立对社会安全治理实践的整体性认识。在研究方法方面，从机理分析入手，综合运用理论思辨与实证研究交互验证的分析方式，深入探查并初步揭示了参与度、话语权、包容性等社会安全治理关键要素与社会安全水平的作用规律，为社会安全治理现代化实践运用提供了理论支持。在实践应用方面，从对策分析入手，综合提出具有较为鲜明的中国治理特色和鲜活时代特色的社会安全治理现代化“三同”治理策略，即针对高流动性的跨地域共同治理、高网络化的跨网络协同治理、高知识化的跨领域认同治理，验证了人力资源、技术资源、知识资源对社会安全治理的支撑作用，为社会安全治理现代化实践效能提升提供了决策支撑。

展望未来，必须要深刻认识到，现代社会是高风险社会，风险的跨界性增强、传导性加快，容易形成风险综合体，一些重大风险在极端条件下可能演变成综合性风险、全局性风险。社会安全治理的形势任务要求和实践创新需求，迫切需要我们通过坚持和完善共建共治共享的社会安全治理制度，建设人人有责、人人尽责、人人享有的社会安全治理共同体，推动社会安全治理模式向源头治理和事前预防转型。把技术治理和文化认同治理作为推进社会安全治理现代化的“两翼”，从事前、事中、事后的整体视角进行防范，从源头、传导、转化等关键环节进行化解，形成互信、互助、互担的整体防控链，实现社会安全治理理念的科学化、治理结构的合理化、治理方式的精细化、治理过程的民主化。坚持把以人民为中心作为社会安全治理现代化建设的根本立场，坚持人民主体地位，紧紧依靠人民、一切为了人民，把社会安全治理变成亿万人民参与的生动实践，更好满足人民群众多层次、差异化、个性化的需求，不断增强人民群众获得感、幸福感、安全感，真正让人民群众成为社会安全治理现代化建设实践的最广参与者、最大受益者、最终评判者。坚持以制度创新为重要抓手，把握发展政策的安全化与安全政策的发展化的演进趋势，通过科学完备的社会安全治理现代化制度助推国家治理体系和治理能力现代化，更好融入并服务中国式现代化建设的伟大实践。

# 附　录

## 社会安全治理现代化建设调查问卷

尊敬的先生/女士：

您好！非常感谢您参加本研究调查。本调查旨在为推进社会安全治理现代化建设提供参考咨询。本调查均为单项选择题，约需 10 分钟，为匿名形式，回答无所谓对错。若感觉某些问题不好回答或不适用，可选择最接近的情况作答。调查结果仅供研究之用并为您严格保密。您的认真作答对本研究非常重要，感谢理解与支持！

提示：本调查开放参与，参加人员范围不限。请仔细阅读每一条陈述，根据您目前居住区域以及与您自身情况的符合程度打分（在选定的答案数字上画“√”），其中，1=非常不同意，7=非常同意。

## 第一部分　社会安全

| （一）公平感（起点公平） | 非常不同意 | 不同意 | 比较不同意 | 一般 | 比较同意 | 同意 | 非常同意 |
|---|---|---|---|---|---|---|---|
| A1. 我或我亲朋好友的孩子能够接受较**公平的**九年制**义务教育** | 1 | 2 | 3 | 4 | 5 | 6 | 7 |
| A2. 我在所居住的区域能够接受较高水平的**医疗服务** | 1 | 2 | 3 | 4 | 5 | 6 | 7 |
| A3. 我认为我享有较充分和较**公平的就业机会** | 1 | 2 | 3 | 4 | 5 | 6 | 7 |
| （一）公平感（程序公平） | 非常不同意 | 不同意 | 比较不同意 | 一般 | 比较同意 | 同意 | 非常同意 |
| A4. 我认为本地区政府相关部门能够按照法定程序**公平执法** | 1 | 2 | 3 | 4 | 5 | 6 | 7 |
| A5. 我认为本地区**公务员**能够按照法定程序招录与使用 | 1 | 2 | 3 | 4 | 5 | 6 | 7 |
| A6. 我认为本地区政府在作出重大行政许可时会召开**听证会** | 1 | 2 | 3 | 4 | 5 | 6 | 7 |
| （一）公平感（结果公平） | 非常不同意 | 不同意 | 比较不同意 | 一般 | 比较同意 | 同意 | 非常同意 |
| A7. 我认为本地区**不同职业之间的收入差距**比较合理 | 1 | 2 | 3 | 4 | 5 | 6 | 7 |
| A8. 我认为本地区居民月最低收入或最低生活保障金能够**保障基本生活需求** | 1 | 2 | 3 | 4 | 5 | 6 | 7 |
| A9. 我认为本地区贫困人口**真正脱贫**取得根本性突破 | 1 | 2 | 3 | 4 | 5 | 6 | 7 |
| （二）获得感（物质获得感） | 非常不同意 | 不同意 | 比较不同意 | 一般 | 比较同意 | 同意 | 非常同意 |
| B1. 我对本人的总体**收入状况**感到满意 | 1 | 2 | 3 | 4 | 5 | 6 | 7 |
| B2. 我对本人的总体**生活条件**感到满意 | 1 | 2 | 3 | 4 | 5 | 6 | 7 |
| B3. 我对本人的总体**工作状况**感到满意 | 1 | 2 | 3 | 4 | 5 | 6 | 7 |

续表

| （二）获得感（精神获得感） | 非常不同意 | 不同意 | 比较不同意 | 一般 | 比较同意 | 同意 | 非常同意 |
|---|---|---|---|---|---|---|---|
| B4. 我对本地区的**城乡文明**感到满意 | 1 | 2 | 3 | 4 | 5 | 6 | 7 |
| B5. 我对本地区的**文化生活**感到满意 | 1 | 2 | 3 | 4 | 5 | 6 | 7 |
| B6. 我对本地区的**人文面貌**感到满意 | 1 | 2 | 3 | 4 | 5 | 6 | 7 |
| （三）秩序感（价值认同） | 非常不同意 | 不同意 | 比较不同意 | 一般 | 比较同意 | 同意 | 非常同意 |
| C1. 我认为本地区居民较少参加**宗教活动** | 1 | 2 | 3 | 4 | 5 | 6 | 7 |
| C2. 我认为**网络文化**对本地区居民价值观冲击影响比较深远 | 1 | 2 | 3 | 4 | 5 | 6 | 7 |
| C3. 我感觉**传统文化**的为人处世方式在本地区居民日常生活中仍具有较大影响 | 1 | 2 | 3 | 4 | 5 | 6 | 7 |
| （三）秩序感（道德认同） | 非常不同意 | 不同意 | 比较不同意 | 一般 | 比较同意 | 同意 | 非常同意 |
| C4. 我认为本地区居民的**道德水平较高**，在日常生活中能够互帮互助、关爱弱势群体 | 1 | 2 | 3 | 4 | 5 | 6 | 7 |
| C5. 我认为本地区居民的**社会诚信度较高**，普遍能够按照合同或约定履约 | 1 | 2 | 3 | 4 | 5 | 6 | 7 |
| C6. 我认为本地区居民的**社会责任感较强**，参加志愿者活动的人数较多 | 1 | 2 | 3 | 4 | 5 | 6 | 7 |
| （三）秩序感（法律认同） | 非常不同意 | 不同意 | 比较不同意 | 一般 | 比较同意 | 同意 | 非常同意 |
| C7. 我认为本地区居民的**法治意识较强** | 1 | 2 | 3 | 4 | 5 | 6 | 7 |
| C8. 面对冲突纠纷时我会**首先选择运用法律手段**维护自身权益 | 1 | 2 | 3 | 4 | 5 | 6 | 7 |
| C9. 我愿意花费较多时间**学习掌握法律知识** | 1 | 2 | 3 | 4 | 5 | 6 | 7 |

## 第二部分　社会安全治理

| （一）参与度 | 非常不同意 | 不同意 | 比较不同意 | 一般 | 比较同意 | 同意 | 非常同意 |
|---|---|---|---|---|---|---|---|
| D1. 我觉得我与本地区居民有均等机会参与**各类选举** | 1 | 2 | 3 | 4 | 5 | 6 | 7 |
| D2. 我觉得我与本地区居民有均等机会参与社会安全治理相关**政策规划的制定** | 1 | 2 | 3 | 4 | 5 | 6 | 7 |
| D3. 我觉得我与本地区居民有均等机会参与监督政府相关部门的**执法行为** | 1 | 2 | 3 | 4 | 5 | 6 | 7 |
| （二）话语权 | 非常不同意 | 不同意 | 比较不同意 | 一般 | 比较同意 | 同意 | 非常同意 |
| D4. 我觉得本地区居民能够通过**社会舆论**对政府部门的执法过程和行为**产生一定影响** | 1 | 2 | 3 | 4 | 5 | 6 | 7 |
| D5. 我觉得本地区居民在事关**民生的重大价格决策**方面（如公共交通、水电燃气、取暖等价格调整等）具有一定影响力 | 1 | 2 | 3 | 4 | 5 | 6 | 7 |
| D6. 我觉得本地区居民能够通过**合理渠道发声**并对政府部门决策产生一定影响 | 1 | 2 | 3 | 4 | 5 | 6 | 7 |
| （三）包容性 | 非常不同意 | 不同意 | 比较不同意 | 一般 | 比较同意 | 同意 | 非常同意 |
| D7. 我觉得本地区政府部门人员在执法过程中能够**对被执法对象一视同仁** | 1 | 2 | 3 | 4 | 5 | 6 | 7 |
| D8. 我认为本地区文化对因职业、地域差异等导致的多元文化具有**较强的包容能力** | 1 | 2 | 3 | 4 | 5 | 6 | 7 |
| D9. 我认为本地区政府部门执法活动的**容错机制基本健全** | 1 | 2 | 3 | 4 | 5 | 6 | 7 |

## 第三部分　现代化情景条件下的社会安全治理

| （一）高流动性情景下的应对策略 | 非常不同意 | 不同意 | 比较不同意 | 一般 | 比较同意 | 同意 | 非常同意 |
|---|---|---|---|---|---|---|---|
| E1. 我认为本地区政府为流动人口**参与本地治理**提供渠道平台（如邀请流动人口代表参加教育政策听证会等） | 1 | 2 | 3 | 4 | 5 | 6 | 7 |
| E2. 我认为本地区政府在医保、教育、住房等重大民生政策上日益重视**保护流动人口的权益** | 1 | 2 | 3 | 4 | 5 | 6 | 7 |
| E3. 我认为本地区的社会文化环境对于流动人口具有**较强的接纳能力** | 1 | 2 | 3 | 4 | 5 | 6 | 7 |
| （二）高网络化情景下的应对策略 | 非常不同意 | 不同意 | 比较不同意 | 一般 | 比较同意 | 同意 | 非常同意 |
| E4. 我认为**网络舆论**对政府部门的政策制定与执行具有较大影响力 | 1 | 2 | 3 | 4 | 5 | 6 | 7 |
| E5. 我认为**网络文化**使社会价值观变得更加多元化 | 1 | 2 | 3 | 4 | 5 | 6 | 7 |
| E6. 我认为本地区**网络犯罪**现象较少 | 1 | 2 | 3 | 4 | 5 | 6 | 7 |
| （三）高知识化情景下的应对策略 | 非常不同意 | 不同意 | 比较不同意 | 一般 | 比较同意 | 同意 | 非常同意 |
| E7. 我认为本地区为**知识分子参政议政提供多样渠道，**政府部门以组织论坛等多种方式听取知识分子建议 | 1 | 2 | 3 | 4 | 5 | 6 | 7 |
| E8. 我感觉本地区知识分子群体对政府政策及执行的**影响力**相对较高，政府部门**更愿意采纳知识分子的建议** | 1 | 2 | 3 | 4 | 5 | 6 | 7 |
| E9. 我认为本地区文化对知识分子群体**具有融合性和接纳性**，居民在日常生活中十分欢迎其参与社区建设 | 1 | 2 | 3 | 4 | 5 | 6 | 7 |

## 第四部分　社会安全水平

| 社会安全水平 | 非常不同意 | 不同意 | 比较不同意 | 一般 | 比较同意 | 同意 | 非常同意 |
|---|---|---|---|---|---|---|---|
| F1. 本地区**社会治安整体水平较好，**与心理预期一致 | 1 | 2 | 3 | 4 | 5 | 6 | 7 |
| F2. 本地区居民能够**没有安全顾虑**地在任何时间、任何地点开展活动 | 1 | 2 | 3 | 4 | 5 | 6 | 7 |
| F3. 本地区发生故意杀人、强奸、抢劫等恶性**重大治安案件**较少 | 1 | 2 | 3 | 4 | 5 | 6 | 7 |
| F4. 本地区居民不会担心自己或亲人遭受抢劫、殴打等**意外伤害事件** | 1 | 2 | 3 | 4 | 5 | 6 | 7 |
| F5. 本地区发生**交通事故**较少 | 1 | 2 | 3 | 4 | 5 | 6 | 7 |
| F6. 我所居住社区的**视频监控系统**运行正常并有效发挥作用 | 1 | 2 | 3 | 4 | 5 | 6 | 7 |
| F7. **社区民警**在居民邻里矛盾纠纷化解中能够有效发挥作用 | 1 | 2 | 3 | 4 | 5 | 6 | 7 |
| F8. 我或亲朋好友在所接触的**警察执法**过程中能够被公正对待 | 1 | 2 | 3 | 4 | 5 | 6 | 7 |
| F9. 我在所居住的乡镇或街道能够经常看到**警察或治安设施** | 1 | 2 | 3 | 4 | 5 | 6 | 7 |
| F10. 我在所居住的乡镇或街道能够经常看到戴红袖标的**治安志愿者** | 1 | 2 | 3 | 4 | 5 | 6 | 7 |

## 第五部分　个人基本情况

1. 您的年龄：（请在对应方框里画“√”）

18 岁以下□；18~25 岁□；26~30 岁□；31~40 岁□；

41~50 岁□；51~60 岁□；60 岁以上□

2. 您的性别：（请在对应方框里画“√”）

男□；女□

3. 您的婚姻状况：（请在对应方框里画“√”）

未婚□；已婚□；离婚□；丧偶□

4. 您的受教育程度：（请在对应方框里画“√”）

研究生□；大学本科□；大学专科□；高中（中专）□；

初中□；小学及以下□

5. 您从事的工作性质：（请在对应方框里画“√”）

政府机关□；事业单位□；国有企业□；私营企业□；

无固定职业□；未工作□

6. 您的工作年限：（请在对应方框里画“√”）

1 年及以下□；2 年□；3~5 年□；5~10 年□；10~20 年□；20 年以上□

7. 您的个人月收入：（请在对应方框里画“√”）

3000 元及以下□；3001~8000 元□；8001~10000 元□；

10001~20000 元□；20001~50000 元□；50000 元以上□

8. 您目前居住的区域：（请在对应方框里画“√”）

东部地区□（北京、天津、河北、辽宁、上海、江苏、浙江、福建、山东、广东和海南 11 个省级行政区）

中部地区□（山西、吉林、黑龙江、安徽、江西、河南、湖北、湖南 8 个省级行政区）

西部地区□（四川、重庆、贵州、云南、西藏、陕西、甘肃、青海、宁夏、新疆、广西、内蒙古 12 个省级行政区）

港澳台□

国外□

问卷到此结束，再次感谢您认真参与调查！祝您平安幸福！